日本を顧みて

私の同時代史

住谷一彦

未來社

日本を顧みて——私の同時代史◆目次

装幀――伊勢功治

日本を顧みて

——私の同時代史

私の同時代史——序に代えて

「私の同時代史」というテーマは、何時の日にか私も一度は書いてみたいと思っていたものである。このテーマはおそらく誰でも書こうと思えば書けるものかもしれないし、各人各様にそれぞれの思いを陳べることができよう。しかも、それぞれに独自な内容と価値を有するものである。言ってみれば、私の場合もそのひとつにすぎず、それ以上でもそれ以下でもない。ただ、私なりに言えば、祖父の代、父の代、さらに私の代と三代にわたる家系を重ね合わせてみるとき、明治・大正・昭和の各時代を思想史的に画き出すうえで何ほどかの意味を持っているかもしれないという予感がある。ここではその点を述べてみたい。

祖父の家は群馬県の榛名山麓、国分寺跡の前にある国府村の素封家であった。ヴェーバーのいわゆる地方の名望家として政治についても一見識があったようだ。上毛鉄道の実現にも大いに尽力したという。弟の住谷天来は群馬廃娼運動ではリーダーの一人として頭角をあらわし、平民社の運動にも加わり、内村鑑三とは同じ群馬県人として肝胆相照らす仲であったことは、両者の交信が示すごとくである。天来は非戦平和の牧師として初志を貫徹することで官憲の弾圧下に不遇の生涯を終えたが、書をよくし漢詩にも秀いで、『黙庵詩抄』を残している。次の詩は彼の鬱々たる心境を如実に反映していて、私の愛好の詩である。

終日黙し、終夜黙す
天を仰ぎて黙し、
　地に伏して黙す。
山を見て黙し川を見て黙す
花を見て黙し月を見、雪を見て黙す、
黙、黙、黙、黙。
何ぞこれ言うなり
悠々たる天地また黙、黙。
人生ただ一人黙を学ぶにあり。

父悦治は青年時代私淑していたこの叔父から利根川で洗礼を受け、大学時代は民本主義を唱導した著名な政治学者吉野作造に就き新人会で活躍した。

その頃河上肇の個人雑誌『社会問題研究』で初めて社会問題に開眼し、卒業後河上を慕って京都に赴き、同志社大学で経済学史を教えることになる。しかし、あの瀧川事件で瀧川擁護の論陣を張ったために当局に睨まれ、同僚の林要、長谷部文雄、具島兼三郎等とともに同志社を追われ、菊池寛の援助により文藝春秋特派員の名目でドイツに逃れた。一年後台北帝大によばれ教授会は承認したのに台湾総督府の横槍で就職できず、愛媛の松山高商に生活の糧を求めることになる。だが、ここも善通寺師団長、国民精神文化研究所等の圧力もあって辞職、敗戦まで失業・失意の日々を送った。敗戦は世間一般の人たちとちがって、住谷家にとっては一陽来復の秋でもあった。

私は敗戦の年に海軍に入隊し旅順で特攻隊員（魚雷艇震洋乗組員）としての訓練を受けていたが、敗戦で運よく生き延びることができた。ただ、私は一面では父の社会復帰を喜びつつも、他面では敗戦を口惜しく思う心の葛藤に悩む一青年でもあった。

しかし、今思うと私は恵まれた星の下にあったようだ。敗戦の年に復員した私がその年の暮に上京して入舎した東大ＹＭＣＡ寄宿舎には三人のすぐれた人たちが寄寓していたからである。三階にはパスカル研究で知られた森有正、二階には「夕鶴」の劇作家木下順二、一階には西洋経済史家で令名を馳せていた大塚久雄先生が住んでおられた。私は学生生活を通じてこの御三方から有形無形の影響を受けたが、とくに大塚先生との出会いは決定的であった。

私は父の影響もあって不知不識のうちに労農派的な見方をしていたのであるが、ある日の夜、大塚先生の室で談たまたま明治維新が話題になって、私がふと明治維新＝ブルジョア革命論を口にしたとき、大塚先生は急にキッとなって、その論拠を厳しく問いただされた。それから議論は延々と夜半過ぎまでつづき、私はあれこれ言を左右にして逃げ回ったが、最後は戦前の農村における高率小作料の問題で『資本論』第三巻の差額地代論の箇所まで示されて遂々止めを刺されてしまった。

こうして私は日本の「近代」について労農派から講座派へと、その立場を一八〇度転換してしまったのである。それに加えて敗戦の年、東京女子大でキリスト者学生会がクリスマス祝会に主催した講演会で大塚先生が話された「国家百年の計は教育にあり、諸君は今の時勢に左右されず宜しく人の心を漁《すな》どる教育者たれ」という熱い言葉に回心して、私の一生は定まったように思う。

当時本郷追分のＹＭＣＡ寄宿舎では大塚先生を中心にヴェーバー「プロテスタンティズムの倫理と

資本主義の精神」の輪読会があり、私のヴェーバーへの関心はここから始まったと言えよう。列席者には桜井欽一郎、弓削達、内田芳明、石田雄等の諸氏がいた。当時は皆まだ学生だった。大塚先生は途中で病に臥せられ、松田智雄先生に代わられたが、生涯にわたる松田先生とのおつき合いもこのときから始まった。

その頃、服部之総さんが東大で大塚史学批判の講演をされ、その口舌の烈しさに圧倒されて私は飛んで帰り、病臥中の大塚先生にそのことを報告したところ、たまたまそこに居合せた内田義彦さんと顔を見合せて、「いかにも服部さんらしいね」と笑われたことで、何故か私はホッと息をついたのを今でも覚えている。内田さんとのおつき合いもそのときからだった。

私は生野重夫、服部文男、石田雄、石本（島崎）美代子さん等と社会科学研究会に拠って研究活動をしていたが、内田義彦さんをチューターにお願いしたのもこうした縁からであり、そのつながりで田代正夫、安藤良雄といった錚々たる助手をチューターにして勉強することができた。私の大学時代は諸先生の講義よりも、こうした個人的な、あるいは研究会での激しい討論で学んだことの方が大きかったように思う。当時はいわゆる「民科」（民主主義科学者協会）の各部会も活潑な研究活動をしており、私は政治・法律部会で川島（武宜）四天王といわれた法社会学の潮見俊隆、渡辺洋三、唄孝一、石村善助さんと、また政治学では阿里莫二、河中二講さん等と親しくなった。こうしたことが可能であったのも、敗戦後の一時期には旧来の専門的な縄張り意識がなくなって各専門領域を自由気儘《きまま》に往《ゆ》来《き》する雰囲気が横溢していたおかげであった。枠に囚われない思考というタイプが身についてしまったのも、こうした時勢の然らしめるところ大であったというべきであろうか。

私はこの環境下に何時の間にか「学問の扉」を叩くことになってしまったが、名古屋大学法経学部助手から東京都立大学助手に移ったとき、もうひとつの転機が訪れた。一九五〇年朝鮮戦争がはじまり、キリスト教界でも「キリスト者平和の会」が結成され、私もそれに参加した。そこで私は東京神学大学教授でバルト神学を講じていた井上良雄先生にお会いし、バルト神学に心を捉えられてしまった。「キリスト者平和の会」は原水爆禁止の平和運動に加わっていたが、当時の宗教者平和運動の一環として一九六五年チェコのプラーハで開催された「全世界キリスト者平和会議」に私は代表の一人として参加し、リーダーシップをとっておられたロマドカ博士にお会いできた。のちに一九六八年「プラーハの春」直後にプラーハで博士に会ったときに見た暗鬱な博士の顔は、今もなお忘れることができない。

いまひとつの転機は東京都立大学に勤務することになった一九五一年に日本民族学草分けの一人である岡正雄先生に出会ったことである。私はこれまでのような机上の論議だけでなく、フィールド、つまり現地調査の重要性をいやというほど叩きこまれた。生来そうした方には不向きであった私が、ともかく年季の入った民族学者の方々に伍して何ほどかの発言ができるようになったのも、岡、馬淵東一、泉靖一諸先生の指導によるものであった。昭和二八年頃私たちが行なった伊豆・伊浜調査は、当時では現地調査の先端をゆくものであった（『都市と村落の社会学的研究』、世界書院、一九五七）。私の歴史民族学への傾斜はここに始まり、ヴィーン大学民族学研究所への留学は、歴史民族学者ヴィルヘルム・コパーズ教授、日本学者スラヴィク先生との出会い、その門弟で学友でもあったクライナー君（現ボン大学教授）との奄美・沖縄調査（一九六二）へとつながっていき、『南西諸島の神観念』（未來社、一九七八）となって結実する。

私の内部でこれまでの日本社会思想史研究、マックス・ヴェーバー研究と、この歴史民族学的研究とはなかなか結びつかなかった。友人たちは「住谷はいったい何をやっているのだ」と言っていたが、私は無理にこの二系列を結びつけようとせず、じっくり心にあたためてきた。ところが、後年、喜多野清一先生に伴なわれて原田敏明先生の宮座研究会に加わったのが縁で原田先生の宮座論にすっかり魅了された。私の研究生活最後の転機である。奄美・沖縄の調査で神を祀る御獄に寺院のような偶像が見られないことにずっと止目してきたが、原田先生は日本の村で宮には偶像崇拝が無く、宮の神は眼に見えぬ至上神であることを説かれていたことで、年来の疑問が氷解した。その眼で村の仕組みを見直してみると、盆暮に祖霊を送迎する葬式道とお宮さんの神を送り迎えする神《かみ》道とは、村人の間ではっきり識別されていることがわかった。祖霊が村の神になることは無いのである。柳田国男の固有信仰＝祖先祭祀論とは異なる日本人の宗教意識への展望が見えてきた。

こうして私はやっと『日本の意識』（岩波書店、一九八二）を書くことによって、私の二系列の研究は「日本共同体」論（Das Japantum）としてひとつに収斂することができた。私の生死する場である「日本」とは何かという敗戦後ずっと抱いてきた私の問いへの私なりの処方箋は、いまその緒に就いたばかりである。顧みれば、その間に時間《とき》は半世紀が流れていた。

前篇　私の日本経済論

一　ふたつの経済合理性

たしか一九八〇年七月一〇日の夜だったと思います。昔ヴィーン大学時代の学友で、いまはボン大学日本学教授であるクライナー君の家でテレビ・ニュースを見ようと、スイッチを入れたときでした。突然画面にラムスドルフ経済相の顔が大写しでうつり、その下に大きく「ドイツ人よ、もっと働け」Deutscher! Mehr arbeiten! という見出しが記されていました。ラムスドルフは、ちょうど日本の経済視察から帰国した直後であり、いわば帰国第一声が、このニュースだったのです。彼は日本の自動車工場を見学して、そのオートメーション化、生産力の合理化過程がヨーロッパをはるかに抜いていること、経営努力の強靱さ、とくに工場労働者の勤勉で質の高いこと、それも下請の中小企業労働者の勤労意欲が高く、その製造部品の品質が優れていることを、少し誇張にすぎるのではないかと思うほどに、口をきわめて絶讃し、ドイツ人よ、もっと働け、と呼びかけたのでした。はたして彼の談話は翌日の新聞その他のマス・メディアで大きく取りあげられ、とくに労・資両陣営から批判が相ついで起こりました。その批判には確かにもっともなものもあり、またドイツ人の誇りが多少傷つけられたことへの反撥もこもっているように見受けられました。しかし、ラムスドルフ発言はその後の日米欧経済摩擦の経緯を顧みるとき、きわめて重要なさまざまな問題を内に蔵していることが分かります。

その三日後、私はクライナー君一家とポンーケルン郊外のラインバッハに陶器の製造工場を見に行きました。ちょうど栃木県の益子焼の工場と似て小規模の工場がいくつか散在しているのですが、そのなかの或る工場主はラムスドルフ発言を全面的に肯定して、自分の工場でも労働者が自分たちの若い頃に比べてずっと働かなくなったことを嘆いていたのが今でも強く印象に残っています。彼によると、ドイツ人がよく働くというのはもうひとつの神話であって、土・日は休み、さらに長期の休暇をとって国外にバカンスを楽しみに旅行する。労働規律も悪くなったし、職業意識も弱くなった、等々。ここには私たちの場合と同じく「今どきの若い者は……」式の回顧調がまじってはいるが、ラムスドルフ発言を支持する声が案外に仕事の現場責任者には多い事情の一端を何ほどかうかがうことができるのではないでしょうか。これはドイツでなくフランスのことですが、「朝日新聞」一九七七年二月二三日付に和田特派員の次のような興味深い記事が載りました。なかなか考えさせる内容なので、ここに引用してみます。

「フランスに住んで、一番驚いたことは、その大量生産製品の質の粗悪さである。たとえば、デパートで電気の差し込みを買う。それがほんの少しずつ形が狂っていて、コンセントにピタリとおさまらない。洗濯機用に水道のホースを求める。水道栓にはめて、いざ水を流してみると、ホースに針の目のような細かな穴があいているのだ。水が噴出して、台所が洪水になった。スーパーマーケットで買った組立式のワゴントレイ。添付の組み立て指示書に従って、四時間格闘したが、どうしても出来あがらない。しかし、せっかく買ったのだからと、危なそうな個所を補強して組み立てた。一週間後、上にのせた酒びんの重味で、ワゴンはついに分解した。」

この記事は、少しトピックを拾いすぎているという指摘をフランス人から受けるかもしれません。

しかし、日本人で在欧生活を経験した人たちのなかには同感する人が多いのではないでしょうか。和田さんは「一人の職人がじっくりと手をかけた家具などには、ほれぼれする作品も多いのに、大量生産品になると、どうしてこれほど質が落ちるのか」と疑問を提出しています。そして、一般的にいうと、大量生産を円滑に進めるためには、(1)労働者の均一な技術水準、(2)厳格な工程管理、が必要なわけですが、この両面にフランス人は欠けるところがあるのではないか、だから、フランス、そしておそらくはヨーロッパが日本との貿易戦争に負けることになるのではないか、そう彼は考えています。これはラムスドルフ発言とも関連のある問題局面の指摘であると言えるでしょう。とくに下請中小企業の部品製造レヴェルで先にあげた二つの点に両者の差が見られるというのが、彼の強調したいことであったとすれば、なおさらそうだと見ることができます。この局面の糸をたぐっていくと、まだまだ興味深い問題があるのですが、これはまた別の機会に触れることにしたいと思います。

ところで、和田さんの話は、実はもっと別の重要な問題局面と関連しているのです。彼の狙いは日本の経済的優位をあからさまに謳いあげることではなく、むしろそれが孕む問題性の指摘にありました。すなわち、「だがしかし、と私はここで立ち止まる。大量生産製品の質の問題だけを取り上げて、日欧を比較してよいものかどうか。商品、あるいは貿易という側面だけで議論を進めていくと、なにか重要なものが欠落してしまうのではなかろうか」と。彼がここで言いたいことは、たんに経済力云々ではなく、むしろ経済生活という側面にあるようです。「欧州ではデパートにしろ、小売店にしろ、買い物に時間がかかる。品物をいくつか求めると、まず売り子が紙に値段を計算。それを持ってレジの行列に並び、支払いを済ませてから、ようやく品物を受けとることができる。より短時間に、より多くの品物を売って利潤を上げる、という精神からは、ほど遠い」（傍点引用者）。

　こうした生活におけるテンポのゆっくりしていることは、例えばレストランで食事を注文した経験のある人ならば、誰でも思い当たるところでしょう。昼はたっぷりと休み時間をとり、土曜は午後はややと休んでしまう。店を閉めたところにかけつけて品物を売ってくれと頼んでも、もう閉めたからと、にべもなく断わられてしまう。まったく「より短時間に、より多くの品物を売って利潤を上げる、という精神からは、ほど遠い」のです。大都会のデパートがやっと日本並みに大きくなり、スーパーマーケットが普及しても、この生活様式は依然としてゆるぎなく守られているように見えます。和田さんの報告は、この経済生活におけるヨーロッパの人々に共通してみられる生活態度をどう把えるかについて、やや唐突に「いったい、なぜ西欧人は『適正利潤』に満足できるのか。彼らの時間意識がわれわれよりずっと長いからか。あるいは、植民地主義時代の巨大な蓄積のうえに、いまだに安住しているからか」という問題をひき出しております。いま「より短時間に、より多くの品物を売って出来るだけ多くの利潤を上げる」精神を最大利潤指向型経済合理性とよぶならば、ヨーロッパの人々の経済生活に滲透している精神は、確かに和田さんのいう「適正利潤」を指向する経済合理性であるというのが適切な表現かもしれません。すなわち、ここには少なくとも二つの異なった経済合理性があるということになります。それはまた、一方からみれば、他方は経済的に不合理だということにもなるでしょう。しかし、それにはもう少し論旨の補足が必要であるように思われます。

　和田さんのいう「適正利潤」を指向する経済合理性がいかに根強くヨーロッパの人々の経済生活裡に定着しているかについて、太田稀喜「日本を責める欧州の論理」（「週刊エコノミスト」一九七七年一月一八日号）は、興味深い若干の事実を示してくれております。「物を生産したり、それを売ったりして、生活をたてる、ということに関する日本とヨーロッパの考え方は、かなり明確に違っている。ロンドンで会ったある日本の商社員は『これは日本で売れそうだと思う製品を見つけ、たとえば五〇ダース欲しいと交渉したとする。ところが、自分のところでは二〇ダースしか売る余力がないと断わられてしまう。毎月五〇ダースずつ、確実に販売量がふえるチャンスが目の前に転がっているのに、いくら説明しても首をタテに振らない。つまり日本に五〇ダース分余計に売るためには、若干の設備投資も必要だし、労働者もふやさなければならない。原材料の手当ても必要になる。労働者は別として、設備資金や原材料はこちらで面倒みますと働きかけてもだめです。自分はいまの生産量で、従業員もふくめて満足できるだけの利潤も一応確保している。それなのに何を好んで余計な苦労をする必要があるのか、というのが基本的な発想なのです。ですから極端にいえば、ヨーロッパ市場で供給がだぶついているものしか日本に輸出できない。日本に需要があるからといって生産をふやそうという働きは、きわめてまれです』と話していた。製造業だけの話ではない。販売にしても、現に自分たちの確保している売上高なりシェアを確保すること、あるいはせいぜい、格段の無理をせずにふやせる範囲内でふやすことはやっても、それ以上は望まないという態度はいたるところで目につく」と（傍点引用者）。

この記事をみると、おそらく私たちはヨーロッパの企業はなんと伝統主義的であろうかと思ってしまうことでしょう。これでは万事にスピーディで技術革新の激しい波に洗われている日本企業に立ち向かえるはずはないと感じるでしょう。

しかし、単純に伝統主義的ときめつけるわけにはいかないのです。それは保守的・停滞的な体質と必ずしも同じではないからです。イギリスの毛織物中心地であるヨークシャー地方はその頃いわゆる「英国病」などとはまったく無縁なごとくに不況知らずの活気を呈していました。イギリス毛織物工業は一六・七世紀にはイギリス資本主義の波頭を切る花形の国民的産業であったし、一八・九世紀には綿織物工業にトップの座をゆずったものの、今日でもなお第六位の外貨のかせぎ手なのです。日本は西独と一、二を争うお得意先であり、経営者のなかには「日本側に輸入を制限するような措置はまったくない。英国政府が報復措置を招くような保護貿易政策をとらないことを願うのみだ」という正論（?!）を吐く人もいたということでした（「朝日新聞」一九七七年九月二三日）。この地方の生産する毛織物は、その九〇%が輸出向けであり、各工場とも一日三交代のフル操業をおこなっております。イギリスの伝統的な高級服地に対する海外の需要は強く、経営の拡大、生産の増強は客観的に十分可能なのでした。ところが、例えばウィリアム・レイコック・アンド・サム社は一八八七年創立で、兄弟で会長、社長をつとめる従業員一五〇人の中堅クラスながら名門の企業ですが、フランク社長は、「注文があるのをいいことに経営規模を広げれば、この家族型労使関係と職人精神（社長によれば、一九二六年のゼネストが最近の記録で、経営者と従業員が互いにファースト・ネームで呼びあうほど風通しのよい労使関係にあるという――引用者註）は失われる恐れがある」と述べているのです。彼の経済運営が和田さんのいう「適正利潤」を指向する或る独自な経済合理性によって支えられており、これを単純に伝統主義的という固定観念でもって片づけるわけにいかないことだけはおそらく理解できるところではないでしょうか。すなわち、今では必ずしも現代的な尖端に立っていない繊維産業だからそうなのではないか、とは言えないのです。

西ドイツのベンツは人も知る高級車の専門メーカーですが、ドイツ人でさえ注文してから手に入れるまで二年ないし三年かかることは常識となっています。それでも年間三五万台という生産能力を増やす気配は一向にありません。また、買う方も、待たされるのが当然といった涼しい顔でいるのです。BMWもそうですが、彼らの場合も決して現状維持ないし停滞型の単純再生産を原則としているのではありません。資本制生産である以上、拡大再生産の原理に立っていることは言うまでもないのですが、その拡大のテンポがきわめて緩徐であり、その所以はやはり和田さんのいう「適正利潤」への指向性に求めるほかはないようです。和田さんはこの点をさらに日本との対比で特徴づけております（「朝日新聞」一九八〇年一二月一四日）。「十一月中旬、フランス国営テレビが一時間番組の日本ルポを放映した。内容は日本的な『和』の精神とその裏に見え隠れする激烈な競争を、皮肉な形で紹介するもの。具体的には松下電器の朝礼、予備校を舞台にした受験戦争、学習塾などが映像として取り上げられた。とくに学習塾に参加するいがぐり頭の中学生が、早朝に起き出して冷水を浴び、こん棒で気合を入れられるたびに『ありがとうございます』と答礼する風景が、フランス人にはいかにも異様に映ったようだ」。このテレビ番組はやがて日本でも放映されましたから、見た人もあると思います。トピックスの取り上げ方が「皮肉」というよりも、私たち日本人がみても「異様に映った」ほど特異な現象にカメラをあてすぎていて、あまり良い感じのしないものでした。しかし、日本社会の病理としてみれば、それなりに一断面を鋭くえぐり出したものといってよいかもしれません。ですから、「テレビ放映の翌朝、近所の肉屋の主人が『あれを見たか』と、待ち構えていたように私をつかまえたが、その息のはずみに驚きの大きさがうかがえた」のも当然といえましょう。「そして、主人の結論は『もし、あなたの国があのテレビ通りであるとしたら、私にはとうてい住むことのできぬ社会である』というものであった」。これに対する和田さんの感想は、やや複雑だったように思われます。「私はこの肉屋の商売ぶりを近所のよしみでかなりよく観察してきたが、日本の商人と比べると、その気構えに何か根本的に異なるものがあることを常々感じていた。だから、『日本なんかご免こうむる』という肉屋の感懐も、実感としてよく了解できるのである。では、その違いとは何であろうか」。ここで、和田さんは以前のレポートの問題に戻るのである。「ひと口に言うと、日本人の拡大再生産主義に対する、フランス人の適正規模維持主義とでも総称できようか」と。前述の「適正利潤」主義は、ここでは「適正規模維持」主義と言い換えられています。しかし、和田さんが言いたいところは全く変わっておりません。日本人の経済行動が、このたびは「拡大再生産」主義と特徴づけられた点が以前に比べて一歩つき進んだといえるでしょう。「ともかく、拡大と上昇に対する日本人の熱情の深さは、他国民との比較を絶している。人生の成功、不成功はおおむね拡大と上昇の物差しによって計られるのであるから、商人にとっては当然、店を大きくすることが生涯の至上命令となる。もし、現状維持に甘んずるならば、才覚欠如か怠け者とみなされるのだ。これに対してフランスの商人は一般に、われわれの眼から見るとあきれるほど保守的である。親から引き継いだ商店を、内装を変えるでもなく、間口を広げるでもなく、自分と自分の家族の出来る範囲でひたすら経営しているといった例をよく目にする。先の肉屋の場合でも、聞いてみると、商売の形態は親の代から全く変わっていないのだという。

また、よく昼食に出かける裏町のレストランも、完全な家族経営方式である。席の数は約五十。いつ行っても常連客でほぼ満員だが、営業しているのは週五日間のお昼だけ。昔は夜も店を開《あ》けていたが、もうけの額とからだのきつさを勘案して、結局昼だけにしたのだという。それでも夏休みには、一ヵ月間ぴたりと店を閉じて保養に出かける。自分の人生をどのへんで良しとするか。おそらく、その満足度の幅に開きがあるのであろうか」(傍点引用者)。私たちは和田さんのこうした指摘をみても、これが小企業、零細企業のせいであって、このレヴェルでは日本も同じだとか、巨大企業、メーカーならばフランスやドイツでもまったく異なるだろうとか、そういった異論をさしはさんだりはもはやしないでしょう。これはむしろヨーロッパの市民的社会秩序に共通した市民的な生活様式と深く関連しているとみるべきだからです。というのは、こうしたヨーロッパ的市民生活の眼からすれば、二〇世紀初頭のアメリカ人の生活態度すら、すでに今日の日本人に対するみたいにきわめて異質的に映ったのでした。かのマックス・ヴェーバーは、『プロテスタンティズムの倫理と資本主義の精神』(一九〇四―五)のなかで、こう述べています。「オハイオ州のある都市の有力な雑貨商の(ドイツから移住して来た)女婿は、彼の岳父の人柄について次のように要約している。『この老人は、年々七五、〇〇〇ドルの収入があるのに、仕事を休めないのだろうか。――できないのだ。こんどは倉庫の表を四〇〇フィートに拡げなければならない。何故だろう。――それで何もかも善くなるからだ、と彼は考える。――夕刻に妻や娘たちが集って読書しているのに、彼はいそいで寝床に入るし、日曜日には五分ごとに時計を眺めて、一日がいつ終わるかと待っている。――まあ、人生の敗残者だ。』――この批評は、『老人』の側からみれば、まったく不可解であり、ドイツ人の無気力の徴候と思われるにちがいない」と(岩波文庫、(下)二四八頁)。

これは現代アメリカにおける資本主義の精神の変貌について述べた箇所に註記したものですが、この「老人」の営利精神に対するドイツ人の女婿の評価には、何ほどか今日の日本人の企業活動に対するヨーロッパ人の評価と似かよったものがあるといえないでしょうか。「市場においては、よくいわれる適正利潤といったものはない。みんなが適正利潤を求めるようなことをすれば、市場の活力は失われてしまう」(住友金属・日向会長)、「はっきりしていることは、拡大再生産をしていくためには利潤が必要なことであり、われわれはまだまだもうけが足りないと考えている」(トヨタ・豊田英二社長)といった言に接するとき、ますますその感を深くするのです。その意味では和田さんが「拡大と上昇に対する日本人の熱情の深さは、他国民との比較を絶している。人生の成功、不成功はおおむね拡大と上昇の物差しによって計られるのであるから、商人にとっては当然、店を大きくすることが生涯の至上命令となる。もし、現状維持に甘んずるならば、才覚欠如か怠け者とみなされるのだ」と述べておられるのは、まことに的を射ているといってよいでしょう。ヴェーバーの先述の表現でいえば、まさに「無気力の徴候」を示していることになります。それでは日本の企業家を衝き動かしている拡大と上昇への熱情《パトス》は、ヴェーバーがアメリカの近代企業家精神を特徴づけた、あの「資本主義の精神」と同じ経済合理性とみてよいでしょうか。これについても若干の補註がいるように思われます。

ヨーロッパの社会とは異なって、明らかにアメリカや日本では、和田さんの指摘するように、「人生の成功、不成功はおおむね拡大と上昇の物差しで計られる」といってよいでしょうが、両者の間でその意味するところははたして同じなのでしょうか。日本の場合を考えるうえで、私にとって象徴的に思えるひとつのエピソードがあります。それは「朝日新聞」の一九七九年五月一五日の掲載記事です。見出しは「最後の名曲喫茶も降参」とあり、池袋でただひとつ、最後の名曲喫茶がインベーダーに乗っ取られたニュースでした。それは池袋東口の「コンサート・ホール」、文芸座前の「白鳥」が店をたたんだあとは、池袋に残った唯ひとつの名曲喫茶でした。常連客たちは模様替えの予告があったときも「冗談だろう」と思って軽く聞き流していたところ、当日店に行って、愕然としたのでした。「大シャンデリアもフルトベングラーのパネルもそのままなのに、店内のテーブルはすべてインベーダーに占領されていた。陶酔のコンクリートスピーカーは完全沈黙。かわってミサイル発射音と撃墜音が店内をゆるがせていた。」常連客たちは署名運動までやって、「元に戻せ」と交渉したのだが、経営者の返答は、こうであった。「月二百万円ぐらいの黒字では、一等地だけに十分な採算とはいえません。建物も三十年近くたって古くなったので、思い切って八階建てぐらいのビルにしようかと」(傍点引用者)。よく注目していただきたい。この店は決して赤字経営ではなく、毎月黒字なのです。それをインベーダーの店に変えた動機は、ただ「一等地だけに十分な採算とはいえない」ということ、つまりもっともっと一等地にふさわしい、できるかぎりの多額の利潤をあげること、そして、八階建てのビルにすること、すなわち、経営規模を拡大すること、この二つに尽きることが分かります。まさしく拡大と上昇、最大利潤へのあくなき指向がその行動を方向づける決定的な動機となっていたとみてよいでしょう。先に引用した和田さんの報告に出てくるフランス人ならどうしたでしょうか。おそらく月二百万円の黒字で十分に満足し、常連の客たちと名曲をきいてさぞ日常生活を楽しんでいることでしょう。だが、これに類した現象は、その気にさえなれば日本じゅう至るところで観察することができるはずです。だが、マックス・ヴェーバーによれば、このような最大利潤指向型の経済合理性――彼は「呪われた黄金の飢餓」auri sacra fames とよんでいる――は、日本ばかりでなくヨーロッパでも十分に見かけることのできる現象でした。「中国の官人や古代ローマの貴族や近世では農場経営地主の貪欲は比較を絶したものである。またナポリの馬車屋や船頭や、……いや、南ヨーロッパやアジア諸国の職人たちの金銭欲は、誰でも経験した人にはわかるように、同様な場合のイギリス人よりははるかに徹底的であり、ことに厚顔でさえある。……金銭欲はわれわれの知る人類の歴史とともに古いものなのであって、のちに見るように、金銭欲の衝動のためにいっさいをなげうった人々は――たとえば『利益のためには地獄へも船を乗り入れて、帆の焼け焦げるのもかまわなかった』あのオランダの船長のように――決して、近代独自の資本主義『精神』が大量現象として――これが重要な点である――出現する基礎となったような心理の代表者ではなかった」(『プロテスタンティズムの倫理と資本主義の精神』(上)、岩波文庫、五二―五三頁。傍点原文)。ヴェーバーは、あの宗教改革の時代を画するに至ったマルティン・ルターによって徹底的に攻撃された当代切っての富豪ヤーコプ・フッガーの語ったという言葉を紹介しています。「ヤーコプ・フッガーは、すでに隠退生活に入った事業上の一友人から同じく隠退生活に入ることをすすめられて、もはや充分な利益をえたのであるし、他の人々にも利益をえさせてやらねばならぬと言われたとき、この忠告を『無気力』であるといってしりぞけ、『私はまったくちがった考えであり、できるあいだは儲けようと思う』と答えた」と(同書四四頁)。そして、これにコメントして、フッガーの場合には、「商人的冒険心と個人的な、道徳に無関心な気質の表明である」として、「資本主義の精神」にみられる「倫理的な色彩をもった生活原理」という側面にとくに留意を促しております。その意味では近代資本主義の精神は、ひたすら営利を追求するのとは逆に、営利衝動の合理的抑制、むしろそれの緩和でさえあるのです。すなわち、それは和田さんのいう「適正利潤」指向型の経済合理性だともいえるでしょう。したがって、単純に人生の成功、不成功を拡大と上昇の物差しで計る生活態度であると決めてしまってはならないのです。和田さんの指摘は、その限りでは決して十分な理解であったとは言えないのでした。

それでは日本の場合は、どうなのでしょうか。テレビにも放映されて話題となった山崎豊子の「不毛地帯」は、現代における総合商社の激烈な競争と葛藤を鋭く描き出した問題作ですが、そのなかで主人公壱岐の勤務する近畿商事社長大門一三が娘の麗子に「お父さんって、どうしてそんなにフル回転で働くの、オーナー経営者じゃないから、儲けたって自分のものになるわけじゃないし」と質問される箇所があります。大門の答えは、こうでした。「わしは損することが嫌いや、商売で損することは罪悪やと思うてるから。一体、人間一人の能力でどれだけ儲けられるか、地球の果てまで儲けてみたいということかな、はっはっはっ」と。作者は、「それは大門の一貫した本心であった」と註記しております。「地球の果てまで儲けてみたい」という大門の生活態度は、ヴェーバーが引用したあのオランダの船長ベイラントの「利益のためには地獄へも船を乗り入れて、帆の焼け焦げるのもかまわない」といった態度、またフッガーの「できるあいだは儲けようと思う」という態度とも一脈相つうじるものがあるといってよいでしょう。それは、明らかにヴェーバーが「冒険者資本主義」der Abenteurer-Kapitalismus とよんだタイプに属します。しかし、よくみると、大門社長の営利心には或る生活原理、すなわち、仕事をする以上は損をすることは罪悪だ、したがって、営利経営 Erwerbsbetrieb を恒常的に黒字にすることに経営者として責任をもつというかたちで、仕事に打ち込むことと利潤を上げることとが同時に全面肯定されていることに気がつきます。これは確かに儲けることに何か後めたさを感じつつも可能なかぎり多額の利潤を追求する「賤民《パーリア》資本主義」der Paria-Kapitalismus とは何ほどか異なっております。事実、彼は元大本営参謀であった壱岐を重用し、彼を業務本部長に据えて参謀本部と似た役割を演じるのを可能ならしめ、商社の組織をそれを核に徹底的に合理化します。それは苛烈な商社間の競争に打ち克つための経済合理性の完遂でもありました。この例は小説からの引用ではありますが、日本の企業家ないし経営者の行動を方向づけている動機を実に適確に把えているといってよいのではないでしょうか。すなわち、日本の場合、一方には欧米から激しく批判されるような集中豪雨的な輸出に象徴される過当競争の、無差別的な最大利潤指向型の冒険者資本主義的な経済合理性がみられます。と同時に、他方には「自由競争が日本の自動車産業の活力と創造力の源泉である」「日本の自動車産業は自由競争のもっとも激しい業種のひとつである。競争の激しさの故に、欧州のように安易な値上げに走らず、きびしい合理化努力でコスト削減に成功し価格を維持した。」それに反して「欧州の自動車産業は寡占の進展や国有化でいちじるしくバイタリティーを失っている」（「朝日新聞」夕刊、一九七七年二月八日「経済気象台」）といった見解にみられるように、日本企業の利潤追求が生産力の増強とパラレルに進展している事態もまた確かに認められます。ヴェーバーによれば、明らかに相互否定的な関係に立つ冒険者資本主義的な、ときには賤民《パーリア》資本主義的な利潤追求の営利心と、市場における自由競争を指向する生産力的な、経営的資本主義の営利心との複合が、そこにはあるといえましょう。それは、ヴェーバーの定義した「資本主義の精神」という概念からは何ほどかはみ出る、もしくはそれでは一義的に把え切れない現象であると言わなければなりません。では、この事態はどのように理解されるべきなのでしょうか。それを問うことは、おそらく日本「近代」が西欧「近代」と異なる独自の普遍史的意義を問うことになるでしょう。ココがロードス島だ。ココで跳べ。hic Rodus hic salta!

二　生産力と人間類型

一九四五年の敗戦が我国の歴史において最も巨きな社会変革（のひとつ）であったことは、爾来三〇有余年の歴史過程がいよいよ以て明らかにして来つつあります。敗戦直後から日本社会全体を蔽うに至ったあの民主化の激流のなかで、当時まだ学生であった私の眼を捉えて離さなかったテーマに、大塚久雄さんが『歴史学研究』（第一二三号）に発表され、学界に大きな影響を与えた論文「生産力と人間類型」がありました。これは決して長大な論文ではありませんでしたが、既成の観念に捉われない、自由でかつ知的刺戟に満ちた新鮮な問題提起であった点で、賛否の如何にかかわらず、その後の私たち世代の問題関心の方向と内容に与えた影響は、まことに決定的でした。それは、どういう意味においてであったか。当面の問題との関連において少しく説明してみたいと思います。

大塚さんのテーマは、こうでした。『「イギリスの膨脹」とよばれる現象が近代史上における世界史的事実のひとつに属するという認識は、すでに、学界において自明なものとなっているといっても、おそらく過言ではあるまい。ところで、この『イギリスの膨脹』を惹起した根源的推進力はどのような事態であったか、……近代イギリスはその厖大な『国民生産力』の上に立ってはじめてあの商業的性格の経済的『膨脹』を達成しえた」のであり、「そうした『近代生産力』がまさしく特徴的といいうるほど顕著に、形成かつ拡充されるにいたった」のは、「究極するところ、すぐれて国内的な歴史的事態であり、とりわけ、われわれがさらに掘り下げてそのうちにひそむ主体的要因を追究してゆくとき、その基底に決定的条件《スペキイフイクム》として見出されるものこそが、いうところの『近代的人間類型』にほかならず、近代イギリス資本主義のあの厖大な生産力建設にあたっては、「すでに勤労民衆のうちに『資本主義的』人間類型がある程度まで大量的に打ち出され、これがあらかじめ前提されていなければならない」ということでした（『大塚久雄著作集』第八巻所収の該論文より引用）。この大塚さんの論旨を支えていたのが、いまでは古典的業績となっている「近代欧州経済史序説」（上）（『著作集』第二巻所収）であることは、いうまでもありません。

　ところで、大塚さんが「生産力と人間類型」の因果関連を追究するにあたって有力な手がかりにしたのは、マックス・ヴェーバーが『プロテスタンティズムの倫理と資本主義の精神』のなかで展開している「高賃銀の経済」論でした。ごく常識的にいって、ある産業経営の企業家が利潤量を増大させようとするとき先ず試みるのが低賃銀による労働量の増大という方法であることは、おそらく異論のないところでしょう。すなわち、もし製品一単位当りの価格が一定であるとすれば、その費用価格を低下させることが利潤の増大につながることは明らかであり、それには費用価格の一構成要因である賃銀を引き下げることが、ひとつの確実な方法であることは言うまでもありません。ところが、「高賃銀の経済」論の主張は、ちょうどその逆なのです。「賃銀引上げは質的にも量的にも労働の集約度(Intensität)を上昇させる。つまり生産力を増強する。そして生産力増強の結果は、賃銀の引上げにもかかわらず、製品一単位当りの費用価格の低下となり、したがって利潤量の増大となる。要するに、こうした経営的因果連関もまた客観的に可能だと主張するのであり、のみならず、この方法はとくにアメリカやイギリスの企業家によって実際に実行されてきたものであった」のでした。

要するにヴェーバーの主張するところは、こうした「高賃銀の経済」論は確かに現実に可能であるが、しかし、あたかも自然法則のように凡ゆる国民のもつ歴史的現実をこえて普遍的に妥当するものでは決してないことをはっきりさせようとしたものだといってよいでしょう。それを立証するためにヴェーバーが前面に押し出してくる事実こそは、彼が若き日におこなったエルベ河以東地域における農業労働者の実態調査の事例でした。それは「東部ドイツにおける収穫労働のばあいである。そこにおいて見られた労働事情は、要するにこのようであった。農業企業家は、収穫労働の集約度を増大させるという意図をもって、出来高賃銀率を引上げたが、これに対する労働者層の反応の仕方は全く期待に反したものであった。事態をできるだけ浮彫り的に示すために、極めて概括的に表現してみるならば、従来一日につき二・五マルクの賃銀をえていた労働者たちに、三・七五マルク、すなわち従来の賃銀率からいえば一日半分を一日分として支払ったところ、彼らは三日のうち二日働いて一日は休み、その結果、彼らの賃銀収入は一日当り二・五マルクという従前どおりの水準に止まる形となったというのである。それはなぜだったのか。彼らは従来、日々二・五マルクの賃銀収入で伝統的な水準の生活を営んでおり、しかもこうした生活水準さえ維持できれば『足れり』としていたのであった。そこで、賃銀率が従来の一倍半、すなわち一日につき三・七五マルクに引上げられたばあいには、三日のうち二日働きさえすれば従前どおりの生活水準を維持するのに必要な貨幣額――物価の変動はないとして――を確保しうるから、しぜん彼らは他の一日を休むにいたったのである。

つまり、労働者層にとって、問題は、なによりもまず伝統的生活水準の維持に必要な貨幣の確保であり、ついでこの貨幣額をできる限り少ない労働量――この労働もまたもとより伝統的な様式のものである――でもって獲得しようとすることにほかならなかった。」

以上のような労働事情のうちに見出される人間類型をヴェーバーは「伝統主義」(的人間類型)とよぶのですが、もし企業家が賃銀引上げの態度に出ても、労働者の側がこうした人間類型に打ち出されていたばあいには、期待されているような積極的な反応は見られず、「生産力が増大するどころかかえって減退し、利潤はむしろ減少する、つまりひたすら『高賃銀の不経済』に帰結するのである。」といって、彼らの側に営利欲が弱い、あるいは少ないということを意味しているわけでは決してありません。彼らにとっては伝統的生活水準(それを満たす欲求の充足)を維持できるだけの貨幣額を出来るだけ少ない労働量でもって獲得することが主要な関心事なのであって、三日働いて得られる貨幣額が二日働いて得られるのであれば、まことに有難いことであり、それが一日働くだけで取得できればなおさら良いことなのです。つまり獲得される賃銀の額については一応の限界線が存在しておりますが、賃銀の率――一定量の単位労働に対して与えられるべき報酬額――の増大に対してはそうした限度はまったく無く、多々ますます弁ずといってもよいでしょう。

別言すれば、「伝統主義的」人間類型の営利欲は、「資本主義的」人間類型に比して弱少であるとはとうてい言えないのであって、問題はそうした営利(貨幣追求)欲の強弱を云々するところにあるのではなくて、そうした営利が生産力を担う人間類型のうちでとるところの存在形態(=構造連関)にあるとしなければならないでしょう。こうして、「生産力と人間類型」の因果関連が問題として提起されます。

いま伝統主義との対比で「資本主義的」人間類型の特質を要約するならば、「〔伝統的様式に囚われない合理的・実践的な〕思考集中の能力と、労働を義務とするひたむきに内向的な態度、しかも通例これと結びついて〔現われる〕、賃銀とその額を計量しようとする厳密な経済的資質《ヴィルトシャフトリヒカイト》と、労働能力の異常な増大をもたらす冷静な自己抑制の節度」とでも表示しうるでしょうか。ともかく、労働者層がこうした人間類型に打ち出されているばあい、高賃銀は労働の集約度を量的に、また質的に向上させ、ひいては高利潤に結果することになるはずです。すなわち、「まさしく、『営利』と『生産力』の増強、なかんずくその『質的な発展』（近代的産業『経営』体の形成にほかならない）とがいわば並行して現われてくるのである。」

大塚さんは、以上のような二つの人間類型を対比させたうえで当面の問題にとってきわめて重要なテーマを提起するのです。すなわち、「そうした〔伝統主義的〕人間類型が歴史的に前提されているばあい『なんらか高い技能の労働（熟練労働）だとか、高価な毀損し易い機械の使用あるいは高度に鋭敏な注意力や創意だとかをどうしても必要とする製品の製造』ないしそうした高度な生産のいわば社会的骨格たるべき『労働を集約的に使役する経営形態への移行は、それによって阻止されてしまう。』そして、生産力は低度なままで『営利』がただ『量的な拡充』quantitatives Umsichgreifen を遂げること――たとえば問屋制家内工業の蔓延――はもとより見られるが、およそ近代的生産力形成への『質的な発展』qualitative Entwicklung したがってそうした高度な生産力の基礎に拠って立つ『営利』、すなわち厳密な意味における『資本主義』（近代資本主義）の発達は、とうてい不可能となるのである。」つまり、大塚さんはここで労働者層の生活態度が伝統主義的に打ち出されているとき、営利の追求は生産力の「質的な発展」へと向かわず、生産力は低度なままで営利の「量的な拡充」へと結果することを指摘し、与えられた事態がこのようであるばあい、いかなる産業構造が展望されるかについても、ひとつの示唆を述べております。

「企業家が、……自己の『営利』企業を有効に成立させようとするならば、労働者（ひろく直接の生産者）である勤労民衆の『伝統主義的』性格を与えられたものとして受け取り、逆にそれに適合的ならしめるように自己の『経営』を建設するほかないこともまた明らかであろう。そして、こうした『経営』が、近代的生産力的建設ではなくて、問屋制度的家内工業をも含めての前期的な小生産者支配という姿をとりつつ、いわば横に拡延されてゆく性格のものたらざるをえないことも、すでにある程度まで暗示しておいたとおりである」（傍点引用者）。

大塚さんがここで暗示している産業構造、すなわち、商人的＝問屋制的性格の巨大企業による広汎な、前期的な小生産者支配という構造こそは旧体制《アンシャン・レジーム》、戦前の日本経済の構造的特質を、いわば圧縮して示そうとしたものであることは、その当時における大塚さんの書かれた時事的な諸論文からも十分に察知できるところでしょう。たとえば、こうです。「この『日本資本主義』にあっては、そうした高度な産業資本の発達とはいわず、およそ産業資本が成立＝確立していたのは工業部門、しかもその特殊な一部にすぎなかった。そしてその周辺には、産業資本の利害と密接に絡み合いつつ手びろく展開されている商人的＝問屋制的支配のもとに、零細な『中小工業』者層が見渡すかぎり広汎に存在していたばかりでなく、それらすべてのいわば歴史的基盤をなしている農業部面（農民層）のうちには、ある程度の萌芽はともかくとして、体制的にはついに産業資本の十分な初期的形成さえも見なかったのである」（「現代日本の経済史的考察」、『大塚久雄著作集』第六巻所収、二九九頁）。

そして、その後における日本経済の高度成長は、少なくともこの視角から把えるとき、イギリス＝アメリカ型の小生産者的発展のコースにもとづいて進展したのではなく、逆にオランダ的な「加工貿易《トラフィーク》」型産業構造に相似的な、いわゆる輸出指向型産業構造を形成しつつ重化学工業化が展開したということになるでしょう。

事実、最近やかましく論じられている日米欧経済摩擦が日本の集中豪雨的な輸出の仕方と深く関わっていることは、何人の眼にも瞭らかなところです。そして、こうした現象が日本経済の産業構造と深く相関していることも、多くの論者によって指摘されました。そのかぎりでは大塚さんが、「生産力と人間類型」で指摘した日本経済に関する問題局面は依然として過去のことがらではなく、すぐれて今日的な意義を有していると言ってもよいのではないでしょうか。

しかし、大塚さんが「生産力と人間類型」で分析の手がかりにした「伝統主義的」および「資本主義的」人間類型の対比という枠組でいうならば、先述した和田特派員（朝日新聞）の例示したパリの肉屋の主人などは、さしづめ前者の典型であり、日本商社の社員は後者のタイプに入りそうです。いや、最近の国際的な一般の評価でいえば、ヨーロッパと日本の経済人《ホモ・エコノミクス》のいずれがヨリ「資本主義的」か、一概にさきほどの図式では割り切れないような印象を持つ人も多いのではないでしょうか。

たとえば、先に大塚さんが指摘した日本経済における問屋制的な小生産者支配（＝「下請け」制）についても、最近の評価をみると、「前近代的」＝「伝統主義的」という規定を必ずしもマイナス要因としてだけは把えてないようです。小川英次さんは、日本の「下請け」制を徹底した分権化と強い競争力でもって特徴づけています（「朝日新聞」一九八一年五月四日）。「日本が自動車や家電といった分野で強い競争力を持つひとつの要因が、そこ〔「親＝下請け」制……引用者〕にある。〔それは〕極度の分権化だ。組織が巨大になると、いくら管理費をかけても動きは鈍くなる。自立性を持った小集団にすれば、従業員一人ひとりに『何をなすべきか』が行き渡る。これは、経営の大原則だ。分権化というとＧＭの事業部制が良く知られているが、日本の下請け構造の方が独立経営という点でより徹底している。町工場の段階から『ムダ、ムリ、ムラ』が排除されるだけに、全体としては強烈な合理化が達成できる。かつて、中小企業の労賃の低さが大企業の国際競争力を強めているといわれたが、それだけでは説明がつかない。賃金格差は依然としてあるが、欧米にも似たりよったりの構造があるからだ」（傍点引用者）。

つまり、ここでは低「賃金」といった生産関係の面ではなく、まさしく生産力の構造が問題とされております。それは技術革新を受容する過程にもみられました。「ここ数年の間に、日本ではNC（数値制御）工作機械が中小企業にまで急速に普及した。親企業が高い品質の部品を要求したため、やむなく導入した下請けもあるが、周囲を見渡し、先を読んで積極的に買い入れたところも多い。親企業も、下請けがNCを使いこなすノウハウを聞きに来ると、難しいことをいわずに教えた、米国などでは考えられないことだ。三次下請けは二次に教えを請い、二次は一次、一次は親、と技術移転がすんなりと進んだ。いま話題のロボット導入でも同じことが起きると考えていい」（傍点引用者）。

こうした先進技術の積極的導入という姿勢は、少なくともヴェーバーのいう「伝統主義的」人間類型を前提とした問屋制的前貸支配というイメージの枠組には、すんなりとはおさまりきらないのではないでしょうか。「すんなりとは」と述べたのは、この枠組自体が否定されたことを直ちに意味するのではないからです。事態は、もう少し複雑なのです。

日本の「下請け」制小生産者の場合、こうした姿勢が何故可能なのかについて、小川さんは、次の三点をあげています。「この構造を支えているのは、競争のあり方だ。日本の産業界では企業間同士の競争が中心だ。優秀な下請けが独立して『どこでも売ってやろう』となると、相手を利することになる。第一次石油ショック前、各業界で親企業が下請けに独立専門企業化をすすめる動きがあった。しかし、低成長下で競争が激化すると、系列化はかえって進んだ。武者修行は許すが、相手に加勢してはいかん、と手綱を引いた形だ。」また、「集団間の競争だから、利益を必ずしも親企業に集める必要はない。コストダウンで得た利益の半分を下請けが取ることは、ごく一般的だ。」そして、「下請けの方はというと、親企業に絶大な忠誠心を示す。日本人の特性というのか、合理的な説明はできないが、集団競争のワクをはずれる行動を取った企業は、周囲から『裏切り者』とみなされてしまう」（傍点引用者）。ここでは日本経済における「自由競争」の核が企業集団間の競争であること、その競争は親企業による系列化として現象すること、系列化を方向づける動機のひとつとして下請け企業の「忠誠心」があること、等が指摘されています。

マルイ工業がトヨタでなく、日産の系列に入ったのには、敗戦直後にマルイに最初の注文をくれたのが日産であったことを「縁」としてであったということです。小川さんも「合理的に説明できない」と言っていますが、ここには大塚さんのいう人間類型の問題が顔をのぞかせてはいないでしょうか。

米国フォードの社長、ピーターセンは一九八〇年四月、ミシガン州ディアボーンで開かれた部品納入業者の年次大会で「日本に学べ」と大演説をぶちました。ちょうどそれから三ヵ月後に西独・ラムスドルフ経済相もほぼ同じ趣旨の演説をして財界、労働界に大反響を喚んだことは、すでに述べました。ピーターセンは、一年がかりでフォード社が調べ上げたトヨタ自動車工業と系列下請け集団「協豊会」に関する分析を紹介して、こう指摘しております。「諸君、日本（の部品業者）の品質保証、むだの排除、自動化などを学んでほしい。諸君が抱える品質や効率の問題は、最終的にはフォードがかぶることになる。しかし、客がトヨタ車に乗り替えたら、結局、諸君も損をするのだ」と（前掲「朝日新聞」、傍点引用者）。

だが、それには「朝日」の記者の次のようなコメントが附されていました。「トヨタ自工は演説の原稿を手に入れ、コピーをグループの首脳陣に回覧した。しかし、『契約社会の米国で、うちのまねができますかね』と、反応は冷たい。トヨタと協豊会各社との間にも基本契約は存在する。が、どこに尋ねても返ってくるのは『さて、気にも留めていないので』と当惑した返事だけだ。日本の下請け構造を支える『信頼』とか『忠誠心』は、契約書にはうたえないのである」（傍点引用者）。

フォード社長ピーターセンの指摘した日本の部品メーカー、下請け企業の生産力にみられる高度な品質保証、むだの排除、自動化といった特徴は、ヴェーバーのいう「資本主義的」人間類型と関連づけなければなかなか整合的な理解が得られそうにない点ではないでしょうか。

一九八一年二月、西独経済省のモリトール産業局長は、フランスのスピロン工業省産業総局長とともに独仏首脳会議の合意を受けて、独仏共同の対日戦略報告書をまとめあげました。そのなかでモリトール局長は「日本の成功の原因は労働者の質の高さ、企業への帰属意識の強さ、社会各層のコンセンサスによる目的意識の確立などにある」（傍点引用者）と述べましたが、これも先述の論点と何ほどか相通じるものがあります（週刊エコノミスト」一九八一年五月一二日号）。

さて、以上にみてきたことがらの問題点は、こうです。しばしば指摘されてきた日本経済の活力に満ちたダイナミズムを支えているのは、ひとつには経済変動に即応する柔軟性にあるが、それはまた「親＝下請け」企業集団の構造とも深く関連しており、さらにその奥底には「合理的に説明できない」親企業への下請け企業の「忠誠心」という問題があるということでした。すなわち、今日の巨大企業集団にみられる「下請け」制は、もとより戦前の、大塚さんが指摘したような「問屋制度的家内工業をも含めての前期的な小生産者支配という形をとりつつ、いわば横に拡延されてゆく性格」のものと直ちに同一に論じることはできないが、小川さんも述べているように、「親企業には、専横的、官僚的にふるまおうとする誘惑が常に存在」する半面、「〔下請け企業には〕ひたすら長時間低賃金労働にすがっているところも依然多い。繊維、陶磁器といった停滞産業ではもちろん、成長産業でも技術革新についていけず、落ちこぼれかかっている下請けがある」点に注目するならば、「伝統主義的」人間類型の問題局面は依然として無視できないでしょう。先述の下請け企業の「忠誠心」も、この関連で説明できる面も確かにあるのではないでしょうか。

しかし、フォード社長やラムスドルフ経済相の指摘した別の面、すなわち、下請け部品メーカーの労働者が技術革新を積極的に受け入れ、親企業の要求する「高い品質の部品」製造にむしろ進んで適従していく面は、ヴェーバーのいう、これまでどおりの生活様式に固執する「伝統主義」ではなかなか説明できにくいのも、また事実ではないでしょうか。何故なら、「そうした〔伝統主義的〕人間類型が歴史的に前提されているばあい『なんらか高い技能の労働（熟練労働）だとか、高価な毀損し易い機械の使用、あるいは高度に鋭敏な注意力や創意だとかをどうしても必要とする製品の製造』ないしそうした高度な生産のいわば社会的骨格たるべき『労働を集約的に使役する経営形態への移行は、それによって阻止されてしまう』」ことになるはずだからです。

すなわち、日本の「親＝下請け」企業集団の場合、系列下の部品メーカーには、一方では生産力が低度なままで営利がただ量的な拡充を遂げていく面と、他方では労働の集約度を高め、労働の生産性をあげ、質的な発展を成し遂げていく面とが相互に絡みあいながら存在しているといえるでしょう。この日本経済の社会的骨格を形づくっている中小の下請け制企業集団は、すぐれて「忠誠心」とよばれるような親企業への強い帰属意識と、系列を乱す者は「裏切り者」とみなされる点でムラの共同体規制と類比されるような熾《し》烈な系列意識とで支えられている意味では、これを構成している人間類型は、ヴェーバーが構想するにあたってモデルにしたと思われるロビンソン・クルーソー的な近代的・「個人主義的」人間類型よりは、むしろ「伝統主義」的な「共同体的」人間類型にはるかに近いと言ってよいかもしれません。

　ところで、問題はこような人間類型がどうして高い技能労働、鋭敏な注意力、冷静さを必要とするNC工作機械のような製品を急速に受容し、かつ使いこなす能力もしくは資質を秘めていたのか、ということです。ピーターセンやラムスドルフがとくに注目したような生産工程の自動化、むだの排除、高度の効率と高品質が、ほかならぬ巨大企業を支える底辺である下請けの中小企業において達成されたのは、どうしてなのでしょうか。ヨーロッパでは、まさにこの中小企業において和田さんのいう「拡大と上昇」への志向が日本と比べるとき著しく微弱であるといえるように思います。

　もとより、こうした対比でいずれを良しとするか、を問題にしているのではありません。そうではなくて、日本経済のダイナミズムを支えてきたとされる、また、その社会的骨格を形づくってきた中小の「下請け」制企業集団の生産力拡充は、親企業への熾烈な半封建的な「忠誠心」と、保護《パトロヌス》＝被保護者《クリエンテース》的な「系列意識」に打ち出された「伝統主義的」人間類型にもかかわらず行なわれたのであろうか、それともまさしくそれゆえに可能となったのであろうか、が問題なのです。大塚さんの問題提起に戻れば、戦後の日本経済が示した世界に類を見ない発展のダイナミズムは、一貫してそれを特徴づけてきた大企業の商人的＝問屋制的な前期的小生産者支配にもかかわらず展開し得たということになるのでしょうか。それとも、まさにそれゆえにこそ生じ得たのだというべきなのでしょうか。少なくとも今日では、これは「あれか、これか」entweder oder ではなく、「あれも、これも」sowohl als auch として解かれねばならないような方法的枠組を必要としているように思われるのです。

しかも、大方の人びとがすでにさまざまなかたちで論じてきてはおりますが（たとえば「日本的経営」論）、いま大塚さんの「生産力と人間類型」という問題提起の文脈《コンテクスト》に即するとき、少なくともこの問題局面を解きほぐしていくひとつの重要な緒《いと》口は、やはり日本の社会的骨格を形づくっている勤労民衆のエートスの裡にこそ見出されるべきだと私は思うのですが、如何なものでしょうか。

三　「日本的経営」論管見——普遍と特殊

『経済評論』一九八一年七月号は「日本的経営論の再検討」という特集を出し、従来の研究成果を総括して論点の整理をおこない、『東洋経済』誌はその臨時増刊「近代経済学シリーズ」第五七号（一九八一年七月一〇日）で「日本は本当に特殊な国なのか」を特集し、いわゆる「日本的経営」論に手厳しく反論しております。もとより両誌ともその性格からいって、いわゆる専門的な学術雑誌ではないだけに、かえって両方の立場と、その問題点の所在とが鮮明に浮彫りにされる結果にもなっています。

いま、『東洋経済』誌の言うところをごく大づかみにまとめてみるならば、こうでしょうか。すなわち、「日本経済の世界的な優位を背景にして、『日本は欧米にない特殊性をもった国だ』という主張が急速に台頭してきた。だが、日本が後進的な段階においても、劣等仮説に基づく″特殊性論″がやはり盛んであった。〝特殊性論〟は、日本の劣位と優位を同時に説明できるような魔力をもっているのか。日本的特殊性の中身を、冷静に検討し直さなければならない。そのような吟味を欠いた日本主義の横行は危険であろう」。

そして当面の「日本的経営」論との関連でいえば、とくに批判の的となっているのは、雇用システムにおける日本的特殊性と目される「三種の神器」、つまり「終身雇用」・「年功賃銀」・「企業別労働組合」論です。例えば、「終身雇用」と「年功賃銀」についていうならば、これまでの議論はこうでした。

「勤勉に働いて企業に対する貢献度が高かろうが、そうでなかろうが、定年までは雇用が完全に保証されるだけでなく、年功とともに、自動的に地位も上がれば所得も増える。そういうシステムのもとでは、一生懸命働く必要はまったくない。互いにもたれ合い、組織にぶら下がろうとするぬるま湯的雰囲気になるから、日本の企業の効率はいつまでたっても上がらない」と。「ところがいまでは、議論はつぎのようになっている。定年までは雇用が保証される上に、地位も所得も自動的に上昇するから、従業員は誰しも、安んじて企業に全身全霊を捧げることができるし、互いに競争して足を引っ張り合う必要もない。全員一丸のチームワークが生まれて、日本の企業の効率はこの上もなく高くなる」と。

論者の飯田経夫さんは、これに対して「同じ終身雇用と年功序列とを論拠にして、正反対の結論を引き出すことができる」点の矛盾を鋭く指摘しております。つまりどちらもそれだけを強調するときは一方的となるのであり、実際はいずれも部分的には真理を含んでいるとみなすべきであろうというのです。この論点は「企業別組合」論にも妥当します。〝日本特殊性〟論でいえば、それだから日本の労働組合は「労使協調的」であり、その理由として家族主義や集団的行動様式があげられてきたのですが、その評価も以前と今日とでは「正に逆」のかたちになっております。

この定式化が正しいとするならば、その限りでは飯田さんの言はまことに穏当な指摘なのですが、ただ、この特集は全体としてみると、〝三種の神器〟の「日本的経営」論への全面的な反論を企図しているように思えます。「全面的」というのは、論旨が「日本的経営」論にみられる日本〝特殊性〟論を否定し、それを〝一般性〟の土台に据え直そうとする姿勢がきわめて強く窺えるからです。もちろん、それぞれ専門家の方々ですから、肝心の論点についてはきわめて慎重であって、すべて限定留保つきではありますが、にもかかわらず、「特集」全体にみられる論旨の姿勢はこういってもそれほど間違ってはいないでしょう。

いま、それを本稿全体のテーマとも密接に関連している点で、とくに小池和男さんの「年功賃金・終身雇用制のウソとマコト」についてみることにします。小池さんは日本の労働省刊「賃金構造基本統計調査」とEC刊一九七二年第二回「賃金構造調査」との比較から、両者のホワイトカラー男子労働者はいずれも年功カーブを描いており、ただブルーカラー層は日本の場合だけが年功カーブを維持していて、その限りではホワイトカラー化しているところに、むしろ日本の特色があるとみておりますまた、終身雇用制についても勤続二〇年以上のブルーカラー長期勤続労働者の比率はイタリアを除くEC各国は日本より高く、これまた日本的特殊性とはいえないというわけです。

興味深いのは、小池さんの図表でみると、日本の大企業(一〇〇〇人以上)のホワイトカラー男子の年齢別賃銀をECのそれと比べるとき(ただ、ECの場合は一〇人以上の経営が対象なので、比較の基準として問題がなくはない)、西ドイツに比しイタリア、オランダは年功カーブが長期にわたり上昇し続けている点で日本に近く、ECと日本という一括対比は許されない点です。小池さんがヨーロッパ内部での差異(その差異はときには日本とヨーロッパ各国とのそれよりも大きいことがありうるということもふくめて)に止目すべきだと主張している点は、きわめて適切な指摘といえるでしょう。友人のヴィーン大学教授S・リンハルトさんの話では、オーストリアの雇用システムも日本に近いということでした。

こうして、小池さんは日本の企業のブルーカラー層が、日欧米のホワイトカラー層に近い年功賃銀カーブを描くところから、日本のそれを家族主義的観念や余剰労働力の存在といった日本の〝特殊性〟

要因でもって説明することの限界を指摘し、欧米のホワイトカラーと日本のブルーカラーの両方を同時に説明できる枠組を考える必要があると主張しております。その限りでは、この点も私は同感です。ただ、素人の意見になりますが、私には図表でみる限り、欧米とちがって日本の場合大企業、中小企業を問わず、一定の年功カーブをホワイトカラー、ブルーカラーの両方とも描くところに（これを小池さんはブルーカラーのホワイトカラー化と評しますが）、むしろ問題があるように思えるのですが、どうでしょうか。

それはともかくとして小池さんの持ち出す説明原理は、OJT（オン・ザ・ジョブ・トレーニング）、すなわち、仕事を経験して技能を身につけること、このOJTをつうじて仕事への貢献度（生産性）が高まっていくという、労働者の熟練《スキル》説です。その説明では、(イ)アメリカも日本も、重化学工業大企業のブルーカラーは、企業内でOJTにより技能を身につける点は共通する。(ロ)そのキャリアの縦の深さは日本が若干大きい程度で大差ないが、横の広がりに差が認められる。日本では、職場のなかの主な持ち場をほとんど経験するのみならず、関連の深い近隣の主な仕事をも広く経験する。これに対してアメリカは、ひとつの職場内にほぼ限られ、しかもその主な仕事をほとんど経験するとは限らない。(ハ)この日米間の差よりも、日欧の差はもっと大きい。西欧でも大企業となると、ブルーカラーですら内部昇進制がみられる。職場で賃金の高い仕事に空きがあるとき、すでにその職場につとめている人が優先して昇進し、他からの採用は弱い。しかし、職場内でのキャリア（関連の深い一群の仕事が、ひとつの昇進コースを形成するとき、これをキャリアとよぶ——引用者）の縦横ともに日米より短く、せまい。はなはだしきは、イギリスの組合の伝統の強いある地域のように、いまだに熟練労働者ポストへは内部昇進ではなく徒弟修了を資格とするところもある。要するに、日本の大企業ブルーカラーのキャリアは幅広いのである」。

この幅広い経験によって関連する機械のメカニズムや生産の仕組みをよりよく理解できることになり、品質管理（QC）サークルのような仕事上の創意工夫が生まれてくる素地を形づくることになる。小池さんは、この仕事上の創意工夫が可能な所以を、通例、企業への忠誠心や日本の労働組合の従順さから説明する〝特殊性〟論を排し、労働の熟練説といういずれの国を問わず適用できる〝一般性〟論を採用するのです。というのは、「人は心がけをかえるだけで技術的な工夫ができようか。技術的な素養がなければ長続きしまい。その技術的素養こそ、さきの幅広い熟練であり、それに基づく仕組みの理解ではないか」と考えるからです。これは確かにいきなり企業への忠誠心や従順さから解くやり方よりは有効な説明方法だと思います。しかし、考えてみれば生産性の向上にあたって労働の熟練（＝技能）を決定的に重視したのは、ほかならぬマックス・ヴェーバーではなかったでしょうか（前回拙稿「生産力と人間類型」参照）。ヴェーバーの『プロテスタンティズムの倫理と資本主義の精神』は、少なくともその重要な視角が、近代工業力の形成と展開にあたって、それにあずかって力あった近代労働力の合理的な資質ならびに熟練の陶冶育成がいかにして行なわれたか、そして、その問題局面との関連でプロテスタンティズムの禁欲的エートスがどのような影響を与えたか、という点の解明に向けられていたことは、もはや周知の事実に属しております。とするならば、小池さんは〝日本特殊性〟論にまどわされることなく、この労働の熟練と宗教倫理ないしはそういった問題の局面をも視野に入れて論旨を構成することは、〝一般性〟を指向する方法的枠組のレヴェルにおいても十分に可能だったのではないでしょうか。

あえてこのことを述べるのは、前にもふれたように、『東洋経済』誌の特集が〝日本特殊性〟論を反論するあまり、やや〝日本一般性〟論に力点をおきすぎているきらいがあるかに思えるからです。それは『経済評論』の特集「日本的経営論の再検討」と対照させるときいっそう明らかとなります。

というのは、『経済評論』の特集は「再検討」と題されているように、従来さまざまに展開されてきた「日本的経営」論ならびにそれへの批判をふまえて、現段階における問題の所在を明らかにしようと努めているので、当面の問題局面をいっそう浮彫りにしているように思われるからです。もとよりその論点は多岐にわたっておりますが、ここでは両者の論旨が比較的よく嚙みあっている岩田龍子さんの論稿をとりあげてみることにしましょう。

岩田さんは批判者の論点が「日本的経営の優位性を日本人の資質から説明することへの嫌悪を顕わにし、(2)日本礼讃論への攻撃、(3)日本特殊論への攻撃、(4)文化論的アプローチへの攻撃という、およそ三つの形をとって現われている」(『経済評論』七月号)と整理し、ここには「特殊」概念について或る曖昧さ、ないし混乱がみられることに論争が不毛におわる可能性があると指摘しております。すなわち、日本の特殊性を云々する場合、それは「特殊性の追究のなかから、より高次の一般性をあきらかにすること」が本来の狙いであるべきであり、「そもそも、普遍論なしに特殊論がありえないように、特殊論のない普遍論はありえない。……問題は特殊性の追究の是非にあるのではなく、むしろ、特殊性の追究自体のまずさ」にあるとし、そこに〝日本特殊性〟批判論者のつけ入る隙があったとみるのです。その限りではそうした批判にカウンターパワーとしての一定の意義を認めつつも、その批判が必ずしも的を射ていない所以を明らかにしています。

というのは、「これらの人びとは、特殊性をとおして顕われるより高次の一般性を追究するのではなく、それぞれのあいだには、現実にあまり大きな差はみられないということを強調することによって、一般性を主張しようとする」嫌いがあるからです。岩田さんは、ここで飯田経夫さんと小池和男さんの主張をとりあげ、こう批判しています。飯田さんは日本的特殊性として喧伝されている日本企業の終身雇用、年功序列といった日本的慣行がはたして本当に存在するのだろうか、という問題を提起し、終身雇用については「不況で失業者が増大するとき、それが日本では中高年層に集中するのに対して、欧米では若年層に集中するという事実を想い起こせば」当たらないことが判明するだろうし、「年功序列のイメージは、企業内の昇進とそれに伴う昇給とが、勤勉・能力や実績によって左右されないから、企業内で競争が行なわれない——ということである。しかし、それも正しくない」と批判しておりますが、岩田さんは、そこに用語上の理解にズレがあると述べています。

つまり、「日本的経営」論で年功序列云々をいう場合、「年功を重要な基準としながら、能力・業績・勤勉度の評価によって、徐々に格差をつけてゆく一種の能力主義である」ことは常識であるし、こうした終身雇用制（岩田さんは批判者のような誤解をさけるために、わざわざ「長期安定雇用制」とよんでいます）のもとで年功制という一種の能力主義によって激しい競争が生み出されるとして、飯田さんの用語法に反論を加えております。また、小池さんの主張に対しては、その論旨の基礎をなしている欧米と日本の賃銀統計による年齢別賃銀カーブの比較は「平均値主義の最も悪い弊害を伴っている」と批判し、図表を用いてその所以を明らかにしています。

それによると、日本の場合は勤続年数が重なると、ある時点から徐々に格差がつき始め、定年前までには次第に格差が拡大するのに対して、アメリカの場合は採用が欠員補充の形をとり、昇進の早いものと遅いものの賃銀カーブは最初から格差があり、次第にそれが拡大していくようになっています。ところが、小池さんのいう年齢別の賃銀カーブで描いてみると、この両者の平均的賃銀カーブが似てくることはきわめてあり得るというわけです。とするならば、このことと年功賃銀制の存否とはどう関わっているのかが問題になるでしょう。こうして、岩田さんは「年功制についての実証的研究を行なうためには、年齢別の平均賃金についての分析ではなく、重要なサンプル企業について、その賃金体系そのものをケーススタディ的に追究する必要があろう」と述べ、自ら行なったアメリカ企業の実態調査から若干の新たな問題の提起をしております。

このように見てくると、「日本的経営」論者（仮りにそう呼ぶことにする）とその批判者との間には論点の噛みあう部分と、にもかかわらず大きくズレている面とがあることに気がつきます。例えば、岩田さんの指摘した普遍と特殊の関係についても、批判者の一人である曾根泰教さんは、「比較可能な基準を提出できるような普遍主義が明確に示されるなら、日本特殊性論ももう少し実りある議論を展開できる」（前出『東洋経済』）と述べ、また、同じく西部邁さんも「普遍性と特殊性の意味を私なりに考えてみると、どの国も特殊性をもっているわけであって、これが普遍的な文化なのだといえるような特定の国が、具体的に存在しているわけではない。普遍性というのは、多様な国々やさまざまな人々のあいだにある同質性のことを指すのだと思いますが、それは簡単に観察できるものではない。むしろ、個々の特殊なものにどういう角度から光を当てていくかという、フレームワークの問題に帰着するのではないか」（傍点引用者）と言っています。もし批判者側がこのような共通認識を有しているとすれば、岩田さんの論旨との差は著しくせばまってくることになるのではないでしょうか。岩田さんは、こう述べているからです。

「確かに、従来の日本的経営論は、日本の経営に顕著にみられるパターンを抽出し、その成立基盤についての理論化を試みようとするものであった。それは、一方で、多様な日本の経営の現実のなかにみられる特質についての一般化ではあるが、同時にそれは、他の社会にみられるパターンとは異なる特殊性の認識であったといってよい。しかし、それは、単なる特殊性の認識であるにとどまらず、同時に、米国あるいは欧州の現実のなかから抽出されてきた従来の経営論や組織論の一般性に対して疑問を投げかけ、それら自身、大なり小なり独自の風土性をもつ理論であることをあきらかにすることによって、それらを相対化しようとするものであったのである。……文化論的アプローチは、このような日本的経営とその基盤との適合関係を究明するための有力な方法として登場してきた」(『経済評論』傍点原文)と。

では、両者の差はお互いに理解の度が深まっていけば無くなるものであろうか。私には、そうは思えないのです。それは岩田さんが「欧米理論を相対化しつつ登場した日本的経営論は、こうして欧米が一般で日本が特殊だという歪んだ考え方を克服しつつ、そこに、特殊対特殊の関係を見出してきたが、しかしそれは、こうした相対論・特殊論の袋小路に迷い込むものではなく、むしろ、より高次の一般化への展望をはらむものであることに注意しなければならない。それは、両者の差異を明確にしたうえで、その双方を説明しうるような理論の構築を志向するものなのである」と述べていることのなかに何ほどか窺われるように思えるからです。岩田さんはここで欧米的経営論を相対化することによって、欧米と日本とを一般対特殊としてでなく、特殊対特殊の関係にすることに日本的経営論の意義を見出しているのですが、このような両者の差異を明確にすることを通じてより高次の一般化を指向しているのだという場合、両者の差異を云々するにはあらかじめ両者を比較可能な共通の公分母に還元しなければ、そもそも差異（＝特殊性）すらも明確にし得ないという方法上の手続きが不問に付されているように思えます。

もっとも、こう言うのはやや言い過ぎで、むしろ岩田さんの思考は特殊を通じて一般へと指向する方向であるのに対して、飯田さんなど批判者の側は、ちょうど「正に逆」に特殊を一般に還元する方向を目指していると言った方がよいかもしれません。つまり両者の問題関心のヴェクトルは逆方向を指向しているのです。後者は、前者が特殊を云々するには先ず以て一般が確定されていなければいけないと主張する限りでは、方法上まことに正当なのですが、その拠り所とする〃一般〃認識が、ではいわゆる「日本的経営」論者を納得させるに足る内実を有しているか、というと、これまた先述の岩田さんの指摘するように十分であるようにも見えません。

例えば日本人は「満場一致」を好み、欧米人は「多数決」を好むというふうに論点を定式化し、こうしたルールは双方の側にあり、むしろパレート最適の基準でもって、洋の古今東西を問わず、一般的に説明できるように努めるべきものなのだという場合、「満場一致」方式はそもそも「共同体」的生活様式のもとでは洋の東西を問わず、類型的に生起する一般的な集団意思決定のルールであったこと（もとより利害打算にもとづく）がまったく看過されているかに見えます。論者はこの点について「現実は、日本人が〃満場一致〃の方を若干好む、といった程度の問題にすぎないでしょう」（『東洋経済』傍点引用者）というとき、当面の問題点はいっそうはっきりとしてきます。

「若干好むといった程度の問題」という表現は、実は、〃特殊〃を〃一般〃に還元しようとする指向を際立って特徴づけるものなのです。つまり言うところの〃特殊〃は、要するに「若干」といった「程度」の問題、すなわち、「量」の大小に還元される問題であるというわけです。そのレヴェルでいえば日本と欧米の差異云々というのも「程度」の問題にすぎないということになります。しかし、これは〝特殊〟の〝一般〟への還元なのでしょうか。

すでにマックス・ヴェーバーは、いっさいの個体的特質、ないしは特殊性とよばれる現象といえども、究極的には〝量〟の問題に還元されることを明確に認識していました。いうところの特殊性は、したがって〝一般〟レヴェルにおいては「程度」の問題ではあるが、そうした量の大小を示す諸要素が一定の結合をなしてひとつの複合体 Komplex として存在しているところに〝特殊性〟の問題があり、そうした結合が理論的にではなく、まさに歴史的に形成されているところに、たんに〝一般〟レヴェルの問題局面に還元できない、あるいは、してはならない、すぐれて個性的な問題局面が存在するのだと、ヴェーバーは考えておりました。その意味で〝特殊性〟論者と〝一般性〟論者の論争は、この両雑誌の特集をつうじて見る限りにおいては、すれちがいに終わる公算の方が大きいように思えるのですが、如何なものでしょうか。

しかし、そう悲観的にのみ見るべきでないかもしれません。それは岩田さんが一方で今日の時点では仮説の構築こそ必要であるとみなし、他方ではケーススタディのいっそうの積み重ねが大切だと述べているのに対して、批判者である小池さんも一方では聞き取りや統計解析や文書資料などの綿密な経験的研究を徹底して重視する姿勢を示しつつ、他方で「経験的研究は実態の探究の一部にすぎない。鋭い理論的研究の大切さはいうまでもない。早い話が、経験的研究においてもどこに着目し観察するかは、理論的枠組みなしにきまらない」(『東洋経済』)と記しているところに、何ほどか窺えるように思われるからです。

事態がこの方向に進むならば、両者の問題とする局面に自ずと重なり合う部分が増え、相互否定的な論争でなく相互補完的な対話への風通しが今日よりは良好になる可能性も十分にあるといえるのではないでしょうか。

ところで、経営学にはまったくの門外漢である私が、柄にもなく最もホットな論争の局面に深入りしてしまったのはどうしてかといえば、本稿で私がとりあげたいと思っていた問題とさまざまな点で関連しているからでした。そのすべてを述べることはとうてい不可能ですが、覚え書ふうに若干それについて触れておくことにします。それは日本経済が示すダイナミックなパフォーマンスについてです。

すでにラムスドルフ西独経済相は、その根源を日本の中小企業にみられる労働力の質の高さ（大企業は言うまでもなく）にみておりました。『経済評論』所収の論稿で森川英正さんは、それをヨリ一般的に「高度に状況適応的な問題解決能力に富んだところの融通無碍の弾力的な経営」の裡《うち》に見出しています。そして、それは日本企業のホワイトカラーならびにブルーカラー層が多様な実務体験を通じて幅広い技能を身につけ、すぐれた状況適応力を示したことと深く関連があるとしたのでした。これは小池さんの意見とも一致するところです。しかも、小池さんは同一産業において、労働者が経験する仕事の幅は日本が最も広く、ついでアメリカ、ECの順であることを指摘し、さらに「日本は現場労働者の職場における発言力が大きく、仕事の細部にわたる進め方や現場での労働者の配置などは職長を中心とする職場集団が事実上決定しているケースが多い。その結果、工場内のシステムや工程に対する理解力も増大し、自由裁量の余地が拡大していく。……私の推測ではどこの国でも非大企業ブルーカラーの熟練は、おそらく低いだろうと思う。ただ、そのなかで日本は、中小企業の一部の基幹労働者が大企業並みの幅広い知的熟練をもっているのが、欧米と違う点ではないか。そのわずかな差が、パフォーマンスの違いをもたらすひとつの要因になっているのではないでしょうか」(『東洋経済』という、まことに興味深い評価を行なっております。

私もまた、前回の「生産力と人間類型」で、別の観点からではありましたが、ほぼ同様な指摘をいたしました。そして、飯田さんもまた、ややちがった角度からですが、まったく同じ評価を下しております。「ここで重要なのは、日本が得意とするのが、主として大量生産型の製品だという事実であり、例えば宇宙ロケットなどの単品型(?)製品では、日本はアメリカの足許にもおよばない。大量生産型製品の場合、いかにエリートが優秀でも、現場で働く〝ヒラの人たち〟がおのおのきちんと仕事しなければ、けっして良質のものは作れないし、さらにいうと、かりにエリートが多少頼りなくとも、〝ヒラの人たち〟がきちんと仕事しさえすれば、良質のものが作れる。欧米諸国では、労働力の低下したということがしきりにいわれる。……質が低下したのは、いったいどのカテゴリーの労働力なのかという点が、決定的に重要だろう。明らかにそれは、例えばブルーカラー労働者を典型とする〝ヒラの人たち〟の質である。いくつかの証拠から判断して〝西側先進国〟の〝ヒラの人たち〟が、かつてと比べていかに働かなくなってしまったかという点には、目をおおわしめるほどのものがある。「先進国病」とは、まさにそういうことにほかならない」(『東洋経済』傍点原文)と。これは前々回の拙稿で引用した朝日新聞の和田パリ特派員が指摘した事実に対する評価とまったく一致しております。

私は一九七五年から七六年にかけて西独ケルン大学経済政策研究所に招聘された際、或る手工業親方の家に寄宿したのですが、そのときの見聞からも、また昨年(一九八〇年)夏のラムスドルフ発言への反響からも、飯田さんの主張には首肯できるものがあります。

ところで、飯田さんは彼らが働かなくなった所以を経済的な〝豊かさ〟に求め、西欧では〝豊かさ〟が引き金となって、〝ヒラの人たち〟が反乱を起こすのに対して、日本がそうでないところに「日本的特殊性」を見ることは可能だが、それをもともとからの日本の国民性に求める文化論的アプローチの可能性を一面では認めつつも、「あえて〝もともと論〟を排し、〝たまたま論〟を支持してみる」と述べて、日本が現在「たまたま」種々の歴史的な事情から経済的に繁栄する時代にさしかかっているためだとしております。ここには十分に傾聴すべき提言がみられますが、飯田さんも先刻承知のように、それが一般に納得がいく方法上の手続きを経ているならば、〝もともと論〟にも聴くべきところがあることは言うまでもありません。それは、例えば『経済評論』所収のR・ドーアさんがイギリスのイングリッシュ・エレクトリックと日本の日立とのまことに綿密なケーススタディ及びその分析比較を行なったあとで、なおかつ、彼の口からつぎのような言葉が出てくるところに、何ほどかこの局面の包蔵している問題の奥深さが窺えるように思われるのです。すなわち、「社会学者というのは世間の俗耳に入りやすい常識をひっくりかえそうとやっきになるものであるから、そういってしまっては少々赤面せざるをえないのであるが、しかし、日本の工場の生産性が高いひとつの重要な理由は日本の労働者がよりよく働くからである、という考え方にも一理あるようにみえる」（『経済評論』傍点引用者）と。

だが、事態が本当にそうであるならば、それは決して赤面すべきことがらではなく、むしろ何故そうであるのかという問題のたてかたをして、改めてその謎の解明に、真に普遍史的看点のもとでそれに接近すべく試みるべきではないでしょうか。

私自身は、といえば、ベラーの古典的な研究「徳川宗教」（邦訳『日本近代化と宗教倫理』、未來社）とはやや異なった視角からではありますが、やはりどうしても日本人の宗教意識 die Religiosität（ヴェーバーの言う意味での）との関連を解き明かす必要があると考えております。だが、これについては改めて別の機会（本稿四を参照）に述べてみることにしたく思います。

四　「日本の近代化」論——外国の日本研究

私がここで述べたく思うテーマは、日本の近代化と日本人の労働エートスについてです。このテーマはすでに多くの人たちによって論じられており、私が何か新しい知見を加える余地はほとんどないと言ってよいのですが、このところ考えている Das Japantum（『日本の意識』、岩波書店、一九八二）との関わりで、外国の日本研究との比定という視角から、少し見てみたく思います。

丸山眞男さんが述べているように、その点で画期的な業績は、ロバート・ベラーの『徳川宗教』（邦訳『日本近代化と宗教倫理』、未來社、一九八一）でした。それはタルコット・パーソンズによって定式化されたヴェーバー・テーゼの日本への全面的な適用という点で、今日でも止目に値いする研究でした。パーソンズの社会理論は、日本でも周知のところですから、ここでは説明を省きますが、そこにはヴェーバーの有名な「資本主義の精神」論に対するパーソンズなりの読み込みがあり、さらにヴェーバーの「世界宗教の経済論理」への進化論的解釈とリンクして西欧近代の生誕が伝統的社会に与えた影響を検討するという近代化論へとつながっていく視座を設定するに至りました。こうしてパーソンズは西欧近代の純粋型をアメリカ市民社会に見ることで近代化の比較尺度を確定し、近代化の衝撃波に対するゲマインシャフト的な対応と再編が能動的に行なわれたナチズム、コミュニズム、日本のケースを逐次分析したのですが、最後まで問題視されたのは日本でした。この課題を継承したのが、当時彼の学徒であったベラーでした。彼が『徳川宗教』で展開したユニークな分析内容は、邦訳もあることですし、ここではその詳細は省略し、行論上必要なかぎり摘記すると、こうでした。彼はパーソンズの枠組にもとづきつつ、日本人の社会的行為を動機づける価値体系を分析し、大化の改新まで遡って検討します。そして、日本的価値体系の軸心は鎌倉時代に一時ゆらぎはするが、結局徳川時代までなかなか変化しないできていることを発見します。その理由をたずねて彼は終局的には村落共同体やその他の自然発生的な諸集団が日本社会の小宇宙を構成しつつ日本的価値体系の価値実現の場として機能しており、家族（先祖祭祀）→村落（氏神信仰）→国家（天皇崇拝）へと上方に向かって、これら小宇宙に内在する神聖性が切れ目なく続くところに、日本的宗教意識の独自性を見出したのでした。人はこの神聖な共同体から受ける恩恵と、それへの報恩義務意識にもとづいて、共同体（集団・公《おおやけ》）のために自らを犠牲にする徳性を培ったのです。およそ哲学・倫理・科学など凡ては共同体への寄与如何で評価され、それ自体の価値のためではなかったのでした。ベラーによれば個の自立性は、芸術・宗教・スポーツといった局面でのみ、その可能性が認められたのでした。日本の歴史はこうした価値体系の構造が執拗に持続したところに特徴がみられるのですが、しかし、またそこに一定の変化・発展のあったことも事実であり、それにはこの価値体系への否定という要因が存在しなければ、説明できません。ベラーは、そこで家永三郎の『日本思想史における否定の論理の発達』（新泉社、一九七〇）を援用しつつ、この否定の契機を日本史のなかに追求します。結論的にいえば、日本の近世はこの否定の契機が衰退する時代であり、俗権が優越し、儒教勢力が拡充していく時代でした。もちろんベラーは陽明学、国学、そして石門心学にそうした否定と超越の契機がみられたことに留意しております。しかし、日本の近代化は、こうした伝統的な価値体系を前提にした近代化であり、もし西欧の挑戦がなかったら、その近代化が成功したか否かははなはだ疑わしかったということです。そこでベラーの仮説は、こうなります。西欧で近代化への発条となったのは宗教であったが、日本でそれの機能的等価となったものは、政治的価値であった。それは歴史的には明治維新を遂行したのが下級武士層を軸とし、彼らの価値体系が企業その他の領域にまで浸透して富国強兵の路線を敷くことに成功したことで示されます。ベラーは、こうしてパーソンズがヴェーバー・テーゼにもとづき、日本はなぜ西欧と類比できる社会システム（例えばヴェーバーのいう「自由な封建制」）の存在、したがってまた、類似の進化過程にありながら、西欧と異なった近代化の過程を歩むことになったのかという問題提起をしたのに対する彼なりの解答を仮説として提示したのでした。これに対しては、丸山さんがパーソンズのヴェーバー・テーゼにはヴェーバー理解について重大な誤解があり、ベラーにもそれが影響しているために、日本の「近代」が背負わざるを得なかった負《マイナス》の局面に対する分析が弱いという批判をおこない（『丸山眞男著作集』第七巻、一九九六、二八三―二八九頁）、ベラーもそれを受け入れて、自説を修正したことは、よく知られているところです。しかし、丸山さんも認めているように、ベラーの業績は、今日でも日本の「近代」を考えるうえでなお第一級のものであることは、確かです。しかし、ベラーの仮説が修正されねばならなくなった以上、日本の近代について新たに考えるべき余地が生じてきました。この点でまったく別の看点から画期的な問題を提起したのは、イギリスの社会学者ロナルド・ドーアでした。彼は日本の近代化についてベラーのいう政治的価値の視角では十分には解けないところがあるとして、それに代えて『江戸時代の教育』（邦訳、岩波書店、一九七〇）のなかで日本の場合は教育価値について考えるべきだという見解を開陳しました。これも邦訳があるので、行論上必要なかぎりで論点を摘記することにします。彼は江戸時代の公教育は身分制の原理に立脚しており、礼という美徳を涵養することが教育目的となっていて純粋な知的教育は身分に応じた倫理実現の手段とみなされた。かくて、学問の専門化・職業化による能力差の顕在は、身分制原理との葛藤を生みつつ限定された能力主義となって定着し、徳川幕府の行政システムに官僚制的職務体系と世襲的家格体系の混血という特徴を刻印づけました。しかし、これは妥協の産物であり、幕藩体制下にあっても各藩では洋学の実用性を評価するところもあり、長州藩はそのモデル・ケースになりました。世襲身分による着席制を廃し、道徳的目的のためのカリキュラムを実用主義的に改編するなど、学校は学生の才能の有無をテストする機関に変貌していきます。威信は学力を基準に与えられることになりました。身分価値より業績価値の重視です。加藤藩校・和歌山藩校、土佐藩校、佐賀藩校、会津藩校などが、それにつづきました。このような学校教育の変貌は、内外の危機に対する敏感なまでの対応であり、言ってみれば世人の危機意識の高揚を示すものでした。それは教育の面でもその実効力如何が問題視されることとなり、洋学の重視、カリキュラムの改編、学校システムの合理化（進級の尺度を成績の如何におき、試験制度を設けること等）を押し進め、遂には徳川幕藩体制の根幹である世襲的身分原理の否定に至るものでした。ドーアによれば、明治維新は、まさに徳川幕藩体制の根幹をなす、この身分制原理の変革を意味するものとして画期づけられたのでした。彼はこの点で明治維新に日本の近代の生誕を看て取るのです。ドーアにどこまでその意図があったかは知りませんが、見方によってはそれは労農派的明治維新論にも照応し、戦後の歴史学の趨勢となってきている江戸時代に日本近代化の起点をみる見解に途を拓いたとみることもできます。しかし、それよりもドーアの功績は、何よりもまず、日本の近代化を可能にするには工業労働における労働力の質が問題なのであり、それには教育こそが重要で、その前提には徳川時代晩期の民間における識字能力の開発と普及度があったという点に着目したことでした。民間の寺子屋と塾を重視したのはそのためであり、そこでは何はともあれ、読み書きの習得と自己規律の訓育が行なわれていたのでした。寺子屋教育の普及と維新期における文盲率の低さは、他面ではサムライの理想が次第に一般民間人の理想にもなっていったことを榜示しております。一例をあげれば、幕末・維新期における今の群馬県の範域での寺子屋数は千五百を数え、しかも、その教師の四〇%は僧侶や神官、浪人などのいわゆる知識人層ではなく、村の豪農・篤農・老農層でした。

ドーアの『江戸時代の教育』が有する日本近代化研究史上における意義は、私見では、ベラーがいわゆるパーソンズ＝ヴェーバー・テーゼに拠って、日本近代化を押し進める主体的要素（＝創造的要因）に着目して分析したのに対して、西欧の資本主義文化を日本が有効に摂取・受容するのに成功した所以はどこにあったか、そのための受け皿となる要素は何であったか、という問題を、初めて明確に（ということは、方法的にという意味で）提起したところにあると思います。その意味するところの重要性は、あとで触れることにしましょう。ただ、ドーアの業績にも、考えなければならぬひとつの問題が残されておりました。それを鋭く衝《つ》いたのは、ヴェーバー研究者としても著名な社会学者ラインハルト・ベンディックスでした。小篇ですが、きわめて鋭利な論文「プロテスタンティズムの倫理と日本」（邦訳、『学問と党派性』、みすず書房、一九七五、所収、二五五―二七九頁）のなかで、彼はドーアを批判して、こう述べております。

ドーアが教育価値の日本近代化過程で占める比重の巨きさを指摘したことの意義はすばらしいものがあるとベンディックスは考えています。しかし、教育の機能は本質的に伝統文化の価値体系の維持と陶冶に向けられているのであり、そこから新しい価値体系の創造ないしは伝統的価値の革新を目指すものではない。ドーアの研究は、したがって、日本が近代化への途を主体的に（すなわち、植民化されずに）切り拓くことに成功した所以を解明するうえで方法上の難点を含んでいると見たのでした。そこでいま一度ヴェーバーのテーゼに立ち戻ります。ヴェーバーのエートス論は、彼の見るところでは、二つの異なったレベルの問題を含んでいる。ひとつは文化論レベルで、ヴェーバーは神学の教理に内在する行為を規制する規範がもつコントロールする力 Incentive (Antrieb) と、それに対してもうひとつは、現実に行動するうえでの起動力となる心理的な刺激 Inpuls (Anreiz) という行為論のレベルの問題。この看点からみると、当時のカトリック教会と徳川幕府との間には或る類似性が浮かびあがってきます。それは権威的な原理に合致しない行為を禁圧し、権威的な教学の立場を擁護する義務を担っていた権力システム（両者は教権制と家産制の差異を含んでいたが）の規範、および、こうした公式の教理とそれに対して事実上容認されていたそうした規範に反する行為との分裂。日本の場合は公式の教理としての武士道と、幕藩体制下の平和維持指向の政策に対応するサムライの行動様式。ベンディックスは、これに対比される西欧の事例としては、大陸のカトリック教会とプロテスタントによる宗教改革の事例よりは、イギリスのそれがむしろ近似していると見ております。というのは、イギリスの宗教改革は大陸におけるルターやカルヴァンのような宗教的巨人によるリーダーシップが欠如しており、全面的な宗教論争が政治・社会不安を喚び起こしていたからです。そこに政治権力が介入し、諸ゼクテの形成が促進され、政治権力システムは揺らぎ、教理・教会システムの選択力をゼクテが掌握するうえで国家権力はチェックする機能を喪失していったというのです。その意味で公的教理の空文化と倫理的リゴリズムの強化という共通項が両者の間にみられるのです。すなわち、ここではヴェーバーがとりあげた宗教レベルでの問題のみでなく彼が意識的に捨象していた政治的な文脈のなかで一方はカルヴィニズムによるカトリック教会の権威への挑戦（宗教的）、他方は西欧文明による徳川幕藩体制への挑戦（政治的）。一方は個人の救済指向へ、他方は国民的統合指向へ。こうして、ベンディックスは、本来のヴェーバー・テーゼでは外在的な政治的価値をふたたびこうした文脈裡で持ち込んできます。西欧文明の挑戦は、日本の伝統的価値体系におけるタテマエ（武士道＝戦士としての理念）とホンネ（平和維持への行為指向）との乖離という幕末期の事態に、戦士理念の行為レベルにおける復活という問題をつきつけたことになります。つまり当時そうした倫理的リゴリズムを担った社会層（脱藩浪人と下級武士層、豪農・豪商層）に、戦士としての自己規律による行為のもつ価値実現の場が提供されたわけです。ベンディックスは、このように西欧文明の挑戦という外圧が、どのようにして明治維新へと向かう日本の政治的な文脈裡で内発力に転化し得たか、を分析しました。ベンディックスの論文はドーアの業績を補完しつつ、或る意味ではベラーの問題提起をも継承したことになります。ここで興味深いのは、これらの日本研究が、いずれも直接にか間接にか、ヴェーバーの「資本主義の精神」論が提起した問題の影響を深く受けているということです。では、ヴェーバー自身は、日本をどう見ていたのでしょうか。

ヴェーバーが日本に対して深い関心を持っていたことは、彼の残した厖大な論稿の諸箇所に日本への言及がみられることでも窺えるのですが、まとまった箇所としては『ヒンドゥ教と仏教』のなかで日本の宗教事情を分析した小稿があるのみです。しかも、『ヒンドゥ教と仏教』自体も第一次大戦の勃発という非常事態のもとにあわただしく発表した暫定稿であり、『儒教と道教』があとで著書として公刊されたとき、全体の半分近い補筆がなされているところからみても、この『ヒンドゥ教と仏教』が現行版のままで刊行されたとはとうてい思われません。したがって、日本に関する箇所もヴェーバーの本意を十分に伝えているとは言えないでしょう。そうした限定のもとで、ここでの行論上重要と思われる点のみを摘記してみることにします。

ヴェーバーの日本論が、ここでは日本の宗教、それも仏教の東アジアへの普及という文脈のなかで扱われていることは、改めて指摘する必要はないでしょう。したがって、ここにヴェーバーの日本論がすべて尽くされているわけでないことも自明といってよいでしょう。しかし、本稿の看点からみて看過し得ない若干の問題を、ヴェーバーは取りあげております。それは、こういう点です。日本人の宗教意識を概観すると、宗教儀礼においては倫理的な罪如何ではなく儀礼的な浄・不浄の如何が儀礼への参加の尺度となっていた。しかし、留目すべき点は、ヴェーバーが「あらゆる種類の非常に厳しい清浄戒律が、宗教的『倫理』の欠如を補完していた」と見ていたことです。つまり固有の日本宗教では、浄・不浄感覚が西洋の宗教における倫理感覚と機能的等価を占めていたというのです。さらに、彼岸応報思想は弱く現世指向的であり、死者の住むところは古代ギリシャ人のネクロポリスに対応しており、八百万の神々といっても、それは英雄・善行者の神格化ということを意味するにすぎなかったと見ております。私はヴェーバーのこうした日本神道観は、まことに鋭いものがあると思っております。そして、彼がこの視角からさらに宮座のような共同体祭祀の問題にまでふみこんだら、いっそう実りゆたかなものになったのではなかろうかと考えています。それはともかく、これに対して日本仏教はどうかといえば、日本人の宗教意識に対して合理的で宗教的な生活規制、現世外的な救済目標と救済手段、宗教的な感情内容の豊富化をもたらし、封建的名誉観念以外の感情面での純化は、そのほとんどが仏教の所産だと見ております。そして、日本ではインド的な知識人救拯論と封建化された中国的な儒教徒の礼の美徳とが融合して独自な君子《ジェントルマン》の理念を生み出したとし、これが日本人のヨーロッパ人批判の尺度となったというのです。ヴェーバーの日本仏教論で注目すべき点は、すでに大方の論者の指摘しているように、禅宗と真宗に対する高い評価です。禅宗は神秘的勤行を主とする現世内的帰依の信仰であり、戦士にとって職業的鍛錬の手段となった点で重要でした。真宗はいっさいの達人的業績から自由な、現世内的帰依の信仰であり、アミダ如来への献身的修業を強調した面で西欧のピューリタニズムに匹敵するとしています。そして、その半面、説教・学校・教育・文献の民衆化という点でルッター派と類似しており、また、それゆえに合理的現世内的禁欲主義を積極的に展開し得なかった点でもルッター派と相似的だと見ております。ヴェーバーは、日本仏教は一四・五世紀以降における一向一揆で織田信長に征圧されて西洋・カトリック教会のような教権性への発展の芽をつみとられてしまい、また、他のアジア地域にみられたグールーのような呪術的教拯論的メシアの威信を有する階層が欠如していたため、明治維新のとき封建的名誉観念で武装された革新勢力は強大な宗教的伝統主義と対決することなく、政治的には白紙の有利な状況裡にあったと考えていたように思われます。ヴェーバーの日本論は、本稿の看点からみると、西洋文明の挑戦という外圧は、封建的名誉観念を軸心とする下級武士層の間に尊皇攘夷思想による民族意識を覚醒させ、国民国家の建設に向かう政治改革（＝明治維新）を惹起せしめる動因となったが、経済的には民族的統合意識と封建的に陶治された個人主義とが両々相俟って完成品として導入された資本主義システムの受け皿となったと見ているようです。つまりヴェーバーの日本論は、パーソンズ＝ヴェーバー・テーゼにみられるような近代化への創造力・起動力を探索するという視点からだけではなく、むしろ資本主義を受容する能力、その可能性の有無に向けられていたように、私には思われるのです。これは彼の『世界宗教の経済倫理』のモチーフについても言えることですが、この日本論を通して見るかぎり、ヴェーバーの意図が世上往々にして言われてきた西欧に対比するとき、アジアにおける資本主義形成へのエートスが欠如していたことを明らかにする、いわゆるエートス欠如理論の形成にあったとは、どうしても思われないのです。そうではなくて、むしろ西欧の資本主義文化がグローバルに拡延していく事態に対処して、非ヨーロッパ地域ではそれに対する受容力あるいは反撥力はどうであったのか、その可能性如何の検討におかれていた。そして、それはそれらの諸地域における文化諸領域（彼の場合は、とくに宗教）の合理化過程と深く相関していたことへの検討に向けられた。どうも私にはそのように思えるのですが、如何なものでしょうか。仮にそうだとみた場合、相似の視点から（と、私は思うのですが）日本の「近代」に取り組んできた丸山眞男さんの日本論にどうしても触れないわけにはゆきません。ここではやはり行論上必要なだけの論点にしぼって、丸山さんの所論をみてみることにします。

丸山さんは、最初は第一の開国は一五世紀頃からキリシタン渡来で線引きし、第二の開国は幕末から明治維新の黒船来航で区切り、第三の開国は敗戦とアメリカの占領でおさえるという、いわば発展段階論をタテ軸に、開国論をヨコ軸におく枠組をとっていましたが、のちに異文化接触（ヨコ軸）の看点から第一の開国は大化の改新から律令制度の成立にみて、次に明治維新、そして、今度の敗戦というように、認識の枠組を変えてきているように思われます。こうした枠組変化の背後には、丸山さんの「歴史意識の古層」論があるのではないでしょうか。すなわち、第一の開国で唐の文化を全面受容したが、令外の官のように唐制モデルからはみ出るような現象があらわれ、またそれ以降も荘園の荘官や受領の土着化による武士団の形成や、封建制の成立期をめぐってその不透明さが争われるなど、開放体制のなかで日本的な変容が生じてくる点が問題視されてきます。これは「開かれた社会」

にもかかわらず、なぜ「閉ざされた社会」ができてくるのか。いや、むしろ日本に独自な「開かれた社会」なるがゆえに、の変貌なのではないだろうか。丸山さんは西欧では正統性の思想が支配的であるにもかかわらず異端がでてくるのだが、日本ではこうした正統性意識確立の条件が本質的に満たされないからこそ異端的傾向が「次ぎ次ぎに成りゆくいきおい」となって生じてくるのではないか、そのように見ようとしております。このような方向性《オリエンティールンク》を丸山さんは「歴史意識の古層」とよび、あとでさらに音楽用語のバッソ・オスティナートと言い換えました。これは「低音部に一定の旋律をもった楽句が執拗に登場して、上・中音声部と一緒にひびく音型」だそうで、日本思想の特徴は、歴史のなかでいろいろ変化するが、しかし本質的には一貫しているというのではなく、むしろその変化する仕方が変化のパターン自体のなかにくり返し現われてくるところにあるというのです。このような丸山「開国」論をヴェーバーの「日本」論と比べますと、発展段階論の普遍妥当性に限界をつける点、タテ軸よりヨコ軸重視（段階論より類型論）、異文化接触による異文化受容のパターン分析、日本「近代」化における封建的名誉観念への止目（丸山さんの「忠誠の叛逆」）、さらに、律令体制と明治維新の間をひとつにくくる点（「中世」の捉え方）で、きわめて近似的であることが分かります。両者の相違点は、どちらかというと、ヴェーバーは中世のなかで鎌倉時代の変革力に注目し、丸山さんは徳川時代における近代化への胎動（荻生徂徠の「作為」）に留目する点にあるかもしれません。両者のこうした日本文化論に対しては、私見では二人の経済史家による異議が出ているように思われます。ひとりは安良城盛昭さんで、彼の有名な「太閤検地」論は、日本封建制の画期はこの太閤検地による小農自立にあり、それまでは家父長的奴隷制の時代であるとするのです。いまひとりは川勝平太さんで、室町＝戦国期に日本は経済的に自給体制をはじめて確立したとして、この時代に日本経済史のひとつの画期を見出しております。安良城さんの説は、なおマルクスの発展段階論が卵殻としてくっついておりますので、本稿の文脈では川勝さんの考えを取り上げてみることにします。

川勝さんは『日本文明と近代西洋』(NHKブックス、一九九一)で、ここでの行論からみてまことに興味深い見解を述べております。まず森嶋通夫さんが『続イギリスと日本』(岩波新書、一九七九)第四章「明治維新を思う」のなかで、ベラーの説を下敷きにしつつ比較生産費説に立って幕府の鎖国政策を積極的に肯定し、これによって日本の手工業生産力が防衛され、日本は純農業国への顚落をまぬがれることができ、それが明治以降の工業力建設につながっていったのだとみたのに対して、川勝さんは、こう反論します。仮にそうだとすると、明治維新のときにも同じ問題が生じたはずだ、と。すなわち、このときには西欧との工業力格差はいっそう大きくなっているから、日本はあの当時と似て自由貿易体制に組みこまれることによって農業国へと顚落する可能性もずっと増しているはずなのに、そうはならなかった。だから、森嶋さんの鎖国肯定論は無理だというのです。では、川勝さんは鎖国をどう捉えているのでしょうか。彼によれば、一六世紀は洋の東西にわたってひとつの国際的危機の状況裡にあり、西欧がウォーラーステインのいう世界システムの形成へと向かったのに対して、日本は鎖国システムをとったのだというのです。西欧の場合、大塚久雄さんの開拓的業績が示すように、イギリスは毛織物工業を基軸に大西洋をはさむ環大西洋経済圏を形成し、次第にグローバルに拡大していきます。ところで、日本は室町=戦国時代に生活様式の面で大きい変革が生じました。この頃木綿の衣料品・生け花・茶の湯、連歌、水墨画、能、狂言、日本建築(座敷と床の間)、日本庭園が中間層にまで普及し、醤油が日用化し和食も徳川時代には日常化されていく。一五五一年に入ってきた時計もやがて日本で作られるようになり、鉄砲も一五四二年種子ヶ島に伝来するが、すぐ日本で生産されるようになります。やや誇張的な表現とはいえ、織田信長が一五七五年長篠の役で三千丁の鉄砲隊を有していたことは有名ですが、これは当時西欧でも類例をみません。鉄砲の大量生産ができたのは西欧以外では、当時は日本だけでした。川勝さんは、この時代を日本的な生活様式の樹立期だとみているようです。それはまた、日本という地域内における自給体制の確立期でもありました。当時のアジア市場における国際商品は木綿、砂糖、生糸、茶でしたが、日本はこの頃から鎖国時代を通じてこれら国際商品をすべて自給していたのです。西欧列強は新大陸へ毛織物製品を輸出して、その対価として得た銀でこれらアジア産品を輸入しました。日本も西欧とその点では似ていました。そしてやがて双方ともにこれらの自給体制確立へと向かいます。西欧、とくにイギリスは一八世紀後半の産業革命の過程で木綿工業が基軸産業の地位を確保し、それまでインド綿輸入国から、逆にイギリス綿製品のインドへの輸出国に変貌します。日本も鎖国時代にそれまでの中国・朝鮮産綿布の輸入国から日本産綿布の自給国へと変貌し、一八世紀初頭には多肥・労働集約型綿作・綿業の発展により、中国・朝鮮に対し相対的に優位となっていた。川勝さんによれば、イギリスはインド綿を駆逐して環大西洋経済圏で征覇し、日本はアジア経済圏でインド綿工業との競争に打ち勝ったというのです。この過程は明治以降のいわゆる産業革命で綿紡績業が基軸産業となることによって終局的に果たされたのでした。

ところで、川勝さんが提起しようとした問題は、何であったのでしょうか。もちろん彼はさまざまな興味深い問題を指摘しているのですが、それを逐一検討することはとうてい本稿のような小論では無理なので、本稿の問題視角からみてひとつだけ取り上げてみたいと思います。川勝さんはヴェーバーの「資本主義の精神」が文化的、時代的、地域的に西ヨーロッパ特有の歴史的現象であること、したがって、西欧が経験した資本主義への移行という現象も、「世界史の基本法則」として一国が必ず経過する歴史的必然などではなく、西欧において一回限り生起した歴史的経験であったのであり、日本の近代化を説明するには、別の枠組が必要だとみるのです。そのために川勝さんは、物産複合、文化の棲み分け、ケイパビリティ等々の概念構成によるネットワークを構想しました。もちろん川勝さんの物産複合論は、マルクスの使用価値論の具体化・展開であり、その系譜として若干例をあげると、安部隆一さんの『「価値論」研究』(岩波書店、一九五二)は、そのすぐれた先蹤であり、また大塚さんの『近代欧州経済史序説』(『大塚久雄著作集』第二巻、岩波書店、一九七六)も、その好例であるといえるでしょう。棲み分け理論も、その提唱者が今西錦司さんであることは、周知のところです、川勝さんのユニークな点は、私の見るところでは、これらの先学の業績をふまえつつ、日本「近代」がいかにして可能となったかの一点にしぼっていったところにあります。この一点への凝縮化を可能にした視点は何か。私は本稿との関わりでいうならば、それは異文化受容の能力ないし力量という視点であったと思います。川勝さんはヴェーバーの『世界宗教の経済倫理』を通説にしたがってエートス欠如理論として捉えていますが、本稿でみたごとく、ヴェーバーの意図は「正に逆」であり、そのためにヴェーバーの構想したのが、「合理化」概念であったと思っております。ともあれ、川勝さんの視点がこの異文化受容にあるという点は、本稿の文脈では丸山さんの開国論の視角と重なりあってくることで意義をもってまいります。ただ両者の関心のヴェクトルは正反対を向いているように思われます。日本の異文化受容力について川勝さんは「西洋の文物をトータルに、しかも強制されずに、積極的・意欲的に、受け入れたのは、非西洋世界では日本だけである」(同書二四四頁)、「日本は、西洋の科学技術だけでなく、社会・人文科学、芸術・文学・芸能、生活様式にいたるまで、西洋社会の文化・物産複合をフル・セットでとり入れたのである。これこそ、非西洋圏における西洋文化受容の際立った日本的特色である」（二四五頁）と述べ、日本の異文化受容の方向が全面的な受容を特徴としていると見ております。ところで、丸山さんはこの全面的受容が日本では、まさにそうであるがゆえに日本的変容がバッソ・オスティナートとして生じてくる面に関心の力点をおくのですが、川勝さんは、全面的受容にもかかわらず、「日本文化異質」論が生じてくることを強調している点でも理解されるように、日本の異質性は西洋文化の非ヨーロッパ文化圏における普遍妥当性の限界を露呈するものだと考えるのです。これは丸山さんふうにいえば、西洋文化がその正統性を主張するにもかかわらず異端が生じてくるという認識の枠組に属していることになるでしょう。それに対しては本稿で紹介したベンディクスの批判が妥当するのではないでしょうか。しかし、本稿の視角からすれば、この文化受容という枠組が日本「近代」化を解明していくうえでのキイワードになるということが措定できれば、一応本稿の意図するところは達成されたことになります。

最後に、近代の「創造」ではなく、この「受容」という視角から日本の近代化をみるならば、大塚さんが戦後初期に発表した「生産力における東洋と西洋」で、イギリスの農業が粗放農法であるのに対し、日本のは集約農法で、日本では豊富な労働人口と限られた土地によって、多くの肥料と労働量を投下して土地の生産性をあげることに力点がおかれていき、前者は資本集約的、後者は労働集約的生産システムが特徴的になると述べられています。大塚さんの意図は、イギリスのように近代生産力の建設と、それを作り出す人間類型の創出に向けられていましたが、すでに述べてきたように、この「創造」視点では日本の「近代」化を十分に解明できない以上、新たに別の視点である「受容」の側から捉えてみることが必要となります。大塚さんの「生産力における東洋と西洋」を、この「受容」の視点から捉えなおそうとしたのが、速水融さんの「勤勉革命 industrious revolution」論であったと見ることはできないでしょうか。そこでは大塚さんの視点が丁度逆の側から捉え直され、再評価されています。日本の労働集約型農法は、日本人を勤勉へと陶冶し、生産指向型の労働エートスが形成された。その土壌のうえに欧米の労働節約的技術が移植され、急速な経済発展が惹起されたというのです。ただ、川勝さんも述べていますように、欧米から技術だけを受容することは不可能である。技術にも使用価値としての文化が刻印されている。だから西洋技術の受容は、結局西洋文化の全面的受容の一環に他ならないのです。速水さんの勤勉革命論は面白い着想ですが、そこでは日本人の勤勉が労働集約型農法という経済的側面からもっぱら説明されております。ということは、勤勉の徳性も近世以降の所産ということになります。しかし、日本人の勤勉なことは、その当時すでにキリシタンの宣教師も認めていましたし、この特性の涵養をこうした経済過程の徳性にだけ帰属させることは、はたして如何なものでしょうか。日本ではムラが共同体としての形《かたち》をととのえるほど、宮ないし鎮守の社《やしろ》を核とする座の組織が形成されてくる。これについては原田敏明さんの厖大な業績があります。この座は宗教的であるばかりでなく、経済・政治・芸能・教育などの諸面をも包含していた。それがやがて社会的分化とともにそれぞれ独自のアソシアツィオーンとして分離・独立していき、ムラでは共同体祭祀としての宮座が核として在りつづけたのでした。ここで立ち入った論及は紙幅の点でできないので、簡単に『日本の意識』Das Japantum としての座の特性を労働エートスとの関連で要約するにとどめます。第一に日本のムラは本来聖俗未分もしくは聖俗両面を指向する共同体であり、氏神を祀り、氏神とともに生活することは、その日常生活が神を祀る生活であり、その方法的生活態度が潔斎であり、「清浄」感覚の錬磨でした。それが西欧の宗教倫理への機能的等価としての比重を占める点は、ヴェーバーも認めたことでした。第二に氏子集団にはひとつの氏神があって、しかもただひとつに限るということです。そして、村の宮で祀られる神は至上神であり偶像を持たない、無像性を特徴とする神であり、歴史民族学でいう「高神」Hochgott概念に入るものといえましょう。この点はW・コッパーズの「無像性の造形的表現」（拙著『歴史民族学ノート』未來社、一九八三）を参照していただきたく思います。最後に、以上の帰結として村人にとって農耕という生産行為は、氏神に対する氏子として神への奉仕行為なのであり、生産に励むほどに神を祀る業《わざ》に励むことになる意味で、カトリック修道会でいう「祈りかつ働け」ora et laboraの労働エートスが陶冶されていくことにもなります。ただ、西欧のこのエートスは世俗外的な修道院で培われたのに対して、日本では世俗内的なムラの共同体で形成された点が異なっています。したがって、座の存在が近世をずっと遡る以上、日本人の労働エートスもはるかに以前から徐々に培われてきた成果であるとみてよいのではないでしょうか。この労働エートスが日本「近代」化への受け皿づくりのひとつになったことは、宮本常一さんの『忘れられた日本人』（『宮本常一著作集』10未來社、および岩波文庫）をひもどくとき、はっきり分かると思います。

五　官僚制重商主義——戦後日本の経済政策体系

一九四五年八月一五日、第二次世界大戦における敗戦ならびに全面降伏とともに、世上いわゆる「天皇制絶対主義」とよばれる我が国のアンシャン・レジームは瓦解し、爾来今日（一九八五年七月）に至るまでの星霜四〇年、日本社会の変貌はまことにいちじるしいものがあります。そして日本のGNP（国民総生産）は世界のそれの一〇％に達し、資本主義世界ではアメリカに次ぐ第二位の経済大国にまで成長し、貿易面での経常的な黒字は、アメリカその他先進諸国との間に経済摩擦を激化させるに至っています。その激化がいかほどまでに深刻となっているかを最も劇的なかたちで示したのが、最近の新聞紙上をにぎわせた三月二八日、アメリカ議会の「対日報復」決議・法案の上院における全会一致での採決でした。いま新聞の報道するところにしたがって、その動きを「朝日新聞」一九八五年五月七日夕刊の記事から追ってみましょう。

一九八五年一月、バックウッド上院議員（共和党、オレゴン州）は上院財政委員長に就任するや、ただちに同委員長を中心に同委員会の共和党議員たちが集まり、次いで民主党議員も加わって、対日貿易赤字問題、とくに日本自動車の対米輸出規制撤廃問題について非公式な会合が数回もたれました。新聞はここで、中心的な役割を果たした議員としてバックウッド委員長のほかに、同財政委国際貿易小委員会委員長ダンフォース（共和党、ミズーリ州）、一九八四年大統領選挙で民主党副大統領候補に推されたベンツェン（民主党、テキサス州）、貿易問題に熱心な新進のボーカス（民主党、モンタナ州）各議員の名前を挙げています。そのなかで主導的な力を発揮したのは、ダンフォース議員でした。同議員は二月一九日にアメリカ政府が閣僚級会議で日本車の対米輸出規制撤廃方針を内々に決めたことについてブロック通商代表部代表から確認したあとで、翌日共同提案者二八人の名でもって「対日貿易赤字削減と日本の具体的市場開放措置が効果をあげるまで日本車の対米輸出規制を続けるべきだ」とする決議案を提出しました。しかし、バックウッド委員長はじめ委員のなかには日本に市場開放を迫るには、むしろ「規制撤廃」の方が迫力があるのではないかという意見が強く、またアメリカ自動車産業はもう十分にもうけ過ぎているとの認識もあって、この決議案は本会議にかけられることなく見送られてしまいました。

ところが、二月二八日アメリカの一九八五年一月における対日貿易赤字が史上二位の約一〇三億ドルにも上ったことが発表され、次いで三月一日にレーガン大統領が規制問題について「日本に再延長を求めない」ことを正式に決定したことから、議会内部に対日不満が増大し、日本に対してもレーガン政権に対しても、議会として何らかの強い意思表示がなされるべきだという空気が急速に強まりました。それが一気に噴出したのは、三月八日の財政委国際貿易小委員会の日米貿易問題に関する公聴会の席上においてでした。これまで自由貿易派であったチェイフィー議員（共和党、ロードアイランド州）さえもが、「いまや対日貿易問題はこれまでとは異なる段階に入った。手厳しい対日報復法案がいま提出されれば間違いなく二週間以内に通過するであろう」といった発言をするなど、対日強硬論が相次いで出はじめました。こうした空気を背景に、バックウッド、ダンフォース等財政委スタッフは、「規制撤廃」で対日赤字が増えるのを防ぐ強力な対抗措置を求める報復決議案を作成します。この決議案はダンフォース、グラスレー（共和党、アイオワ州）、ボーレン（民主党、オクラホマ州）議員等が中心となって提出され、財政委、本会議とも全会一致で採択されたのでした。そして、ダンフォース案は一二対四で可決されました。これは一九七四年通商法三〇一条に基づき、輸入制限を含む「適当で可能なあらゆる対抗措置」を取るよう大統領に要請しております。もっとも決議には法的拘束力はなく、議会の意思表示という性格が強い。しかし、それだけに政治的には無視しがたい圧力となります。上院決議は三月二八日、本会議で九二対ゼロ（八人欠席）の全会一致で採択、さらに四月二日には法案が上院財政委で一二対四で可決。下院も同日、上院決議とほぼ同じ内容の決議案を三九四対一九で採択しました。決議では報復の対象は自動車、通信機器、エレクトロニクスなどにすべきだとされています。

もとより「対日報復」決議・法案が議会に上程されるに至った背後には一九八六年の中間選挙をひかえての共和党、民主党それぞれの党派的な思惑が働いていたことは言うまでもありません。しかし、ダンフォース（共和）＝ベンツェン（民主）スクラムに象徴されるように、「報復」はむしろ超党派で起こったところに今回の特色があったといえます。この点は行論上銘記しておく必要があります。また、経済的利害が絡みあっていることは、アメリカとて例外ではありません。ダンフォース議員の地盤であるミズーリ州はクライスラーの大工場があり、クライスラーは自ら決議案を用意し、これをダンフォース議員等財政委スタッフに持ち込むとともに、共同提案者を一人でも多く獲得すべく奔走したといわれています。チェイフィー議員の場合には、ロードアイランド州には日本勢に圧倒されつつある工作機械産業がひかえていました。グラスレー議員のアイオワ州は農村不況のただなかにある「コーンベルト」地域です。ハインツ議員にはペンシルヴェニア州の鉄鋼業、バックウッド委員長の地元には二万五千人が失業中のオレゴン州林産業があります。しかし、この場合にも政治と同じく、経済的なつき上げをまったく受けていないボーカス（民主）、ロス（共和）議員らが「報復」法案の作成に働いている事実も見逃してはならないでしょう。すなわち、アメリカ「対日報復」決議・法案採択の背後には単なる政治的な党派的利害、あるいは経済的な地方的利害のレヴェルを超えた国家的・国民経済的利害の看点があることを知っておくべきなのです。では、それは、いったいどのような問題なのでしょうか。

「朝日新聞」は一九八五年四月一〇日から一三日にかけて「瀬戸際の日米摩擦」と題して、当面する日米経済摩擦の問題に関する特集記事を連載しました。そこで指摘されている問題は、ここでの文脈に即するとき、きわめて興味深い論点が開示されているように思われるので、次に紹介しながら少しく検討を加えてみることにしましょう。

さしあたってまず問題となっているのは、戦後他に類例をみないほどの急速度で高度経済成長を遂げた日本経済が、ここに来てひとつの転機をむかえているということでした。という意味は、こうです。すなわち、「戦後の朝鮮特需から昭和四十年代のベトナム特需まで、アジアへの米国のドルたれ流しに支えられて輸出を伸ばし、高度成長を続けた日本経済は、石油ショックで腰を折られた。以来内需中心の安定成長への移行が叫ばれたが、実際にたどった道は逆である」。戦後日本経済の高度成長は、工業＝貿易立国の国策下に発展を遂げた輸出指向型の産業によって支えられてきました。そして、この発展はもっぱらアメリカ経済に依存することで実現可能でした。俗にアメリカがくしゃみをすれば日本は風邪をひくという枠組が形づくられたのです。日本の総需要（内需と輸出の合計）に占める輸出の割合は一九七〇年代までは一割以下だったのに、現在では二割に達し、輸出のなかでアメリカ向けの割合は一九七五年には二〇％だったのが、一九八四年には三五％になったことのうちに、日本経済がアメリカ依存の輸出指向型であることがくっきりと浮彫りされています。それは資本面にも現われています。昨年（一九八四年）の対外投資三三〇億ドルのうち約二〇〇億ドルがアメリカの債券の購入やアメリカ企業の買収に投下された、と大蔵省は推定しています。つまり昨年、日本が稼いだ対米貿易黒字三三〇億ドル（通関統計）のうち三分の二にあたる金額が、高金利に魅せられてアメリカに吸引されていったことになります。輸出の主役である自動車、電機、機械などの加工メーカーは、今年度上期の売上高に対する経常利益率は日銀の調べでは五・六％が見込まれているという。これは列島改造ブーム末期の、企業もうけ過ぎが批判された一九七三年度上期の五・九七％に近い数字です。「朝日」の記事は、これを「米国の財政赤字というタネをまいて育てた景気拡大の果実を、日本企業がせっせともぎとっている」と表現しているが、まことに言い得て妙であります。

ところで、このような日米両国の経済関係は、どのような点で歪んだ関係なのでしょうか。ひとつには日本の一方的な輸出超過という関係が短期的・暫定的でなく、長期的・持続的な傾向を帯びてきている点です。だが、そのことがどうして歪んだ関係といえるのでしょうか。それは前述のごとく、こうして企業が稼いだ輸出代金がその大半を対米投資に振り替えられてしまい、いわば国民の頭上を通り過ぎてしまって、国民の生活を豊かにする方向と直接に結びつかないからです。高収益をあげている企業の社員であってもウサギ小屋の住宅から抜け出すことは決して容易ではありません。戦後四〇年、工業貿易立国の国策にもとづいてひたすら輸出指向型の企業にと成長してきた日本経済の産業構造は、財閥解体と農地改革とによって戦前と異なり国内市場の規模を格段に巨きくし、それをふまえて重化学工業化過程が進展した点で、大塚久雄さんのいわゆる仲継貿易－トラフィーク工業主導のオランダ型国民経済の類型に絶えず接近する傾向を内在せしめていたアンシャン・レジームと、同じレヴェルで論じることは明らかに間違っているとはいえ、農村における共同体的諸関係が半分壊のまま存続してきたことと、旧財閥系統の企業がこの半共同体的諸関係を媒介にして中小企業を系列化しつつ、新たな巨大企業集団を形成したことによって、オランダ型国民経済形成への傾向をなお依然として何ほどか内包しているかに見えます。もし、事態がそうであるとしますと、現在アメリカが「対日報復」決議・法案をテコに我が国に迫っている市場開放要求は、日本にとっては自らの手による一種の生体解剖ということになるのではないでしょうか。ということは、次の問題と不可避的に結びついているからです。

アメリカの日本に対する市場開放要求は、最初は日米貿易関係のアンバランス是正という経済政策的な要請と見られていました。しかし、交渉の進展過程で次第に前面に現われてきたのは関税障壁の撤廃だけではなく、非関税障壁の撤廃要求という問題であったのです。もとよりそれでもなお大半は経済政策上の問題として処理できるといえましょう。しかし、仔細に検討してみると、必ずしもそうだとばかりは言い切れない問題もでてくるのです。例えば、こうです。それは、ひとつには非関税障壁という言葉が、一義的に明らかな意味内容を有しているとは言えないことと関連しています。一般的には、それは輸入を規制したり、輸出を人為的に促進したりする関税以外のすべての措置をさす、というふうにきわめて漠然と規定されており、したがって、この関税以外のすべての措置のなかには行政上の認可手続きの問題とか、本来は経済政策以外の目的等々で規制されているものも、結果的に輸入品目に不利に作用した場合にはそれも入ることになります。ＥＣが挙げている例をみると、他国市場で十分に競争力の強さが実証されている商品が日本市場で思うように売れないのは、外国商品を排除する非公式カルテルとでもいうべき現象があるからだ、とか、さらに、行政指導のような一定の規制措置とか、バイ・ジャパニーズとよばれるような商慣習が日本にあるからだ、というのです。ところで、このバイ・ジャパニーズという商慣習で挙げられている例は、次のようなものです。外国製テニスボールについて、日本テニス協会の主旨は、国内の公式戦で使用される公認の球は、原則として日本国内で製造されたものを使う、ということになっています。これでは外国製テニスボールは事実上閉め出されることになるのではないか、というわけです。軟式野球部の金属バットの輸入もできない。なぜならば、全日本軟式野球連盟の通達で、外国製バットは推薦しないことになっているからです。これを非関税障壁の例だとすれば、我々は日本国内の至るところに、これに類する例を見出すことができるでしょう。最近話題になった系列化されている同一企業集団内での同じ系列企業の商品使用という問題も、これに入ることになります。こうして非関税障壁の問題は限りなく日本の商品流通にまつわる商慣習のなかに入りこんでくるのです。

また、一番激しく取りあげられている自動車輸入問題にしても、事情は似ています。例えば、ヘッドレストの規定。それは幅一七センチ、高さ一〇センチに足りないものがあると、これは取り換えを命じられる。ところが、欧米の車は高さ一〇センチ以上でないといけないとされています。反射器も直径三センチ以上の平板な円を含む面積、と規定されています。そうすると、横が長くても、縦が三センチに足りない場合は駄目であるし、表面が波型であるようなものも不可だということになる。しかも、反射器の大きさについては運輸省令で決まっている。ところが、この面積についての規模、波型は駄目だという細かな規程は行政指導の問題となります。ヘッドレストの大きさの部分は運輸省自動車局長の通達事項に属しているのです。つまり、管掌事項の責任所在が皆ちがっているわけです。

したがって、自動車にかぎらず外国のディーラーは日本の市場で商品を販売しようとすれば、まず日本の役所における複雑な行政機構の内部事情に通暁する必要があるということになります。このように認可手続きまでも非関税障壁の問題だとすれば、経済摩擦は同時に官庁摩擦であって、ことがらは限りなく日本の内政領域に入りこんでいくことになるでしょう。例えば「朝日新聞」の一九八五年四月一〇日の記事は、次のような例を挙げています。「昨春、付加価値通信網（VAN）の登録や許可をめぐって、強い規制をかけておきたい郵政省と原則自由にすべきだと主張する通産省が争った。今回の摩擦の最大の焦点だった通信機器の市場開放問題でもこの紛争は尾を引き、小山郵政次官は『米国政府から、通産省の言い分とそっくり同じような質問が出た』と怒った。通産省が米政府とグルになって郵政省の権限を侵そうとしているように映ったらしい。通産省は『郵政省はろくに相談もしてこない』と不満をもらした。通商交渉を長いあいだ手がけてきた通産省と、通信の専門家である郵政省が、手を携えて米国と交渉するような図式はなかなか望めない。むしろ日本の縦割り行政が『官庁摩擦』を生み、それが日米摩擦を増幅させる」と。こうして、アメリカの日本市場開放要求は、経済摩擦というレヴェルを超えて日本の官僚機構の内部問題に入りこんでくることになります。そして、それはまたそうした官庁行政と密着している日本の政治構造にまでも絡みついていく。同じ「朝日」の四月一一日の記事は、それについて次のようなエピソードを伝えています。「今回の最大の焦点となった通信機器交渉に臨むに当たって、米側交渉担当者の一人は『交渉は、米国社会の立脚する根本原理である公正、内外無差別、政策の透明性という原理を日本が受け入れるかどうかの闘いだ』と語ったが、終了後『交渉の最大のがんは、既得権益にしがみつく日本の官僚制度と、首相に指導力を発揮させない自民党の派閥だった』と、もらしている。日本の特異な権力システムこそが市場の閉鎖性の土壌である、との認識が広がりつつある」と。このように見てくると、アメリカの知日派の多くが、「どこかおかしい。今度はどこか違う」、そんな感じを持ち始めているというニュースは、その意味では、確かに当面する時局の重大さにふれているといえましょう。

最後に、この当面する時局の重大さに関連するいまひとつの問題に言及しておきたく思います。それは摩擦の流れが次第に日本にいかに多くの欧米製品を買わせるかという方向に移ってきているということです。それを端的に物語っているのは五月二五日の「朝日新聞」の記事です。それによるとアメリカ政府は一月以来進めてきた通信機器をはじめとする市場指向型分野別（ＭＯＳＳ）交渉の評価と今後の交渉のあり方をめぐって、関税引下げや基準認証改正などによる市場開放をはかっても、日本の企業系列の壁に阻まれて実績が上がらないのではないかという懸念が強まっているということでした。すなわち、アメリカ政府は日本の銀行、商社を中心とする企業系列・グループが、同じグループ内の製品・商品を優先的に買い入れる傾向が強く、これが外国製品を結果において排除しているという点を重視しているというのです。これは日本の経済風土と密接に関連しており、日本文化の伝統とも深く関わっている問題であり、これを非関税障壁の延長線上で把えようとするならば、経済摩擦は官庁摩擦ばかりでなく文化摩擦の問題領域にまで入りこむことになるでしょう。朝日の記者が言うように、アメリカが自らの立脚する原理を普遍的であると信じ、日本経済を不公正な日本モデルとみなすかぎり、異質な日本というイメージは限りなく広がっていく可能性があります。「つまり、それは［日本の］戦後そのものが、改めて外から問われているということにほかならない」。このような文脈で私たちがとくに止目しなければならないのは、「朝日」の四月一一日の記事のなかで、ダンフォース議員とともに「対日報復」決議・法案の実現を強力に推進してきたベンツェン上院議員が、戦後日本の経済社会を総括して「官僚制重商主義」と述べていることです。不公正な日本モデルというイメージが、ここでは「官僚制重商主義」という、一見奇異な表現でもって概念規定されています。少なくとも私たちの有する社会科学上の概念の倉庫には、この用語法は見当たらないように思われます。しかし、私見では、アメリカの政治家が現実政治の立場からとはいえ、戦後日本の経済社会を概括して「官僚制重商主義」と規定した事実は、当面決定的に重要であると思います。何故ならば、それは私たちに敗戦直後、あのマッカーサー指令によって天皇の人間宣言、軍隊解散、財閥解体、家族制度廃止、そして農地改革と、次々にこれまで日本民衆の自由を抑圧していたアンシャン・レジームの諸制度が崩れ去っていったとき、その指令がこのアンシャン・レジームを概括して「封建的絶対主義」という一見奇異とも思われる言葉でもって規定した事実を想起させるからです。当時多くの人たちは戦前の日本社会を、たしかに封建遺制に強くまつわりつかれてはいるが、れっきとした高度資本主義体制だと考えていたからです。それだけにこの「封建的絶対主義」という規定には或る種の抵抗感をもち、それはすぐれて政治的な表現にすぎないとした人が多かったのではないでしょうか。しかし、なかにはそうではなく社会科学的にも十分に論拠のある概念規定であると考えた人たちもかなり居たのでした。たとえば、大塚久雄さんは「現代日本の経済史的考察」(東京大学協同組合出版部編『学問と現実』、一九四七年。のち『大塚久雄著作集』第六巻所収、岩波書店、一九六九年)で、こう述べています。「一昨年八月の降伏後占領軍の手によってわが国の旧秩序解体のために画期的諸指令がつぎつぎに発せられたさい、解体されるべきわがアンシャン・レジームの一般的性格ないし基礎構造が、『封建的絶対主義』feudal absolutism という用語をもって浮彫り的に表現されたことは、おそらく、読者がいまだに生ま生ましく記憶しておられるところだろうと思う。……つまり、いまや解体されるべきわが国のアンシャン・レジームは、こうした『絶対主義』段階（いわゆる末期封建主義の段階——引用者）における『封建社会』と特徴づけられたのであった。……わが国内史の現在をおおよそこういう方向において段階的に規定しようとする見解は、周知のように、すでに十数年以前から呈示されていたのであり、必ずしも新しいものではない。しかし、いまや進行しつつあるわが国アンシャン・レジームの解体の現実があらためてその正しさを確認せしめ、またその認識を深化させるにいたったことは争いがたい」（傍点原文、二九五―九六ページ）と。大塚さんのこうした見解は、当時の若い世代には、若干の異論を有する人がいたにせよ、多くの場合共感をもって受け入れられたのでした。すなわち、マッカーサー指令という外圧があってのこととはいえ、我が国の内部にも一定の社会的な規模においてそれへの受け皿が学問的に用意されていたからです。では、今度の場合は、はたしてどうなのでしょうか。

ベンツェン上院議員が日本の戦後体制を指して「官僚制重商主義」と呼んだとき、この語にどのような意味を込めていたかについては、新聞記事からは不分明です。しかし、右に紹介してきたような日米経済摩擦の経緯をふまえるとき、それが少なくとも自国の工業を育成するために一連の保護関税その他の保護貿易、さらにもっぱら外国との貿易差額による外貨の取得を目指す経済政策体系を指しているであろうということは、ほぼ言い得て間違いないところでしょう。とするならば、ベンツェンが「重商主義」という用語を使ったのには、重商主義に関する我が国の研究史に照らしても、それなりの意味があるように思われるのです。例えば、戦後日本の経済学界で重商主義研究のレヴェルを著しく高めるに与って大いに力のあった小林昇さんの述べるところによって、重商主義の意味するところを解するならば、おおよそつぎのごとくになります。「重商主義（mercantile system, mercantilism）とは、経済学史についても経済政策史についても使われている言葉であって、ふつう、これらの歴史の初期資本主義の段階にあたる部分がこの名で呼ばれている。ただし、学史の段階としては重商主義は、重農主義や古典学派に先立つ段階とされているが、政策史のばあいそれは、満開した資本主義の段階での自由主義、独占資本主義の段階での帝国主義などに対するものである。……わたくしはこういう重商主義を、初期のブルジョア国家がその権力を用いて組織的に行なった原始蓄積（本源的蓄積）のための政策体系と規定する」（『小林昇経済学史著作集』Ⅳ、三七七ページ、未來社、一九七七年。傍点原文）と。小林さんの規定にしたがうならば、この意味での重商主義が典型的に行なわれたのは、一七世紀中葉の市民革命後、とくに名誉革命（一六八八年）後のイギリスにおいてであり、その全き終末は一九世紀の半ばとなる。そして、この一世紀有半にわたってイギリスで行なわれた経済政策体系を「固有の重商主義」とよぶならば、後発工業諸国でそれが歴史の日程に上るのははるかに遅れて、比較的進んでいるフランスでも一八世紀末の大革命以後、アメリカでは一九世紀第一・四半期、ドイツではその第二・四半期になって、やっとその姿を現わすのです。しかも、ドイツではフリードリヒ・リストの名とともに記憶されているドイツ関税同盟のうちにそれが投影されているにとどまり、以後のドイツ国民経済においては、第二帝制期の保護主義経済政策が「新重商主義」（ゾムバルト）と呼ばれることがあったにすぎず、一九世紀末に高度資本主義体制の形成をめぐって激しく闘われた「農業国」か「工業国」か、保護貿易か自由貿易かの一大論争は、その点で改めてほぼ同時代に類似の論争が行なわれた日本の場合と対比・検討される必要があります。

日本においては一九〇四―五年の日露戦争期に設定された輸入米課税をめぐる論争が、農・工・商併進鼎立か、商工偏重かをめぐって激しく繰りひろげられました。前者の側には河上肇編集の『日本経済新誌』に拠る河上肇、さらに桑田熊蔵、金井延、横井時敬、酒匂常明、そして柳田国男ら、後者の側には乗竹孝太郎編集『東京経済雑誌』に拠る乗竹孝太郎、そして堀江帰一、天野為之、さらに福田徳三が加わっていました。前者においても地主の利害と親和的な農本主義を強調する横井、酒匂と、範疇としての「小農」の確立を起点に据えた国内市場重視の柳田、河上、そして農工商併進論をとりながらも財閥資本や政府政策担当者ならびに農会指導者層の利害関心をふまえて商工立国と農業立国の有機的調整を目指す金井、桑田らとの間には微妙な立場上の差異がみられ、同じく輸出中小工業資本の利害に力点をおく商工立国＝自由貿易論者のうちにあっても福田の場合は河上と対極的な視座からではあったが、類似の両面批判的な傾向がみられました。この自由貿易か保護貿易かをめぐる一大論争裡にあって「固有の重商主義」政策思想に見合うのは僅かに柳田、河上らの主張であって、それもリストと対比するときなお萌芽的な段階にとどまったというべきでしょう。以上に述べた明治末期の自由貿易か保護貿易かをめぐる経済政策論争については、河上肇「評論　実業界の学派」（『河上肇全集』第三巻所収、岩波書店、一九八二年）が、鋭く問題の所在を衝いていて、きわめて興味深いものがあります。このようにみてくれば、戦後日本の重化学工業化（＝再版原始的蓄積。『山田盛太郎著作集』第五巻、五ページ。岩波書店、一九八四年）の急速な進展と、産業保護の政策体系は、今日の時点から把えなおすとき、「固有の重商主義」にはるかに対応する内実が存在したと見ることも、あるいは可能かもしれません。また、そうであったからこそ、今日自由貿易を国是としながら、なお、それ以前の保護主義的諸制度の卵殻を付着させている現在の制度体系を指して「官僚制重商主義」と呼んだベンツェンの批判は、その意味では的を射ているかもしれないのです。しかし、それならばベンツェンがたんに重商主義といわずに「官僚制重商主義」としてわざわざ「官僚制」を付した意味はどこにあったのでしょうか。それにはそれなりの根拠があったとみることができるでしょうか。それが問題となります。

この場合、改めて問題となるのは「重商主義」概念の多義性です。私たちの研究史でいうならば有名なシュモラー『重商主義とその歴史的意義』（正木一夫訳、未來社、一九七一年）によって提起された、重商主義を近代国家・国民経済形成のための政策体系として把えることの可否にかかわります。その点を最も鋭く衝いたのは、大塚久雄さんの「重商主義成立の社会的基盤」（『大塚久雄著作集』第六巻所収、岩波書店、一九六九年）でした。大塚さんはこれまでの研究史の要点を簡潔に整理して、こう指摘しております。最初アダム・スミスが『国富論』第四編で批判の対象とした重商主義は、明らかに一八世紀イギリスにおいて支配的であった経済政策ならびにその理論であり、そのスミスを批判しつつ『経済学の国民的体系』でスミスがそれを重商主義とよぶのは誤りで、むしろ重工主義 Industriesystem とすべきだと述べた、フリードリヒ・リストの扱った対象も実はスミスと基本的に変りなかったのでした。この対象の歴史的内実に横すべり現象が生じるに至ったのは、前記シュモラーの論文が発表されて以降のことでした。そこでは重商主義は「近代的意味における国家建設の経済的側面たる国民経済建設」という恐ろしく一般的な規定が与えられていて、対象も一八世紀イギリスという歴史的に特定された地域からフランス、プロシアと、時代的にも地域的にもぐっと押し拡げられてしまい、絶対主義国家も初期ブルジョア国家も等しく「重商主義」の枠内に押しこめられ、遂にはシュムペーターのようにその概念としての有用性に懐疑的になってしまうまでに至りました。こうした研究史の現状をふまえたうえで、大塚さんはいま一度スミスの用語法に立ち戻って重商主義の歴史的内実を検討すべく、チャールズ・キング編『ブリティッシュ・マーチャント』誌三巻という当時の第一級史料を縦横に分析し、その結果、スミスが一八世紀イギリスにおいて支配的であった保護主義経済政策体系の推進主体を「貿易商人および工業生産者」層と規定しつつ、とくに「毛織物生産者」層の利害を反映しているとみなした見解の正しかったことを再確認したのでした。こうして、「重商主義は商人的利害の政策的表現である」という見解は否定され、「工業生産者層こそいっそう根本的なところで重商主義の実現を要望し推進した人々であった」ということになる。しかし、なかでもスミスのいうごとく、毛織物生産者層の利害が特殊に反映されていたとするならば、それは彼ら一部の特殊利害が国民的利害であることを僭称していたわけであり、大塚さんは、そこには「資本主義に必然的な、産業諸部門間の不均等発展の事実とそれに伴う国外市場獲得への要求、そうした法則がマニュファクチャー期という生産力段階の具体的諸事情に即して現れて」いたと解されています。大塚さんが重商主義を歴史的に特定して把えつつ、しかもこのように理論的な解釈を加えられるとき、それは小林昇さんのいう「固有の重商主義」概念に著しく接近するとともに、また、小林さんの重商主義は初期ブルジョア国家の原始蓄積のための政策体系であり、経済理論でもあるという見解とも相重なってもくることになります。

問題は、大塚さんや小林さんのように重商主義を厳密に一八世紀イギリスに「固有の重商主義」として概念規定するとき、それでは「固有でない」重商主義は存在するのか、ということになるでしょう。これについては両氏の学問的関心がシュモラーのように少しく強く言えば、猫も杓子も一緒くたに重商主義というひとつの概念に詰め込むことに対する批判にあったという点が考慮されねばならないでしょう。しかし、小林さんはのちに重商主義を原蓄の経済理論として一般化する試みを行なったし、大塚さんはヴェーバーが平板で無意味となした「国民経済」という概念をあえて掘り起こしつつ、重商主義を社会的分業（＝産業構造）の面から見直して国民経済の類型論として展開しようとされています。この場合、ヴェーバーがおそらくシュモラー批判を念頭におきつつ、重商主義を近代国家の場合と絶対主義国家の場合と峻別しつつ、前者がいわば議会制的重商主義であるのに対して後者を身分的・独占指向的重商主義 Der ständisch-monopolistische Merkantilismus とよんで独自な類型論を展開していたことが改めて想起されてよいでしょう (M. Weber, Wirtschaftsgeschichte, 1923, S. 298.)。というのは、ヴェーバーはここでは明らかにたんに経済政策レヴェルでだけではなく、異質の社会的・経済的利害が支配している国家＝社会体制のレヴェルで類型構成すべく企図しているからです。大塚さんが「国民経済」という方法概念を生産諸力＝社会的分業の組み立て＝産業構造の深みから類型構成しようと意図された背後に、こうしたヴェーバーの見解がひとつの示唆としてあったであろうと推測することは、おそらく許され得るのではないでしょうか。こうしてまったくちがった看点からではあるが、或る意味ではシュモラーの重商主義論が生かされることにもなるのです。というのは、こうです。

大塚さんは「国民経済」という方法概念を産業構造のレヴェルで類型構成するにあたって、河上肇のいう農・工・商併進鼎立型の経済成長を遂げたイギリス型と、商・工偏重型の仲継貿易的に経済成長したオランダ型とに対極化し、そのうえで改めてドイツ第二帝制や戦前の日本は両者の混合による跛行型として概念構成したのでしたが、その文脈からするならば、シュモラーの「重商主義」概念はいわばヴェーバーの重商主義における相対立する異質な二つの類型を単質のひとつの枠組みに押しこんだ内容のものとなるでしょう。もっとも、戦前の日本はどちらかといえば同じ跛行型国民経済にあってもオランダ型に近づく傾向を示したのに対し（『大塚久雄著作集』第六巻、四一四ページ）、プロイセン主導のドイツ第二帝制はイギリス型への比重が次第に強まっていったという差異が、両者の間に何ほどか見られるように思われます。産業構造としての国民経済レヴェルで見るならば、ドイツ第二帝制は、すでにマックス・ヴェーバーが鋭く分析したように、東《オスト》エルベと西《ヴエスト》エルベの両地帯構造において巨きく異なっているばかりか、市場性 Marktschaft のヴェクトルは前者が東方を向いているのに対して後者は西方を指向し、両地帯構造をひとつの国民経済として構成するにはプロイセンの、世界に卓越した国家官僚制のメカニズムが絶えず作動していなければならなかったのでした。少しく逆説的になるが、その意味ではシュモラーのいう重商主義論は、まさに当面の「官僚制重商主義」を理解するうえに好適な論題であると言えるかもしれません。それとの対比において再版原蓄期を経験したとはいえ、超絶的な重化学工業化を達成した戦後日本経済の社会体制を、たとえプロイセンに劣らず優れた行政能力でもって主導した日本官僚制と連繋しつつ工業保護の政策体系が実現されてきたからといって、はたしてベンツェン議員のように端的に「官僚制重商主義」とよんで総括・批判することが社会科学的に可能でしょうか。そこには「固有の重商主義」概念をめぐって検討してきた場合と似たような問題が孕まれていないでしょうか。私はシュモラーの「重商主義」を軸に官僚制重商主義を云々するよりも、日本戦後の国民経済ならびにその政策体系を官僚制重商主義のモデルにして、シュモラー時代の第二帝制の新重商主義をそれのサブタイプとし、広く第三世界にみられる保護主義政策をも、この看点から分析しなおすことで、私たちは今日もう一度直面する歴史の現実と対決しつつ、自らの研究手段・方法概念の貯蔵庫を再検討する必要があるのではなかろうかと思っています。

六　日本農政学の系譜

河上肇先生は『日本尊農論』で一躍文壇に躍り出たわけですが、私も河上先生のものを読んでいて、最初に印象が深かったのは、『日本尊農論』だったので、それ以来、ずっとそれは心のどこかにありました。

たまたま先日「朝日新聞」を読んでいましたら、村〔自然村〕の数が一万二〇〇〇あったのが、今は、村としては六〇〇ぐらいになってしまったと書いてありました。これは市町村合併によって、自然村が組み込まれてしまうという形で、村そのものがなくなってしまったというわけではないんでしょうが、村〔行政村〕としては三、三〇〇ぐらいあったはずなんですが、それが減ってきていることは間違いないですね。そして、食糧の穀物の自給率が二〇%を切るというようなことが書いてありました。その後、別の資料で目に入ったのを見ますと、一九八〇年代でしょうか、さっきいいましたように三、三〇〇あった村が二、〇〇〇ぐらいに減っていまして、それが二〇一〇年以降になると、さらに二、〇〇〇からその半分以下になるのではないかというぐらい落ち込んできているというニュースがありました。そうしたら、その後に、これは西南の方のある県なんですが、その県の県知事が、食糧の需要でとうてい追いつかなくなってきているので、これまで県内で生産していた小麦を、南米のブラジルでしたか、そちらの方にお願いして、そちらの日系人に耕してもらって、それを輸入するというふうに、いわば農業の生産拠点を海外に移すという話が載っていました。

そういったグローバルな形が目に見えない形で入ってきているということを感じたんですが、その後に、皆さん御承知のように、インドネシアで「味の素」が出していたものに豚肉が混入しているということで、今、大騒ぎになっています。日本人の普通の感覚でいくとまったく考えられないようなことが、トラブルのもととして起こってきているというのが、たぶん一世紀を感じさせる問題なんじゃないかというふうに思いました。（追記　最近の狂牛病問題は、こうした懸念をいっそう具体的に顕在化させた。）

どうしてそういう事態になってきたんだろうかということがあるわけです。もちろん、世の識者がいろいろなことを書いていまして、それがそれぞれ当たらないわけでもないと思っているんですが、私は、『日本尊農論』の河上肇のイメージが強くて、どうもたどっていくその根本は、河上が提起した、いわゆる農業、工業、商業の併進鼎立というか、バランスのとれた国内市場の形成と、さらにその上に立って国外市場を見定める、その逆ではないという姿勢が、なくなった結果ではないだろうかという気がするわけです。確かに、今の日本の経済は、世界経済に組み込まれていますし、それの影響をある意味ではもろに受ける体質があるんですが、それだけに、明治以降の日本の近代化のなかで、河上が提起した問題というのは、依然として解決されていないという感が深いわけです。

そういうわけで、私は、前からもやもやしていた、日本の農政のあり方、その歴史というか、いってみれば日本農政学の系譜というものを一度きちんとフォローしておきたいという気持ちがあります。きょうは、それをどういうふうにまとめるかというきっかけを考えてみたいと思います。だから、私の内部で、何かまとまった考えがあって、それをここでお話するということには非常にほど遠いわけで、いったい、これから話すことがどんな結論になるか、自分でもわからないところが多分にありますので、取りとめがない話になったときは、ぜひそういう点でお許しいただきたいと思います。

河上肇の新渡戸稲造批判は当たっているか

河上肇が『日本尊農論』を出したのは、明治三八年一一月三〇日という日付になっています。『日本尊農論』のなかで彼は、この本を出す存在理由がどこにあるかということを全編にわたって繰り返し述べています。自分の出している農業保全論というのは、たんに農業を国のもととして尊重するとか、あるいは、農業は農民数が圧倒的に多いから尊重すべきであるとか、そういったことではない。その原因を彼は二つの方向に絞っているわけです。ひとつは「貴農主義批判」です。もうひとつは「賤農主義批判」です。この賤農主義批判と貴農主義批判という、いわば両面を切って、自分の農業保全論を展開しているというのが、この『日本尊農論』の骨組みでありますし、彼の初期の代表作である『日本農政学』の骨格でもあります。

ところが、私は前にもそれについて何回か書いたことがあるんですが、今度読み直してみて、改めてちょっと違った面を感じたんですね。といいますのは、貴農主義、勤務主義批判というなかで、日本の古典的な農本主義批判を展開しているわけですが、そのなかには、もちろん「農は国のもとにあり」といったような、古典的な貴農主義への批判があります。それは先ほどいいましたように「農業は国民の食糧を供給するがゆえに尊重せざるべからず」という説であり、また「農業に従事する者が国民の多数を占めるから尊重せざるべからず」という農本主義です。それを河上は「惰性的貴農主義」と呼んで、その然らざるゆえんを論駁しています。

ところが、その貴農主義のなかに、そのかなりの部分を割いて批判しているのが、新渡戸稲造の『農業本論』です。以前は、河上が引用した論旨に沿って、新渡戸の『農業本論』を読んだりした記憶があって、河上の批判はそういう点で当たっているだろうと思っていたんですが、改めて、新渡戸稲造のものに少し触れてみたり、山田盛太郎が新渡戸稲造について講演されたもののノートが残っていたんで、それを見たりしますと、私が新渡戸のものを読んで感じた印象とかなり合致するわけです。そういうわけで、改めて、もう一度、新渡戸農政学の位置というものを見定めておく必要があるように思いました。

御承知のように河上肇は、論争の雄といいますか、生涯、ずいぶん論争をしてきて、明快な論理で相手をほとんど完膚なきまでにやっつけるようなケースが多かった。私たち、研究している者から見て、河上が論争で不利だったというケースはほとんどないように記憶しているんですが、そのなかで唯一、明らかに河上が不利だったと思われるのが、大阪の市長をされていた関一との論争です。関は当時一橋大学の先生だったんですが、明治四一年か四二年ごろだったと思いますが、その関と、社会科学の方法論について河上は論争しているわけですが、この論争では、どうも私の読んだ記憶でいきますと、どうも河上の方が不利。関はその当時、驚くべきことに、マックス・ヴェーバーなんかをちゃんと読んでいる。だから、リッカート、ヴェーバーの新カント派的なロジックを踏まえた論争をされていて、そういう点で、河上の方が論争ではタジタジになったのではないかと思いました。論争で、河上が一本参ったと自分でいわれているのは、櫛田民蔵の批判なんですけど、それ以外であまりそういうことはなかったように思います。

ところが、たまたま新渡戸稲造の『農業本論』を読んで、そして河上の『日本尊農論』における新渡戸批判を見ますと、どうも、河上の新渡戸批判は、前に私が読んだときほど勢いがある批判ではない。どうも、河上が的なきところに的をつくって、それを批判しているようなところがある。そういう点では、河上が行なった他の論争のケースとはちょっと違うのではないかという気がしてきました。

確かに、貴農主義批判のなかにおける新渡戸稲造批判は、河上のロジックではそれなりに筋が通っているんです。この『農業本論』は全体で一〇章から成っているものです。構成を見ますと、第一が「農の定理」、二が「農学の範囲」、三が「農業における学理の応用」、四が「農業の分類」、これはなかなかおもしろい分類をされているんですが、五が「農業と国民の衛生」、六が「農業と人口」、七が「農業と風俗人情」、八が「農民と政治思想」、九が「農業と地文」、一〇が「農業の貴重なる所以」となっています。河上が『農業本論』のどこを取り上げて批判しているのかと見てみますと、この一〇章の「農業の貴重なる所以」というところを河上は取り上げて批判しているわけです。

だから『農業本論』の全体の構成の一番最後のところで、これを結論だと受け取れば、そこを重点に批判することはあり得るわけです。しかし、『農業本論』の全体の構成を見ていますと、一〇は新渡戸の論理からすれば余分な部分といいますか、自分の構成で述べて、そこから筆が走ったといいますか、かなり気楽に書かれている。そこが、それだけ河上にとっては承伏しがたい結論を出していると思われて、批判されたんでしょうけれども、それで、新渡戸農政学の批判が、貴農主義批判の形で終わっていいものかどうか、ということになると、私は、どうもそれは新渡戸批判として当たらないんじゃないかという思いがしてきたわけです。

初心は農学にあった新渡戸稲造

新渡戸のこの『農業本論』は、明治三一年の八月に、新渡戸が三七歳のときに出した本なんですが、新渡戸がこの『農業本論』を書くまでに、どんな研究動機を持っておられたかというところを見てみる必要があるわけですね。新渡戸の出身系譜といいますと、南部藩なんです。勘定奉行だった新渡戸十次郎という方の三男で盛岡市生まれ。代々儒学の家です。それで兵学を教えていた。その流れのなかで、新渡戸は、天下国家の大事、国民の隆昌というものに対しては、最初は法律を勉強しようとしておられたけれども、それをやめて、理科工芸その他、特に農学に自分の関心を認めて、当時札幌農学校からの公募があったのにこたえて、応募に乗ったわけです。そのときに、新渡戸稲造、内村鑑三、宮部金吾と、合わせて一二名、合計一七名が、第二期生として入ったということになっています。『農業本論』の序文に、自分の経緯を書いているわけですけれども、それによると、「余が初めて農学に志したは実に明治九年にして、一四歳」なんだというふうに書いています。で、志を立てて、農学を専攻するというぐあいに、新渡戸の場合は、農学がいわば初心としてあったわけです。普通、新渡戸稲造というと『武士道』で有名ですが、そもそもは農学を志したというところにあります。彼は、もし天が許せば、私は太平洋の橋になりたいという志を持っていて、その場合に、泰西の長所をとり、日本にはまだ形が備わっていない農学を起こしたいという次第です。二三歳でアメリカに留学するわけですけれども、明治二〇年の五月に二六歳でドイツに留学して、ボン大学、ベルリン大学、それからハレ大学と勉強を進めて、二四年の二月に帰ってきます。だから約四年間、ドイツに滞在していたわけです。しかも、私が非常に興味深かったのは、彼はボン大学からベルリン大学に移ったときに、ベルリン大学でドイツ歴史学派の指導者であった、グスタフ・シュモラーに農業史を習っています。それから、マックス・ヴェーバーの先生でもあったアウグスト・マイツェンに統計学を習っている。そうそうたる人に習っています。そして、ハレ大学では、コンラッドに農業経済学を習って、最後にハレ大学でドクター論文を出しているわけです。

このドクター論文を私もドイツで見たんですけれども、二九歳のときの作品として、一八九〇年にディッセル・タチオンス・アルバイト（博士論文）として出しているわけですが、これが日本の土地所有の歴史を書いた部分なんですね。だから、日本土地制度史というと、いかにも土地制度のことだけみたいに思われますが、日本にも土地制度史学会というのがあるように、土地制度史をやると、ことは農業にかかわらず、日本の国政全般にわたる視野が入ってくる、そういう分野だったわけですね、戦前は。だから、新渡戸の「日本の土地制度史」の博士論文は、いってみれば日本経済史でもあったわけです。

日本経済史についての最初のドイツ語の本は、福田徳三の『日本経済史論』で、これは一九〇〇年。シュモラーの指導のもとに書かれたということは有名ですが、それに先立つこと一〇年にして、新渡戸稲造は同じテーマで書いています。しかも、その内容は、少なくとも、日本の昭和期、いわゆる講座派と労農派の論争があったときの争点にかかわらせてみると、非常に講座派的な視点とオーバーラップするんですね。その時代区分というのが非常に卓越しています。それから観点が非常にユニークなんですね。例えば、彼がハレで見聞した、あの地方はいわゆるオスト・エルベですから、プロイセンのユンカー的な大土地所有の卓越している地域です。新渡戸は、このユンカー的土地所有と北海道の大土地所有を比較しているんですね。そういう点で、非常に比較の視点がユニークで、時宜にかなっているといいますか、問題意識が、当時でいえば今日的であったわけで、彼自身が北海道で勉強した知識が存分に生かされている。しかも、そこで彼は、日本の大土地所有、つまり彼によりますとユンカー的土地所有の持つ意義と限界を見極めているわけです。

その後、彼は、明治三一年、三七歳のときに、先ほどいった『農業本論』を書きます。つまり、博士論文を書いたのちに、彼本来の『農業本論』を書いたわけですけれども、もともと日本の農業史をまとめたかったわけで、札幌農学校でその講義をしたのが、やがて『農業発達史』という形で世に出ます。これは山田盛太郎の卓見だと思うんですが、今、挙げたような「土地制度史」、『農業本論』、『農業発達史』、そして、その次に『武士道』が来るわけですね。『武士道』は明治三二年。新渡戸稲造が三八歳のときです。ずっと農業の研究を地道に、学者的に出されてきて、最後にそれの締めくくりが『武士道』ではいかにも唐突で、つながりがないのではないかと一見誰しも思うわけですが、山田盛太郎は、新渡戸農政学の体系的な整理という意味では不可欠の巻であると評価されて、『武士道』こそが新渡戸農政学の基本構造を示しているというぐらいに評価されているわけです。しかも、おもしろいことに、この新渡戸農政学というのは、二九歳のときの「土地制度史」から三八歳の『武士道』まで、ほぼ一〇年間にすべて圧縮されて出ている。しかもこの期間、明治二〇年の中葉から明治三〇年代の後半というのは、まさに山田が『日本資本主義分析』で指摘されているように、日本資本主義の再生産過程が確立した時期、産業資本の確立過程といっていいわけで、その時期に新渡戸農政学が凝集されて出版されている。これは、別に新渡戸が産業資本のイデオローグであったとかそういう意味でなくて、新渡戸の問題意識が時代に非常にマッチしていたと私は感じるわけです。

そう見てきますと、新渡戸農政学というものは、河上肇が貴農主義批判としてやり玉に上げたような性格のものではなかった。むしろ、河上が『日本尊農論』、『日本農政学』で展開しようとした問題を最初に出したのは、新渡戸ではなかったかと私には思われるわけです。非常に興味深いのは、新渡戸は日本の農政学の系譜を宮崎安貞の『農業全書』から始めまして、佐藤信淵の『経済要録』というふうにつなげて、その次に自分の『農業本論』を置いているわけです。このとらえ方は、河上のとらえ方ともマッチしますし、さらに山田農政学と仮に呼びますと、山田盛太郎のとらえ方とも一致しますし、さらに、東畑精一の農政学のなかでも、その系譜がたどれるわけです。だから、新渡戸農政学は、そういった日本農政学の系譜を考えていく場合には、先駆者としてそういうラインを示したという学問的意義があると、私には思えるわけです。

そういった新渡戸農政学の今の系譜を仮に前提にした場合、その系譜は何を目指していたのか、方向性は何であるか。さっき挙げました新渡戸の分類——東北地方から北海道にかけて展開した、日本の大土地所有ですね。その大土地所有、大地主がたんに大地主であるだけでなく、みずから農業経営にも積極的に関与していくような、そういうプロイセンのユンカー的土地所有の方向への傾斜を示している日本の大土地所有というものに対比して、新渡戸は、明らかに分類のなかでこういう展開をしているんです。「小農」と「中農」と「大農」という区別をします。小農というのは、みずから労働して耕作する農業。中農というのは、一家の力では不足するので他人の力を借りる農業。大農というのは、他人の労力を用いて、自分自身は経営管理をするという農業。これは、日本の普通の零細農、小作農、自作農とか自小作、地主とか、そういった分類とは違う。そういう土地所有の分類の仕方ではなくて、経営の観点から分類している。

そしてさらに、この小農、中農、大農のなかで、人力で耕作不十分で畜力を要する中農が、みずから地主となり小作人を雇って農場経営をするというのではなくて、みずからが借地経営しながら、臨時の日雇い労働者なり労働者を雇うという方向。こういう方向が――ドイツを念頭に置いてですが――出されてしかるべきではないかと。そしてさらに、小農、中農、大農の分類でいくと、日本の場合は、小農、中農が大半を占めていて、大農はほとんどない。あっても、先ほどいいましたように、ユンカー的な大土地所有者の農業経営だと。だから、そうではない大農経営が出てきてしかるべきではないかというのが、新渡戸が望んでいた『農業本論』の本来の点であったと思います。

新渡戸農政学を継承した柳田農政学へ

そういうふうに新渡戸農政学を見てみますと、『日本尊農論』における河上の意図した農業保全論と、いったいどこがどう違ってくるのかという感じがしてくるわけですが、ここで興味深いのは、新渡戸はこの『農業本論』を書いて、『農業発達史』を書いて、『武士道』を書いた。その後自分の家で研究会を開く。その研究会は「地方《じかた》研究会」なんです。

その地方研究会のなかのメンバーに、柳田国男が入っているわけです。ですから、新渡戸農政学の問題意識は、そういう意味でいくと、柳田国男の柳田農政学に継承されていっていると思っていいわけですね、事実、柳田国男の出世作といいますか、今日から見ても、非常に基礎的な、柳田農政学のいわば足場を築いたと思われるのが、『産業組合通解』ですね。これは、柳田が一番力を入れて書いた、初期のものです。この『産業組合通解』については、私も前にちょっと触れたことがあるんですが、彼はそのなかで、はっきりとこういうことをいっているんですね。「現今各地に設立せられたる産業組合の実況を聞くに、その組合員たる者は、多くは、相当の資産、地位ある者に限り、例えば、小作農のごとき、自己の勤勉と正直とのほかには信用の根拠とすべきもののなき者は、ほとんど皆、協同事業の便益に金品すら当たらざるがごとし」と書いてあります。ですから、この法律の主眼は、むしろこれら最小の産業者にある。勤勉で正直をモットーにしていて、信用の根拠はそれ以外にない。そういったエートスを見せている勤労農民層に対して産業組合の法は、向けられるべきだと。そういった、いわば自作自営の勤勉で正直な小生産者層。柳田は、これに信用を与えて、経営を拡大する経済的な条件を付与して、そこから農業経営を拡大していく、柳田はそういった展望を打ち出すわけです。実際には、それは稲作経営で、日本の特徴である、田が分散していて、一カ所にまとまらないので、経営効率が落ちるという問題にぶつかって、河上も同じ問題を『日本農政学』で取り上げて、いわゆる交換分合の必要性を説くわけです。これは、戦後の農地改革でやっと実現されたところで、今でも、新幹線から、あるいは飛行機で見ればもっとわかりますが、田の広さは戦前と比べて格段に広くなっている。近畿地方もそうですね。そういう方向を柳田は打ち出してきているわけです。

河上肇はどういうわけか、新渡戸の地方研究会には出ていません。おそらく、批判しているので、顔を見せるのは都合が悪かったのかもしれません。しかし『日本農政学』の序文には、はっきりと、自分の農政学のなかのかなりの部分は、柳田国男の『産業組合通解』に負うていると、その学恩に感謝する旨が記されている。ですから、この時期の河上と柳田の間には通底するものがある。共に日本農政学の確立というものに打ち込む、そういった共鳴盤を感じ取ることができます。そして私が非常に卓見だと思っているのは、山田盛太郎が自らの農政学を位置づけるに際して、新渡戸農政学から河上農政学へ、そしてその次に山田農政学という系譜を設定しておられるわけですね。こういうふうに見ると、山田盛太郎の「講座派」農政学は、たどっていくと、河上農政学を経て、新渡戸農政学につながるということがいえるわけです。私が先ほど、新渡戸の農政学を見て、講座派と、最初の独文の「土地制度史」、これを書かれた問題意識が似通っていると申しましたのは、山田の観点と一致するからです。ですから、新渡戸農政学を出発点に置いて日本農政学の系譜をたどると、一方は柳田農政学に行くラインと、一方は河上農政学に行くラインが出てくるわけです。

では河上と柳田とは、そういう点で、何から何まで共同戦線を張るような、そういった性格の農政学なのかといいますと、これはなかなか微妙で、いろいろな違いがないわけではない。だけど、今いった、小農を大農にもっていくような、新渡戸が出されたようなラインについては、両方ともその方向にあることは間違いない。

柳田国男と河上肇の分岐点

ではどうして、河上は、農政学の初期の志を展開して、日本農政学を体系化しなかったのか。あるいは、もっと、それを経済学の根底に据えなかったのか、どうしてマルクスの方に問題関心をもっていったのか。柳田は、あれほどすぐれた問題提起を日本農政学の系譜のなかで出していきながら、農政学者として大成する方向に行かなくて、どうして民俗学という別の――私は別とは思わないんですが――学問分野に自分の人生をかけるような歩みをしてしまったのか。この分岐点ですね。

河上と柳田の分岐点というのは、なかなか簡単にこうだとはいえないようなものが、私はあると思います。日本の近代化、あるいは日本の市民的社会秩序を見ていくうえでは、この河上と柳田を両極に置いて、その分岐点が、なぜ、日本の歴史のなかで必然化したのかを押さえていかないと、なかなか日本の社会科学の持っている複雑多岐な特徴はつかめないんじゃないかと思っているところです。

そのなかで、わけても、河上と柳田がのちになるほど違ってくるのは国家論です。農政学はすなわち農業政策ですから、国家を抜きにしては論じることはできない学問分野です。したがって国家論は当然そのキーワードのひとつに入ってくるわけですが、ところが、河上肇の『日本農政学』の場合、国家の問題は、必ずしも前面に出てこない。農政学のなかではですね。国家論は背後におかれたまま、ポリシー、農業政策の問題が展開されていくんです。

柳田国男の場合は、「時代と農政」等を読んでも、あるいは早稲田大学とか専修大学で行なった農政学の講義のノートを見てもはっきりと書かれていますように、柳田の国家についての考え方は、近代政治学でいうような形の国家、議会制民主主義の国家、あるいは立憲君主制の国家、そういったいずれの国家論とも違う。そしてまた、河上が晩年になって採ったマルクス主義の国家論、階級国家論とも違う。むしろ、柳田の考えていた国家というのは、司馬遼太郎が「国のかたち」というふうに、「国」という言葉で表現しているような、そういった国のイメージなんですね。ある領土、範域があり、当然そこに人口があって住人がいるわけですが、その中に住んでいる人たちがそこで織りなしている生活共同体というものの積み重ねですね。そういうものとして、国というものが姿を現わしていく。この国はどういうものかというと、要するに、そういった共同体のなかで、生まれ、かつ死んだ先祖代々の人々、そしてさらに、これから先もこの国のなかで生まれてくるであろう、未来の子孫、この両方を見据えて建てないといけない。両方に対して責任を負った国家の政策として、自分の農政学を考えていたわけです。

この国家は、いったい柳田のなかでどういうイメージをその後持っていくんだろうかと考えていきますと、そういった発想からいってもわかりますように、物理学的、生物学的に生きている現在の人間だけを対象にしたポリシーではないわけです。いってみれば、メタフィジカルというか、精神史上の日本人、日本の人口を念頭に置かないと、そもそも成り立たない形の農政学になってくる。しかも、そういったものを農政学という社会科学のひとつの方法で解こうとすること自体が、ある意味では不可能、あるいは厚い壁にぶつかることになる。とすれば、当然彼は、そういった農政学の学問研究をやっている段階で、自分のなかにおける矛盾を感じ取っていたはずです。だから、農政学者としての彼の歩みはいろいろありますが、それと同時に、やや雁行する形で、『後狩詞記』とか『遠野物語』とか、後のフォークロアの出発点になるような領域も視野に入っていく。椎葉の里を訪れて、初めて焼き畑耕作の現実を目の当たりにする。そのころの彼が、日本人はさまざまな異なった民俗文化の持ち主の集まりだというふうな、一種の文化多元論を持っていたことは、今日の研究者が明らかにしているところですが、そういった、彼がこれまでは農政学の関心でもって、今いった壁に突き当たっていた。この壁を今度は裏側の民俗学の方から見ていく。農政学と民俗学とは、柳田のなかでは一枚の貨幣の表と裏という形で、表から解きほぐそうとして解きほぐせなかった問題を、今度は裏の方から解きほぐしていく。いずれそれは表裏貫通するであろうという予測をもってしていった研究が、柳田農政学であり、柳田民俗学であったと、私は考えております。

柳田国男と河上肇の関係は、農政学の分野だけではない。今いったような日本文化のルーツ、根源を掘り下げていくという姿勢においても、両者共通であった。ある意味では、柳田は農政学で河上の先輩であったわけですが、日本文化のルーツを探っていくような関心の側面では、河上の方が柳田に一歩先んじている。河上が沖縄に行ったのはたしか一九一〇年代なんですが、柳田が沖縄に行ったのは一九二〇年。『海南小記』がそれを示しているわけですが、こと沖縄に対する関心という度合いでいけば、河上の方が柳田より一〇年先行している。そして、さらに、これも私が書きましたけれども、柳田の沖縄への関心は、日本文化のルーツを探りに行って、南方からの黒潮に乗った稲の渡来に始まる、南から北への日本人の渡来という形で、稲作を中心にした彼の日本文化論へと収斂していきます。

河上は、そういうところは似たような問題意識だったと思いますが、沖縄に行って、伊波普猷と会い、向こうの青年たちと議論を戦わすなかで、柳田とは逆に、沖縄には沖縄固有の文化があって、日本とは風土、文化を異にしているという意味での一種の二元論といいますか、沖縄と日本の違い、異質性に着目をして、沖縄独特の文化を保全すべきだという方向にいく。伊波普猷が書いた『古琉球』という本は、河上肇に捧げられている本なんですね。そして、河上の国家論と自分の国家論は非常に似ていると序文に書いている。日本の古代と琉球の古代と、国家の形成史は、非常に照応しているということを証明しようとして書いた本です。そういうふうに見てくると、河上と柳田の関係というのは交錯していて、共通項があると同時に、差異項もある。こういう差異の面が、晩年になるほどはっきりと、むしろ前面に押し出されてくるのが、河上農政学と柳田農政学の特徴である。と同時に、新渡戸農政学のなかには、この両方が含まれていたのではないかという予測を立てさせるんです。

「山田農政学」をどう捉えるか

そういう流れのなかで、山田盛太郎は、自分の農政学を河上農政学の継承者という形で、みずからを位置づけられている。山田がそれに触れた箇所をちょっと見てみたんですが、山田の見方はなかなかおもしろいんですね。今いったように、農政学という方で見ていくと、河上農政学、次に山田農政学とくるわけですけれども、新渡戸のなかには移民論、植民論があるわけで、この新渡戸農政学のなかで、その側面は、実は矢内原忠雄の植民政策の方に継承されていったというとらえ方です。だから、これも考えておかないといけない方向だろうと思います。矢内原と新渡戸の関係というのは、ひとつ考えていいテーマなんですね。特に、台湾についての評価なんかは検討されてよいと思います。

ですから、日本農政学の系譜のなかで山田盛太郎の位置は、宮崎安貞―佐藤信淵―新渡戸稲造―河上肇―山田盛太郎とくるわけです。どういうわけか、山田の農政学のなかでは、柳田国男は落ちている。なぜ山田農政学のなかで柳田農政学が落ちているのかという問題は、少し掘り下げていくと非常におもしろい問題で、日本マルクス主義の根本問題につながってくる側面もある。どうして日本のマルクス主義が日本の風土のなかでいつまでも少数派なのか、壁にぶつかってははね返されていくのかという問題にもかかわってくる。そういった日本マルクス主義の弱い一端が露呈している面も、山田農政学には認めていいのではないかと思われます。

ただ、山田の農政学は、本として、河上の『日本農政学』といったような形で出されているわけではない。大学の講義で、私たちもプリントで読みましたが「農政学講義」というのがあります。あとは戦後に、日本の『農地改革顚末概要』という、農林省から出た膨大な本がありますが、それは山田盛太郎が指導されて出た本で、そこに山田の見解が書かれている。そして、あとは、岩波から出ている『日本農業生産力構造』という本、そういうところに山田の農政学の片鱗が見えます。でも、もうそのときには、農政学という形じゃなくて、山田経済原論、山田経済学のなかの一端としての農業というとらえ方になっているわけで、そこら辺が、山田農政学というものを考える場合には、目をとめておかなきゃいけないんじゃないか。河上農政学という形では、なかなか、山田農政学はいかない。これは、マルクス主義という学問体系の問題でもあるかもしれません。

そういうふうに山田農政学をとらえていって、なお、日本農政学の系譜のなかで足りない、十分ではないと考えられるのは、山田があえて落としてしまった、柳田農政学の存在です。ちょうど河上農政学に対して山田農政学があるような形で、新渡戸農政学、柳田農政学の次に何が来るのかというと、私は、東畑精一の東畑農政学が来ると思うんです。東畑は、既にいわれていますように、柳田に非常に私淑しているわけで、柳田国男のものを非常によく引用されもするし、よく咀嚼されて、自分の農政学を展開している方です。ですから、日本の農政学の系譜を見ていく場合に、新渡戸農政学の魂の一方は、河上農政学から山田農政学へ、もう一方は柳田農政学から東畑農政学へ、そういう二つの縄のあざなえるスタイルが、日本農政学の系譜だろうと私は思う。もちろん、農政学という学問のなかでいえば、那須浩その他いろいろな農政学者がいます。那須浩以外にも、それこそ河上の先生だった横井時敬や、小野武夫など多くの方々がいるわけで、そういう人たちを眼中に置かないという意味ではありませんが、日本農政学の特質は、土地所有よりは借地経営というところに視点を絞ってくると、今いった二条のラインが浮かび上がってくるのではないかと、私は思っています。

新渡戸農政学の系譜の共通項

この二条のラインの共通項、特徴はどこにあるんだろうか。ひとつは、宮崎安貞からずっとくる農本主義の根幹である「農は国のもとである」という——貴農主義でとらえるような古色蒼然たる意味でなくて、河上の農業保全論あるいは柳田の『産業組合通解』のような意味での——構想が、とにかく貫かれてきている。これを現代的な問題領域に移しかえれば、今日いわれているような環境、エコロジーの問題に展開するだろうと思います。もうひとつは、「国民経済バランス論」ですね。農工商のバランス、併進鼎立と呼ばれた国内市場の重視です。河上肇の非常におもしろい言葉でいうと、国外のマーケットで二〇円もうけるよりは、国内のマーケットで一〇円もうけた方がずっと価値があるんだというような国内市場重視といいますか、日本経済の根本にかかわるような発想ですね。その点ではずっと一貫しています。

東畑精一が、戦後、吉田茂に請われて、大内兵衛と一緒にぜひ内閣に入ってくれといわれてそれを固辞した、いわゆる「東畑農相就任辞退騒動」というのがありますが、吉田茂がなぜ東畑精一と大内兵衛にあれほどこだわったのかということについては、いろいろと研究が出ています。そのなかで、東畑が自分で後で回想してこういうことを書いているんです。――インフレーション問題、それから「米よこせ騒動」といろいろとあるなかで、インフレーションがもたらしている特殊な事態というものがある。これは農民にとって非常に恩恵的な影響を与えている。その点は、洋の東西の別はないんだけれども、どういう意味で農民が恩恵に浴しているかというと、自己の生産力増強に基づく利益を得るのではなくて、物資欠乏による利益を得るということになっている。そうすると、それは耕作農民から近代化への熱意、自己の農業経営の改革への指向を望めないものにしてしまうであろうと。その結果、昔からしばしばいわれたように、山師と漁夫とは金が貯まると働かないといわれているように、農民もまたその俗言のなかの一人に加わってしまうことになるだろう――。この後で、東畑農政学の根幹といいますか、キーポイントになるだろうというような発言をしています。

――食糧生産の増加が至上命令になっているが、食糧の需給については、農業の近代化、その中心問題、いかに労働力が存在するかにかかっている。つまり、近代化と盛んにいうけれども、いかに近代化するかということが問題である。それは日本の社会構造の根幹の問題だ。世界に農業国は多いが、我々はたんに農業国を問題にするのではなく、いかなる農業国であるかが問題であって、日本の農業の近代化で零細農社会が崩壊するかあるいは逆行するか、その岐路に今立っている――と述べています。日本農業の近代化が、戦前からの日本の零細農社会をいかに切り崩していくか、その前に、それによっていかなる社会をつくり出すか。その「いかに」ということが問われていると述べているんですね。

この「いかに」というなかに、東畑が述べているのはこういうことです。農民が、自主独立への農村のデモクラシー体制をいかにつくり出すかということが問題なんだと。だから、日本の農地改革は自作農をつくり出すことが狙いとされているというようにいわれてきたわけですが、東畑によると、自作農創設ではないんですね。そうではなくて、どのような農業経営がつくりだされるべきか。しかもその農業経営が、東畑によれば、近代的な借地農の農業経営——新渡戸ふうにいうと大農ですね——をつくり出すという方向でないといけないと。しかもそれは、あくまでも経済主体の問題。東畑は『経済主体性講座』というのを監修されていますが、まさに経済主体が問われている。お金がたまると働かなくなるというエートスではだめだということをいっているわけです。

東畑のこの姿勢は、明らかに、新渡戸—柳田、あるいは新渡戸—河上—山田といく、両方のラインに共通した性格を東畑農政学も持っていることを示しているように思います。ですから、この自作自営農民の自主独立のデモクラシー体制というふうに東畑はいいましたが、河上そして柳田の農政学が、新渡戸を基点にして求めてきている方向というのは、ぎりぎりのところでいくと、ちょうど新渡戸が『武士道』を書いたあのモチーフに収斂してくるということに気づくわけです。

新渡戸の『武士道』の最後のところで、彼はこういうことをいっているんですね。日本の武士道というのは、過渡的な日本の指導原理かもしれない。しかし、日本は、ヨーロッパと比較してみると、哲学を欠いている。「ヨーロッパにありては、騎士道は封建制度から乳離れしたるとき、キリスト教会の養うところとなりて、新たに寿命を伸ばしたるに反し、日本においてはこれを養育するに足るほどの大宗教はなく」、だから、武士道こそがそういう役割を果たさなければならない——という思いで『武士道』が書かれているわけです。だから画竜点睛といいますか、新渡戸農政学の全構想が最後の一巻は『武士道』で締めくくられるという特徴を持っている。それはヴェーバーふうにいえばエートスの問題ですが、そういったものを武士道が担っていたわけで、それは河上農政学にしろ、柳田農政学にしろ、そういう点ははっきりとつながってくるように、私は思います。だから、東畑精一と山田盛太郎の二条の農政学があざなえる縄の最後の部分というものは、ヴェーバーふうにいえばエートス論であり、新渡戸ふうにいえば武士道と呼ばれるような、個人の自立を涵養するような品性をいかに陶治するかという問題が、実は日本農政学、さらには日本経済の根本的な問題点であるという印象を私は持って、新渡戸の『農業本論』を読んだ次第です。

間奏曲《インテルメッツォ》　学錯《クロスデイスイプリナリイ》的社会科学試論

I　学錯的社会科学の系譜

（一）九学会連合の「対馬・奄美」共同調査

学際的インターディスィプリナリィな研究の始点は一九四六年の日本人文科学会による『封建遺制』の上野・学士院会館における大会であったと思います。ここで始めて日本の「封建遺制」をめぐって、歴史学、経済学、社会学、政治学等の専門諸科学による共同発表と討論が行なわれたのでした。それをもとに六学会連合、ついで八学会連合、そして最終的には九学会連合による対馬・奄美の共同調査が行なわれました。調査のスケールとしては戦後最大のものでした。その学的成果には見るべきものがあったのですが、次の利根川流域調査で端なくも露呈したような欠陥が伏在していました。それは「学際的」interdisciplinaly とよばれる専門諸科学の共同研究が一種の「横ならび状態」（併行）で終わってしまい、真の共同研究たる実を挙げることなく終わってしまうことでした。すなわち、スケールの大きな調査は実施されたが、それはそれぞれの専門諸科学の学科内での成果にとどまり、共同研究の独自な業績とはならなかったのです。何故かといえば、そのためには諸科学がひとつの共通した調査ないし研究課題に関心をしぼって、そこで各学科の方法ないし枠組の交錯、したがって緊張と葛藤あるいは矛盾を乗りこえるなかで、ひとつの独自なジャンルを切り拓くことが不可避だったからです。それがどういうものか、具体的なケースにもとづいて少しく検討することにしたいと思います。

(二) 山田盛太郎の「再生産表式と地代範疇」

山田は『日本資本主義分析』において初めてマルクス『資本論』の一般理論を一国資本主義分析へと具体化することに成功しました。まず山田は『資本論』の一般理論を再生産表式(第二巻第三篇)を核とする再生産構造の理論としておさえる(『再生産表式分析序論』)。それは、しかし、資本の全一的な支配で構成された社会を前提として概念構成されたものであり、いまだ資本の支配が貫徹しない後進国にそのまま妥当するものではなかった。かくして山田の理論的苦闘が始まります。『日本資本主義分析』は日本資本主義をその産業資本確立過程において把握する試みであり、マルクスの再生産表式がそこでは妥当すると想定されていました。しかし、当時の日本は厖大な農村人口が農業資本主義によって支配されておらず、地主の「地代」は「利潤」の一分枝となっていなかったのでした。地主の「地代」範疇は未だなお封建的であり、それゆえ『日本資本主義分析』は、産業資本の再生産過程と封建的土地所有の再生産過程との相互規定によって構成される日本資本主義が、西欧＝アメリカ型のような「市民的経営資本主義」ではなく、「半封建的＝農奴制的＝軍事的資本主義」として、その基底は封建的地主制によって支えられ、制約されたいわゆる「跛行型国民経済」であることを明らかにしたのでした。

山田のこのような『日本資本主義分析』を可能ならしめた方法的枠組が日本人文科学会の機関誌創刊号の巻頭を飾った「再生産表式と地代範疇」の論文でした。ここで山田は『資本論』第二巻第三篇の「再生産表式」が社会総資本の再生産過程を表出しているのに対し、同じく第二巻第一篇の「資本循環」ではその「商品資本循環」がケネー経済表によって表出されていることに着目します。ケネーの経済表はフランス絶対主義の社会構成のトータルな把握を商品資本循環の視角から把握した天才的な着想であると、マルクスは評価しています。マルクスによればそれはフランス絶対主義の構成に対する「肯定的理解による否定的把握」であったのでした。商品資本循環は、『資本論』では論理的には資本の全一的支配にもとづく再生産表式の確立への一歩手前の段階とされています。しかも、そこでは商品市場での資本循環が止目されることにより、商品市場に出る商品の生産過程そのものは背景にしりぞいているという方法的枠組の特徴が注目されています（いわゆる「流通の優位」）。かくて、山田は日本農村の地主制はケネーの当面したフランスの地主制と類比されるものとして、ケネーの経済表でもって日本農業の構成を把えようとしたのでした。この結果、山田の『日本資本主義分析』では日本資本主義の発展過程はケネー経済表のマルクス再生産表式への止揚を「必要な経過点」とすることが確認され、「農地改革」の歴史的意義が確定されることとなったのです。こうして山田の『日本資本主義分析』は、ケネーとマルクスという方法的にも自然法的思考と弁証法的思考というまったくちがった枠組みを持つ思想体系を日本資本主義分析という現実科学のレベルでクロスさせた学際的ではない学錯的（クロスディスィプリナリィ）な社会科学の最初のケースとなります。

(三) 大塚久雄の『共同体の基礎理論』

大塚の理論的端初は「所謂前期的資本範疇について」です。大塚はここで資本循環論の視点から、近代以前のいわゆる前期的資本は生産資本循環の過程が欠如していることに着目して、近代の産業資本（生産資本循環を核とする）から範疇的に峻別したのでした。しかし、資本循環の視点に立つかぎり、方法的には貨幣資本も商品資本も連続的に生産資本に移行することが理論的には想定されることになります。市民革命への論理的な必然性が消えてしまうし、それは何よりも歴史的事実に反することでもあったのでした。大塚の苦闘はここに始まります。大塚の視点は、かくて山田の影響下に『資本論』第二巻にあったレベルから、より論理的に上向的な第三巻の「地代論」、とくに第四十九節の「小農地代」範疇の問題に移っていきます。マルクスは封建地代から資本制地代への移行の「必要な経過点」として「小農」範疇（→胎芽的利潤）に着目し、その上向線上に封建的生産様式の根本的変革を措定しました。変革への二つの途が萌芽的ながら現われてまいります。これを理論的にさらに徹底させて概念構成したのがレーニンの「ロシアにおける資本主義の発達」にみられる農民層分解論でした。レーニンの「市場形成の表式」が大塚によって徹底的に読み込まれていきます。そこでは共同体を構成する六人の直接生産者が市場における競争の法則にもとづいて上下に農民層分解を惹き起こす状況が画かれていました。大塚は彼らが共同体規制から自由な小農民家族であることに止目します（レーニンは、そこではこの共同体規制を自覚的に論理上捨象しております）。大塚は昭和一三年の法政大学における『経済史講義』において、中世のグルントヘルシャフトが封建的な村落共同体によって支えられていること、中世都市もギルド＝ツンフトの共同体を基礎としており、いずれの場合も共同体規制の法則が貫徹していて、それから離脱ないし解放されないかぎり小商品生産の自由な展開（小農範疇の確立）が不可能なことを、はっきりと認識していました。大塚の共同体への関心の深さは、その最初から濃厚に見られるのであり、ヨーロッパの経済史、法制史による共同体研究の豊かな蓄積がそれをうながしたことは、見まがうべくもありません。問題はそれをいかに理論的に捉えるかでした。

大塚の理論的模索は、クルト・ジンガーのゼミでヴェーバーの『儒教と道教』を読んだことにはじまります。そこで知ったヴェーバー像は、日本での通説であったヴェーバー像とはひどくかけ離れていました。それで大塚はもう一度ヴェーバーの原典にあたることで自らのヴェーバー認識を確かめようとしたのです。こうして「プロテスタンティズムの倫理と資本主義の精神」が「前期的資本」との関連において読み込まれていきます。大塚のみるところでは、ヴェーバーの資本主義理解はマルクスのそれとおどろくほど一致していました。何よりもそこには資本主義の精神形成に占める小農範疇の決定的重視がありました。それは大塚によって歴史的にはイギリスにおけるヨーマンリーとして把えられました。そればかりではありません。「資本主義の精神」は「小農」範疇の解体、すなわち、農民層分解を惹起する精神的推進力であったことが確認されます。マルクス的にいえば商品生産における価値法則（等価交換）の貫徹でした。こうして「資本主義の精神」はマルクスの「生産力」概念の主体的な側面からの構成として把えなおされました。大塚のいう「歴史形成の主体」概念の確立です。すなわち、大塚史学における「マルクスとヴェーバー」の学錯的認識の生誕であるといってよいでしょう。

大塚の眼は、マルクスの近代的生産力（⇕生産関係）の形成を近代的人間類型の確立という視点から把えてゆこうとしていきます。それはまた、近代以前の人間類型との対決という局面を不可避的に孕むことになりました。それに何よりも、敗戦後の日本の現実がそれを要請してもいました。この大塚の眼で見ると戦後日本は農地改革で地主制こそ解体したが、共同体はなお根強く残っていて、空気かエーテルのようにすぐれて日本的な伝統主義的人間類型に浸透しているように思われたのです。大塚にとっても理論的なステップとなったのは昭和二四年に翻訳されたマルクスの草稿『資本制生産に先行する諸形態』の精読にあったようです。では、どのような読み込みかたをしたか。マルクスの遺稿「ヴェラ・ザスーリチあての手紙」にみられるマルクス晩年の農業共同体論から初期の「諸形態」を類型的にではなく、段階的に整理していった、岩波書店から刊行された『西洋経済史講座』の「緒論」が、それを如実に示しているといえるのではないでしょうか。

大塚はマルクスがアジア的生産様式のモデルケースとして画いたインドの村落共同体における農業と工業との結合形態を、ヴェーバーのデーミウルギー的分業論の視角から把えなおし、共同体内分業と共同体間分業との対抗関係をヴェーバーの対内道徳‐対外道徳 Binnen-und Aussen-moral 論でもって整序します。そこはマルクス的にいえば共同体規制（→共同体規範）の作用する世界であり、ヴェーバー的にいえば Binnen-und Aussenmoral の二重道徳が支配する世界でもあったのです。この共同体世界の崩壊はいかにして可能なのでしょうか。大塚のみるところでは、それを根源まで追求したのはヴェーバーであり、「プロテスタンティズムの倫理と資本主義の精神」における禁欲的職業エートスこそがそれを止揚する主体的な契機であったのでした。人間自然の感情の徹底した禁欲 Askese（＝セルフ・コントロール）は、共同体規範を根底から粉砕するすさまじいエネルギーとなって開花します。それがヨーマンとよばれる中産的生産者層によって担われたのは、まさに世界史上一回限り生起した歴史現象でした。その結果、西欧の市民的経営資本主義が生誕することになります。大塚の『共同体の基礎理論』は、まさにマルクスとヴェーバーというまったく異質な社会科学理論の学錯的結合によって生じたモデル・ケースなのです。

ただ、大塚の『共同体の基礎理論』は、いうまでもありませんが、まさに「基礎理論」として抽象的には経済理論の系列に属するとされたのであり、歴史上の共同体を具体的に分析するには、いろいろな媒介環を必要としました。しかし、「基礎理論」レベルでもひとつ重要な問題が大塚の場合には残っています。それは共同体を構成するメンバーの家族形態論です。ゲルマン的共同体についてはフーフェ制についての具体的な研究が多くあり、家父長制単婚小家族を措定することはきわめてナチュラルでもあったのですが、古代的、アジア的形態の場合には、大塚の想定したようなかたちでは単純化されえない、家族史上の多くの問題があったからです。しかし、そうはいっても大塚の『共同体の基礎理論』はやはり学錯的研究にとってはひとつの宝庫であることにはちがいありません。というのは、「共同体」はたんに経済的共同体であるにはとどまらないからです。それは法共同体（ゲヴェーレ）であり、また宗教的、政治的な共同体でもあります。日本の共同体における宮座をみても、かつてはそれは政治座であり、宗教座であり、芸能座であり、そして経済座でもあったのです。それぞれが分岐発展して、最後に残った宗教座が宮座とよばれることになったのです。したがって、共同体の分析そのものが学錯的であるほかはないのです。

（四）岡正雄「古日本の文化層」

大塚史学の形成とほぼ同時代に、すなわち、一九三四年ヴィーン大学に提出された博士論文が岡正雄の「古日本の文化層」でした。これはその時点における先史学、考古学、神話学、歴史学、民俗学、民族学、社会学など、諸専門科学の到達点にある諸業績を「日本民族の起源と日本国家の源流」という日本天皇制国家の解明という「現実科学」の一点に絞って行なった学錯的研究の、いまひとつのモデル・ケースであります。このような研究は類を見なかったし、そのスケールからいってもオリジナリティからいっても匹敵できるのは、管見の範囲では同時代的には大塚の『近代欧州経済史序説』と、タルコット・パーソンズの『社会的行為の構造』(一九三七年)があるのみだと思います。

岡は一九二九年にヴィーンに行き、当時、文化史的民族学のメッカであったヴィーン大学民族学研究所で文化圏＝文化層の学説を創始していたヴィルヘルム・シュミットに師事し、一九三四年に五巻にのぼる「古日本の文化層」で学位を得ました。「岡の主著『古日本の文化層』は、全五巻一四二五頁という膨大な業績であり、日本民族＝文化の複合構造が先史学＝考古学レヴェル、形質人類学レヴェル、言語学レヴェル、民俗学レヴェル、神話学レヴェル、宗教学レヴェル、社会学レヴェル〔そして民族学レヴェル〕の各レヴェルから、縦横に分析・解剖されていて、いくつかの種族文化複合＝文化層にまで再構成されていく」(岡正雄『異人その他』四三六頁、言叢社。〔 〕内は引用者)。日本民族＝文化を構成する種族文化複合は、それならば、どのような特徴をもつものであったのでしょうか。多少の異同があるが、大別すると次のごとくです。

(1) 母系的・秘密結社的・芋栽培―狩猟民文化→縄文文化中期
(2) 母系的・陸稲栽培・狩猟民文化→縄文文化末期
(3) 父系的・「ハラ」氏族的・畑作―狩猟飼畜民文化→縄文文化末期
(4) 男性的・年齢階梯制的・水稲栽培―漁労民文化→弥生時代
(5) 父権的・「ウジ」氏族的・支配者文化→古墳時代

岡学説で止目すべき論点は、日本社会の地域性への着目です。同族団的な集団は中部―関東以北に、年齢階梯制的な集団は中部以西、近畿・瀬戸内から九州にかけて分布しています。前者には垂直的神表象、族祖信仰が随伴し、後者には水平的神表象、折口信夫のいわゆるマレビト（来訪神）信仰が結びついています。こうした文化の地域性への着目は、岡の分析手法が内発＝進化の一元論的でなく、伝播による混合・接触の結果生じるという異文化接触の多元論的な視点に立っていることを示すものでした。

岡は『古事記』、『日本書紀』を分析して皇室神話には少なくとも二つの異系統の神話が混在していることを指摘しました。皇室の祖先神とされる天照大神が活躍するのは中津国平定神話においてであり、高天原神話ではもっぱらタカミムスビの神が主宰神として現われ、『日本書紀』で天照大神が現われるのは異説（六）においてだけです。タカミムスビの神は山頂の森ないし樹木に下りてくるのに対し、天照大神は天岩戸神話にみられるように日蝕神話のタイプに属し、種族祖神のイザナギ、イザナミ兄妹神は洪水神話の破片ともいえます。これらの神話は中国南部から東南アジアにひろがり、中国南部の少数民族、東南アジアの山地諸種族にしばしばみられるパターンです。岡はこの系統の種族文化層が、マレビト的水平神表象と、お旅所、祠、仮面仮装の習俗などを日本列島に持ち込んだと想定しています。垂直的神表象は、単純かつ素朴な高神信仰として北方ツングース系騎馬民族によって導入されたと考えているようです。岡は、学問の本質はつねに新しい仮説の提示にあると考えており、この「古日本の文化層」は、まさしくそうした試みの具体化といえましょう。

以上、もっぱら学錯的社会科学の系譜を日本の研究史にさぐってみたのですが、もちろんグローバルな系譜探求も十分考えられます。たとえば先にあげたパーソンズの『社会的行為の構造』はヴァイマール期にドイツ・ハイデルベルク大学に留学し、アルフレード・ヴェーバーに師事した成果でした。そこではヴェーバー、デュルケム、マーシャル、パレートの諸社会理論が社会的行為のシステムとしての構成という視点から深く検討されつつ、実証主義の客観的・実在論的構成とは「まったく逆」の主意主義的行為理論として体系化されています。比較的最近ではウォーラースティンの unthinking socialscience（『脱社会科学的思考』）のように、そこではマルクスとブローデルの両社会理論を接合する新しい史的社会科学の確立が目指されています（『社会科学を開く』）。注目してよいのは、こうした学錯的社会科学がその多くの場合、いずれも「地域研究」を背景としてもっていることであり、このことは学錯的社会科学の根本性格がこれまでの社会科学に一般的であった「法則定立科学」ではなく、それをも手段として行使する歴史的個体分析の「現実科学」（ヴェーバー）への指向であることを物語っています。

II　住谷一彦「学錯的社会科学」試論

ところで、最後にこうしたすぐれた諸研究につづけて述べるのは大変おこがましいのですが、以下少しく大風呂敷をひろげて、私の考えている試論を素描することにします。住谷の構想する社会科学も根本的には二つの異なったプリンシプルに立つ社会理論を核としています。ひとつは大塚久雄の「共同体の基礎理論」であり、ここでの枠組は「マルクスとヴェーバー」です。いまひとつは岡正雄の「古日本の文化層」であり、ここでの枠組は「W・シュミットと柳田国男」です。出発点は北佐久の用水村落群の調査と、伊豆諸島の村落構造調査です。前者から日本の共同体は「基礎理論」のストレートな適用が無用の誤りを産むことが判明し、共同体のVergemeinschaftungとして家族史の研究が痛感され、Vergesellschaftungとしては、地域空間の問題がクローズアップされてくることになります。ここで道路、境界、集落様式等が浮かびあがってきます。後者からは日本の共同体の多層・多元性が異文化接触の視点から把えなおされてくることになります。村落構造における同族階層、年齢階層、世代階層の三類型が措定され、世代階層はさらに近畿地方の宮座を核とする座制プリンシプルとの関連で、宗教次元の問題へと接続していくことになります。宮座の問題は南西諸島の調査でトネヤや御嶽《ワー》に常在する神の存在への着目から、これまでの日本民俗学で一般的であった来訪神から滞在神への進化論に懐疑心が生じてくることになりました。原田敏明の宮座論は一村一氏神の常在神の高神信仰（偶像拒否＝無像性）を核として構成されているところから、私の従来の農村調査で得られた柳田国男の氏神＝祖霊信仰論への懐疑が根拠のあることを明確化してくれたように思います。宮座論を中核にすえることによって、私の日本共同体論はようやく学錯的な性格を構成することができたといえましょう。拙著『日本の意識』（岩波書店）は、いわばその「方法序説」といってよいかもしれません。

いまそれを簡単に説明すると、原田敏明の宮座論にしたがって、日本の共同体の紐帯を血縁ではなく地縁におくところから出発します。その核は宮座であり、無像性に特徴づけられた高神信仰がその特性です。しかし、村の宮はすべてに普遍的ではなく、寺であることも可能です。ちがいは寺の場合、墓地が付随している点です。宮の境内は聖地であり、墓地は村の境界外にあります。しかし、村という共同体の地縁的性格は神道と葬式道の区別、入口と出口の区別、表と裏、公と私、男と女といったデコトミーをもち、それ自体小宇宙としてコスモロジカルな特性を有しています。また韓国とことなり、日本では村々どこにも寺社があり、仏教が日本社会の底辺にまで浸透しています。仏教は日本人に祖先信仰を促し、死霊の祖霊化に役立っています（仏壇と位牌）。したがって日本の共同体の宗教的ゲマインシャフトとしての側面は三つの世界観、すなわち高神的世界観、系譜的世界観、宇宙論的世界観の三つの世界観の交錯として把えられねばならないと思っています。このトリアーデはそのラインを相互に辿ることによって、日本の共同体の多面的・多層的性格をより浮彫りにすることが可能になると考えられます。と同時に、このカズイスティークが他の世界の共同体を分析するうえでの参照枠ともなることでしょう。

共同体をその地縁的紐帯において把えるとき、また、その紐帯をVergemeinschaftungとして把えるとき、従来の、そして大塚の「基礎理論」にみられるように、近代化への展開は共同体の解体（Vergesellschaftung）を前提とするというのでは一面的であるということになります。たしかに共同体強制は消滅ないし弱化・弛緩するが、Vergemeinschaftungのラインは新たな資本主義社会のエーテルのなかで再編され、展開をみるからです。いうところの「市民社会」でも家父長制家族は社会単位、生活単位として持続し、神社信仰（日本の場合）も継承されていく。西欧社会でいえば、カトリック教会の存続が指示できるでしょう。もとよりVergesellschaftungの更なる発展は家族をも解体させるのではなかろうかという問題を提起しています（性の商品化、夫婦別姓、不倫、独身世帯、非婚、同性愛…）。しかし、西欧でもアメリカでも（そして日本でも）、共同体の宗教的紐帯が維持されていくかぎり（ベラーのいう市民的宗教）、家族の解体、それの単なる性的持続共同体化現象が一般化することはないと思われるのです。むしろ共同体の新たな再編にもとづく市民的共同体の新たな形成が次のテーマとなってくるのではないでしょうか。

市民についても一義的な概念化は避けられねばなりません。ポーコックの画期的な研究が示すように、市民civilmanの系譜と、それに対抗する市民civicの系譜が析出されるに至っているからです。シビック・ヒューマニズムはプーフェンドルフからハチソン→ハリントン（「オセアナ」）→フレッチャー→ヒュームとつながり、ヒュームにおいてホッブス→ロック→スミスのラインと交錯することになります。シビック・ヒューマニズムのラインは、フレッチャー→ケイムズ（「道徳哲学」）からアメリカのジェファソン→ウェーランドの「道徳科学」へと連接し、ウェーランドから日本の福沢諭吉につながってきます。福沢諭吉の出身母胎は緒方洪庵の適塾ですが、それはオランダ医学を中心とする西洋文化をふまえた道徳科学を主とする点で、適塾の基体となった懐徳堂の道徳哲学と一線を画しています。しかし、日本のモーラル・フィロソフィーは西の伊藤仁斎の古学と中井竹庵・履軒らの懐徳堂を起点としています。ここではスコットランド啓蒙と同じく「富と徳」が中心テーマを形づくっていたからです。この交錯した流れの末裔として福沢諭吉が出てきていることは、「日本啓蒙」をみていくうえできわめて重要であり、中世の「町衆」にはじまる日本の「市民」理念を解明するうえでひとつの手がかりを与えるものではないでしょうか。

市民によって構成される社会は、それに相応する国家形態を樹立します。もとより市民革命の有無、そのパターンの如何によって国家形態は変わってきます。しかし、ここでは一民族、一言語、一国家という「国民国家」理念がスタンダードとなります。たしかに歴史の現実はそれと大きくへだたっているにしても、理念型としてはそうです。にもかかわらず、それが空洞化現象を起こすに至ったのは、ブローデルの『地中海』が示しているように、「地域」の独自性・多層性・多重性であり、また「エスニシティ」の浮上でした。そのいずれも「国民国家」の枠組を突き抜けて展開するモメントを含んでいます。ヨーロッパ連合は現実には依然として国家連合であるが、ユーロ通貨が現実化すると、ヨーロッパ連合の枠組はヨーロッパ「地域」として再編される可能性を孕むことになるでしょう。地域通貨の出現も、それへの契機になるかもしれません。それに加うるに「地域」の比重が高まる所以は、エスニシティ問題が「国家」の枠組のなかでは処理が不可能となってくるからです。したがって、このように見てくると、Vergemeinschaftung と Vergesellschaftung の複合としての「共同体」は地縁的紐帯を基礎として存続していくかぎり、二十一世紀の新たな「地域」社会のなかでもなお、その存在の拠点を持ちつづけることになるのではないでしょうか。

後篇　私の比較共同体論

I　「日本共同体」論

一　共同体祭祀――宮座

はじめに

日本における宮座の研究史は、由来するところ、かなり前、明治時代にすでにあり、そのなかでは、特に大正五、六年にかけての三浦周行（一九一六）と平泉澄（一九一七）との論争があります。その後、中山太郎（一九三〇）、あるいは肥後和男（一九三八）等々の研究があらわれてきますが、本稿では特に、一九三三年にヴィーン大学の博士論文として提出された岡正雄の Kulturschichten in Alt-Japan（「古日本の文化層」）という一四〇〇ページほどもあるドイツ語の論文のもつ意義、それから原田敏明の宮座の研究を中心に概述したいと思います。

私が宮座の問題に関心をもつに至ったのは、ひとつには敗戦後間もなく行なった長野県北佐久郡蓼科北麓に散在する用水村落群の調査で直面した同族団の先祖祭祀の習俗であり、他のひとつは東京都文化財保護委員会の委託で行なった伊豆諸島の三宅島・御蔵島調査において初めて知った非同族村の来訪神信仰の存在でした。とくに御蔵島では二八軒百姓が座主となって氏神であるキノヒノ明神様を祭っていました。このキノヒノ明神は一月二四日が祭りの日なのですが、その一週間以上前から海のかなたにあらわれ、一日一日、日ごとに村に近づいてくるのです。そして、一月二四日にこの神がクロサキタカオ岬に上陸すると、そこに二八軒百姓のネギ衆が神みちを通って迎え、イナメ神社に奉戴するのです。

この神が海のかなたにあらわれたときから、女性や年寄り、子供はすべて家の中にこもり、いっさい外に出ません。そしてキノヒノ明神が村に訪れる前の日は、村中家鳴り震動するといいます。この神を見た者は恐ろしい祟りにあうということで、すべての人は家にこもってしまいます。このキノヒノ明神は非常に恐ろしい神であり、また、秘儀的な神なのです。

ここで私は初めて、実際に海のかなたから島を訪れる来訪神というものの存在を目にしたわけでした。その調査のなかで、同族村的でない、さりとて年齢階梯制村でもない村のあり方が浮かび上がってきました。そして、そういう村に来訪神信仰がみられるのはいったいなぜかということがひとつの問題になってきたのです。これを従来の研究史のなかにおきますと、あの折口信夫のマレビト論と関わることになり、どうしてもその問題を回避するわけにいかなくなります。

｜ 柳田・折口論争

この問題については、戦後、雑誌『民族学研究』(一四巻二号、一九四九)で石田英一郎が司会をしている、柳田国男と折口信夫の日本人の先祖信仰についての有名な対談があります(『柳田国男対談集』二、柳田一九八二)。普通、柳田・折口というように一括されていますが、この対談のなかでは、日本の神信仰、神観念についての大変に緊迫した、ことこの問題に関しては両者とも互いの立場、自説をなかなか譲らない、非常に厳しい論争が展開されています。

そのなかで、マレビトの問題を考えていくうえで、柳田のいう氏神信仰、固有信仰としての先祖信仰の問題がクローズアップされてまいります。柳田は氏神論を折りに触れて書いていますが、まとまった形で展開したのは、戦後いち早く出版された、有名な『先祖の話』に始まる新国学談の三部作（柳田一九六二）においてでした。この『先祖の話』で柳田は次のようにいっています。「私はこの本のなかで力を入れて解きたいと思うひとつの点は、日本人の死後の観念、すなわち霊は永久にこの国土のうちにとどまって、そう遠方に行ってしまわないという信仰が、おそらく世の初めから少なくとも今日まで、かなり根強く、また持ち続けられているということである」。

この『先祖の話』のテーマは、日本人の、家の先祖を神として祭るという先祖信仰と村の氏神が、ルーツ＝根を同じくしているということを論証することにあったと思われるのですが、その場合に柳田は、村はもともとひとつの家、一大家族のようなものである、一村一家氏神ということを前提にしようとしているように思われます。

そういった一大家族が中心になって村の生活が営まれていました。一大家族の祭る神が家の神で、それは同時におそらく年神――年が改まったときに訪れる神であると考えられていたのでしょう。柳田は「この年神、家の神は、家を富ましめ、田畑を豊饒にする以上に、幸を与えることまでが、年神の力であった」というように述べています。

ただ柳田自身すぐ後でいっていますように、ひとつには、実際の村は必ずしもひとつの家、ひとつの氏といった形でまとまっているわけではなく、複数の氏がひとつの氏神を祭るというようになっている場合が多かったのでした。それゆえ、いったいどうして、各家々の先祖神が存在するのに、それがひとつの氏神にまとまるのか、ということがその次の問題になってきます。柳田はそれを、各家の先祖神の合同祭祀という点から解いていきます。この問題は、のちに折口のマレビト論について論争されたときにもう一度、姿をあらわしてまいります。

もうひとつは、家の内部で祭る神をどうして家の外、村のある一地点で祭るのか、という問題があります。柳田は「ただ忌みと穢れとを厳重に遮断して清く祭らねばならぬ先祖の御霊のために、屋外の一地を点定したことが、今ある十万余の国内の御社の最大多数のものの起こりであった」というように述べて、なぜ外で行なわれるかという理由を示しているのですが、この、祖霊信仰の観点から村の氏神をとらえるという柳田の視点は、のちに『海上の道』(柳田一九六三)のなかでそのルーツを根国の信仰にたどっていき、その根国の信仰から、さらに沖縄の地に残っているニライ・カナイの信仰にまでさかのぼっていくことになります。その時点で、柳田の祖霊信仰論は折口のマレビト論と非常に鋭くクロスすることになるわけです。

柳田と折口の対談をみていると、折口は、常夜《トコヨ》の国、あるいは常夜信仰をこの問題の最初にもってきています。この常夜は、死者のみが行く常闇の荒ぶる国であって海のかなたにあり、洞窟から海底に続くトンネルでつながっているようなもの、と考えられています。この好例として折口は沖縄のニライ・カナイを取り上げました。

折口によると、この常夜信仰はその後、日本の国内でひとつの発展を遂げることになります。それは、死者の行く死霊の国、死者の霊の存在する国であると同時に、また常夜は、村の先祖が住んでいる国という形で畏怖と崇敬の入りまじったイメージでとらえられることになる。それが二つに分かれて、ひとつは畏怖から恐怖という方向に向かい、鬼とか悪魔、魔物が来臨するもとの国と考えられてきます。その例として八重山群島のアカマタ・クロマタが念頭に置かれていました。もう一方は、第二段階として畏怖から崇敬の方に変わっていき、この場合は、村人の祖霊が住み、子孫の繁栄を願う、そういった霊の住む国と考えられてきます。そして、第三段階は、そのなかで後者の祖霊信仰が強化されてきて、男の神様と女の神様、男神と女神に分化することになります。しかしまた、村の先祖である限りでは一体化された霊格としてみられることにもなります。第四段階になると、この霊格としてのマレビトが人間化されて、ホカイビトという姿をとってあらわれてまいります。最後の段階では、平安朝時代に入ってから中国の神仙思想の影響で、蓬来島、浦島物語のような海上他界の神仙境になっていきました。折口の説では以上のように整理されているといってよいでしょう。

ところが柳田は、『海上の道』のなかでもいっていますが、折口のいう常夜のイメージを日本古来の根国の問題から掘り起こしてきて、折口が最初に考えているような常闇の荒ぶる死霊の住む世界ではなくて、祖霊の住む親しみ深い島としてとらえるのです。すなわち、子孫に幸《サチ》を分かち合うような、むしろ明るいイメージの島として考え、それが日本の国内の内発的発展の結果として、暗い地下の根国という思想に変わるのだというわけです。つまり問題の立て方を折口とちょうど逆にとらえているように思います。

さらに、氏神祭祀のとらえ方からいうと、折口はこの来訪神は村人一般の先祖、村の開祖、あるいは族祖という一般的・抽象的な霊格としてとらえており、個々の家の先祖といった、具体的・歴史的な人格神ではないと考えています。ところが柳田の場合は、家の先祖が結局はまた村の先祖神・氏神でもあるというとらえ方であるから、その点でも両者は喰い違っています。柳田の場合は、そういった先祖神がどうして折口のいうようなマレビトになるかといえば、各家々による競合の結果だと考えるわけです。折口の場合は、マレビトはまず何よりも来訪神であって、男女の単純な霊格、強いていえば村の始祖ないし族祖で、それが各家に来たときにそれぞれ具象化されて家の先祖として迎えられる。これは極端にいえば各家々の勝手だとみるわけです。つまり、村の氏神が村に常在している家の祖霊なのか、あるいは他界からの死霊の訪れなのか、それの滞在神化したものか、ということがここで論争されているわけです。

2 岡正雄の『古日本の文化層』

いずれにしてもこの問題は必ずしも決着しているわけではありません。先に述べた岡のヴィーン大学博士論文『古日本の文化層』（一九三三）を読むと、岡はその時点で、いま述べた柳田・折口論争に対して岡なりのひとつの見通しを立てていたことがわかります。

岡はこの論文のなかで、日本の民族文化をいくつかのCulture Complex（文化複合）に分けて、それをさらに文化層として歴史的に層化するという作業を行なっています。岡の特徴は、その文化を担った種族（Stamm）を中心に分けたところにあるとみてよいでしょう。

それによると、日本の民族文化は五つの文化層に分解されます。第一は、だいたい縄文中期ごろに、たぶん東南アジアからメラネシア、あるいはニューギニア等に流れていった文化潮流と同系統のものが入ってきたと想定して、これを母系的・秘密結社的・芋栽培―狩猟民文化層と名づけています。これには、アカマタ・クロマタのような仮面仮装の秘密結社文化複合、あるいは来訪神信仰――岡はこ

れを水平的神表象と述べていますが——のような水平的な神イメージというものを結びつけていま
す。

その次に縄文末期に入ってきた文化潮流として母系的・陸稲栽培―狩猟民文化層を考えています。これは、焼畑農耕が主であり、有肩石斧、あるいはアウストロアジア語系の言語、あるいはイザナギ・イザナミとか、大気津比売神話等々が結びついています。だいたい、東南アジア、中国の山地民族等々と同一系統の文化複合と考えているようです。

年代的にはおそらく前記の文化潮流と相前後して三番目に入ってきた文化潮流が父系的・「ハラ」民族的・畑作―狩猟飼畜民文化層と呼んでいるものであり、東北中国、北朝鮮から渡来したツングース系の文化層だと岡は考えています。これは天神信仰、つまり垂直的な神イメージをもっていて、アワやキビを栽培し、狩猟・飼畜等を行なうアルタイ語系の文化だとみています。ウカラとかヤカラ、ハラカラといった言語もこの文化層と結びつくと考えられています。

その次に、弥生時代に入ってきた文化潮流として、男性的・年齢階梯制的・水稲栽培―漁撈民文化層というものがあり、おそらくこれは越南の方から入ってきたのではないかと思われます。いわゆる倭人の文化はこれに近いようであり、祖霊崇拝・水稲農耕・沿岸漁撈・板張り船、年齢階梯制といった文化複合をもっていました。若者宿とか娘宿、寝宿、主屋、喪屋、隠居屋、ウブ（産）屋、ツキ（月経）小屋等々はこういった文化潮流が持ち込んだと考えられています。

最後に入ってきたのが父権的・「ウジ」氏族的・支配者文化層であって、これがいわゆる古墳文化をつくり出した種族文化層で、氏、あるいは「かばね・姓」といった言葉も、この層によるものではないかと考えられています。もちろん、先の垂直的な神イメージ等もあり、職業的なシャーマンが存在し、騎馬民族的、王朝的、軍隊的な五つの組織をもった征服王朝的性格の文化層だと考えられます。

3　住谷・クライナーの南西諸島調査

そのようなわけで、岡の水平的神表象と垂直的神表象のうち水平的神表象の方がマレビト信仰と結びつくことになります。折口もそうですが、岡も、これをメラネシアのドゥクドゥク信仰等々、秘密結社と結びつけて考えています。日本でいえば八重山群島の新城とか、西表の古見とか小浜、石垣島の宮良等にあるアカマタ・クロマタ祭祀というものを考えていたようです。私はそれをもう一度実際に確かめてみる必要があるのではないかと考え、一九六二年、まだ米軍の占領下でしたが、私のヴィーン大学時代の学友で、今はドイツ・ボン大学教授のヨーゼフ・クライナー（Josef KREINER）と二人で、南西諸島の調査に出かけました。

そこでは、前に述べたような氏神祭祀の核にある氏神というのがいったい何であるのか、そもそもは他界からの来訪神なのか、のちにそれが滞在神化したものか、あるいは村に常在している祖霊であるのか、ということが調査課題でした。

私たちはやがて新城島のアカマタ・クロマタをみることができました。このアカマタ・クロマタは、折口によると、ニライの島からの年の折り目――ちょうどプーリン祭のときに訪れる来訪神としてとらえられていたのでしたが、現地でその祭祀をみると、このアカマタ・クロマタは、新城島の村のはずれのナビン洞という洞窟の中で生まれてくるのです。この祭りのときには、私たちはもちろん家の外に出ることは許されません。その点は御蔵島と同じであり、一晩中、居ごもりをさせられるのです。生まれる日は一晩中、村のどこからかドーンドーンという太鼓の音が聞こえてきます。私たちはアラグスク（新城）島にいたのですが、ちょうどニューギニアかどこかの山地にいる思いに駆られるような、非常に伸びやかな太鼓のイメージが一晩中続きました。これは、アカマタ・クロマタが生まれるいわば陣痛の響きです。朝、生まれて、昼間、ナビン洞からアカマタ・クロマタがあらわれてまいります。このときには、女性、神役等も含めて村中総出でそれを迎えます。今度は一変して非常に華やかな雰囲気になります。このアカマタ・クロマタは丈が二メートルぐらいあり、全身草で覆われていて手に鋭いつるのむちを持っています。これをビュンビュン振り回して村中を駆け回るのですが、このむちに触れると、一年たつと必ず死ぬというのです。村人によると実際に死んだ人が出てくると言っていました。とにかく非常に怖い神で、しかもものすごく速い。私たちも必死になって逃げ回ったのですが、大の男が逃げても追いつくぐらいの速さで追い回すのです。

このアカマタ・クロマタの神が、村の首《おも》立ち衆、刀禰元等々の家を各戸ごとに訪問するのですが、このときちょうど秋田のナマハゲのように家の中で女・子供を威嚇し、泣き叫ぶ子供も出てまいります。非常に怖い神なのです。

その日の夜遅く、アカマタ・クロマタは村外れから消え去っていくのですが、かがり火の中で消えていくというところが非常にドラマチックで、もう一年会えないのかということでみんな泣き叫びます。ナビン洞の洞窟に消えていくという、死を象徴する動作によって、このアカマタ・クロマタは来年また生まれてくるという希望を村人たちに残すわけです。だから、アカマタ・クロマタは来訪神というよりは、新城の島、あるいは古見なら古見の西表島で生まれて死ぬ、死と再生の神と考える方がむしろ妥当なのではないか、というのが私たちの調査の経験でした（住谷・クライナー一九七七）。

もうひとつ、石垣島に川平《かびら》というところがあり、この川平でマユンガナシュの行事が行なわれています。このマユンガナシュでは、男女のペアが五組つくられて年の折り目に村にあらわれる。しかし、マユンガナシュはそれだけで独立した神事ではなくて、実は、その川平の村で行なわれる神事・ニランタフヤンの神祭りのなかのひとつとしてあらわれてくる神であります。

このニランタフヤンというのがいったいどういう神であるのか調査してみると——折口や、そして柳田は『海南小記』やその他で、ニーラスク・海上他界から訪れる神というように書いているのですが——どうもそうではないようなのです。いろいろ調べると、川平ではこのニランタフヤンはスークジュワーという御嶽《ワー》に常にいて、年の折り目にイブスワーというところに村の司（女神役）たちによって迎えられて、奉戴される神であることがわかりました。

したがって、このニランタフヤンの神事は、多くの人がいうような来訪神信仰とはいえないのではないか、と私たちは考えました。むしろ、その島、村に常在している神とみなすと、奄美・加計呂間島で私たちが調査したシママモリの神の事例と非常に符合することになってくるのです。

このシママモリの神は、トネヤにおいてトネヤの主——ノロとグジヌシュ——によって祭られているのですが、この神は、この島に常に住んでいて、島の人たちはこの神なしには一瞬たりとも生きていけないと信じられている神なのです。村の秩序を支え、しかも、具体的な形象をもたない神です。こういった神が村人たちの神観念の核心にあるとなると、これまでのような来訪神の滞在神化したものであるといった、神イメージのひとつの発展段階的な見方ではとらえきれないことになります。この神は原初から常在神であって、来訪神ではないのです。

その目でもう一度、沖縄の神観念をみてみると、どうなるでしょう。外間守善は、沖縄の万葉集と呼ばれている「おもろさうし」を非常に詳細に分析し、そこからいくつかの神観念を取り出している。外間も、来訪神信仰はニライ・カナイの信仰を根底に考えているようですが、最近、安良城盛昭が、『新・沖縄史論』(一九八〇)のなかで鋭く指摘しているように、「おもろさうし」のなかに出てくる神は、ニライ・カナイの神というように表現されている箇所はひとつもなく、そこではニルヤトヨム・オオヌシという言葉、あるいはアリノタケノ・オオヌシとか、アガルイノ・オオヌシ、ゼンママアカグチ・オオヌシという言葉でとらえられている神しかあらわれてこないのです。

このオオヌシはいずれも男女の性格をもっていません。したがって人間のアナロジーではとらえられない神です。そういう歴史的人格神ではないのです。子供もなく、兄弟もなく、親もなく、夫も妻もない神というようにみなすほかないと安良城はいっています。こういった神を私は、ヴィーン大学の私の師であったヴィルヘルム・コッパース(Wilhelm Koppers)教授の考えに従って、Hochgott=高神というように呼ぶほかはないだろうと思っています。

4 原田敏明の宮座論

そういった神観念を日本の場合、いったいどのように理解したらいいのかという問題が次に出てまいります。ちょうどそのとき、原田敏明を中心に古野清人、大間知篤三、関敬吾、荻原龍夫、喜多野清一、小川徹等が加わった宮座研究会ができました。私はこの宮座研究会にたまたま列席することを許されて、そこで初めて宮座の問題に本格的に対面したわけです。

そのなかで原田の宮座論は非常にユニークで、私たちのこれまで調査してきたテーマとよくかみ合うことがわかりました。というのも、原田によると、村の氏神は柳田のいう祖先神といった血縁的なものではなくて、むしろ地縁的なシステムのなかでとらえなければならないからです。『宗教と社会』（原田一九七二）のなかで原田は次のようにいっています。「氏子間の関係も血縁関係によって結ばれるとは限らないが、必ず地縁的な集団でなければならない。かつ、氏神は氏子によって祭られ、氏子のための神であって、氏子にとって絶対の神である。したがって氏神は本来、何の神、かの神というように神の個性があったり、特殊の機能があったりするものではない。いわば至上神でもあり、唯一神でもある」。原田の宮座論の核心をなしている宮座の神は、私たちの言葉でいえば Hochgott です。村には宮はひとつしかないということ、そこは聖地であって、しかもなかには墓所、お墓がないということを特徴にしています。原田は、村の氏神という場合の宮の氏神は、少なくとも諸々の神社祭祀のようなそれではなく、村の神としてただひとつ存在するということ、しかもこの神はおよそ自らの像をもたない、つまり偶像をもたないということを特徴としているという点が、私には非常に印象的でした。これはコッパーズ教授が高神 Hochgott の概念の中核に置いている無像性とまったく一致するのです。

もう少し言葉を強くしていうと、日本の氏神は偶像拒否の神として、ある意味で非常に倫理的な神だと考えなければならないと思うのです。

原田の宮座論からいくと、いわゆるお旅所、あるいは若宮の問題は一貫して非常によく解けてくるように思います。しかも原田は、お旅所を若宮とみなしてよいといっています。本社からお旅所に神がおいでになり、また、お旅所から本社に神がお渡りするという、奈良でいういわゆる御神幸と御遷幸の行事は、原田の考え方からすれば、それは現象形態にすぎず、本来的にはその関係は逆なのです。つまりおいでがお渡りであり、お渡りがおいでなのだというとらえ方です。原田が、当屋制の問題を宮座の最大の眼目におく所以はそこにあるように思います。当屋と氏子という、人と人との関係を基礎に置いて神社信仰をとらえる。すなわち、神社信仰を人と人との関係からとらえ直す。ちょうどカール・マルクスが、商品の物神性論（Fetischismus）で、商品交換という物と物との関係を人と人との関係から解き明かすような、非常に思い切った、人々が現象形態をそのまま現実であるかのようにとらえる社会的錯覚をひっくり返す視点が、原田の宮座論にはあるのです。

5　岡の宮座論

そうした原田の宮座論を、ヴィーンの歴史民族学の視点、岡の種族文化複合論ともう一度結びつけてみると、岡と原田の宮座についての考え方は非常によく似ているところがあります。どちらも、宮座は男子結社、つまりMännerbündeであるととらえ、それはいずれも血縁ではなく地縁的なプリンシプルに立つものであるとしています。そして、宮座にみられる若者組あるいは年齢階梯制は二次的な形態だととらえています。したがって、宮座の長老制もそうした社会的分化の二次的現象だとみているのです。

原田は宮座の典型的に発展した地域である近江と奈良を比較して、奈良は近江に比べて年齢階梯制が微弱であり、しかも、一般的には宮座が複雑化すれば年齢階梯制が強く出てくるとみられているけれども、奈良の場合は、神事が複雑化しても年齢階梯制のプリンシプルは強くない。その意味では奈良は近江よりも古い形を保持している、という点を強調しています。

そういう点で、二人の宮座論は非常に近いものがあります。ただ、それによって方法的な違いが逆に顕在化することにもなります。原田は、柳田や折口と同じような内発的な発展段階論ないしは進化論の立場をとり、宮座システムの内的複雑化という視点から、いわゆる社会的分化(differenciation)の問題を中心に考えているのですが、岡は、先述したように異文化接触(acculturation)という視点からとらえようとするのです。だから、宮座のなかに年齢原理がつきまとっている場合、それが強い場合は、男子結社と年齢階梯制という異なった文化システムによるア・カルチュレートで生じたものだととらえるわけです。

もうひとつの違いは、岡は、宮座にひとつの秘密結社的な、Geheimkult(秘儀)的なものを認めるが、原田はその点は必ずしも強調していないということがあります。

そういった方法・問題意識上の違いはあるのですが、大きな点で両者の認識対象を構成する枠組みは非常に近いということは指摘できるでしょう。

6　肥後の宮座論

私は最初は、原田の宮座論は非常にユニークだ、独一的なものだと思って、それに従ってきたのですが、肥後和男の『近江における宮座の研究』(肥後一九三八〔一九七三〕)を読み返してみると、肥後のなかにも原田と非常に近い考え方が濃厚にあるということがわかってきました。肥後の場合は、たとえば外部に対して閉鎖的な、したがって特権的なグループによる株座と村人全体に祭祀権が開放されている村座という分け方をするのですが、そのどちらが古いかということについては態度を保留しているのです。また、氏神が祖先神であるかどうかということについても同じであり、氏神は名の知れない不詳の地縁神である、あるいは産土神から氏神への展開がみられたのではないかということも予測しています。

そしてさらに、村人は名字をもたない集団だと考えて、なぜ、そうであるかといえば、彼らが、一個の全体、つまり村のメンバーであって、個々の家族という形で分離独立した存在ではなかった、ということに理由を求めている点も原田に近いといえましょう。何よりも、村が地縁的な団体であって、血縁的な融合は、むしろその過程で、二次的、後来的に生じたというとらえ方は非常に似ているわけです。そして、男子組合であるとすることも同様です。その点に関連して肥後が、年齢階梯制は村落一般の原理であって、宮座の原理ではないといっていることも留意されてよいでしょう。

このように、肥後の宮座研究から、原田の宮座論まで、あるつながりをたどることができるように思うのです。

7 ヨーロッパの共同体祭祀

もうひとつ原田の宮座論の重要な点は、村の氏神はただひとつしかなく、その氏神の存在するところは聖地——サンクチュアリティであって、そこには墓地がないという指摘です。なぜ、そうなのか。

私はここ数年来、クライナーと一緒にドイツの農村調査をしています。ドイツの農村に行くと、村には必ず中心に教会があります。しかも、古い村の場合、この教会の横には必ず教会の墓地があるのです。そこで、ヨーロッパの村では、教会、つまり日本でいえばお宮さんと墓地がくっついて存在していて、離ればなれではないということがわかってきました。いったいなぜ、ヨーロッパではそうであって、日本ではそうでないのか。その由来はどこにあるのかということが、実は日本の村を共同体として理解するうえで非常に大事な点になってきます。

ヨーロッパでも聖地信仰は古代ギリシャ・ローマ時代からあるわけで、例のアテーナイの町の高所にアクロポリスの神殿が建っていることは周知のとおりです。村の広場、つまり、聖地のミヤ、イベ(斎庭)のところはアゴラと呼ばれていました。そして、このポリスの城壁で境を限られた外に墓地がありました。そこはネクロポリスと呼ばれている死者の国でした。古代ギリシャでは、ポリスは日本の村と同じく、そのようにはっきりと区別されていたのです。

ローマもその点では同じであり、ローマのキヴィータス—町に入ろうする者はそのまま入るわけにいかない。まず、外でみそぎをしないといけない。シーザーのような赫々たる軍功をたてた人が凱旋してきた場合も、ローマの町に入る場合は、いったん軍隊を外にとどめておき、凱旋門をつくって身を正してそこから中に入るという形をとりました。パリの凱旋門などもおそらくそういった慣習の残滓だと考えてよいかと思います。

そういうわけでヨーロッパの村も、コスモロジカルにみれば村秩序というものがひとつの聖地をなしている。ところが、その聖地の真中に、教会と並んで墓地があります。中世以前、古代地中海文化圏では聖地と墓地は、先に述べたように空間的にもはっきりと区別され、日本と似ていました。が、それが中世以降、おそらくキリスト教の死と復活の信仰が入ってきて、事態は根本的に変わってきたのではないでしょうか。

そのように、日本の村とドイツ、あるいは広く西欧の村を比べると、日本の墓地を排除する宮の聖地信仰を除いて共通するところがかなり多いのです。そういう点では、コスモロジカルには日本の村もひとつのミクロコスモスとしてとらえるべきではないでしょうか。その中心に氏神（共同体）祭祀の問題があると理解してよいのではないでしょうか。

小結

最後に、一応のまとめとして私なりの考えを述べておきます。日本の場合、座というものは、地にとどまるという意味だそうですが、それは、共同体の原初的な形態というように考えていいでしょう。そういう座としての村、共同体は、聖（heilig）の面と俗（sakular）の面とのアンビヴァレント（両面志向性）な共同体としてとらえることができるのではないでしょうか。したがって、氏神を祭るということは村人の日常生活すべてが神を祭る生活であるということを意味しているわけで、それをずっと、連綿と保持する方法として祭り、潔斎があると考えることができないでしょうか。

第二に、神を祭るということは、氏子が氏神によって選ばれた人々であることを示しているわけで、氏子は神とともにあるがゆえに神聖な存在となります。

三番目に、氏子全体の代行者として当屋というものを措定することができるでしょう。これは原田もいっているのですが、当屋は、氏子全体を代表して神に奉仕すると同時に、氏神を背に負うて、村全体に対してあたかも神になりかわった存在として臨む絶対的な存在者となるのです。

四番目に、そういう意味で共同体は聖なる存在であるから、その共同体が掌握している範域(Gebiet)は、サンクチュアルなもの、聖域となります。だから、それに属さない人間は当然共同体の正規のメンバーからは排除されるということになるでしょう。要するにそれは、ひとつの氏子集団にはひとつの氏神があって、しかもただひとつに限るということを意味しています。と同時に、その聖なる地に住む村人の生業が農業の場合には、その農業は、神聖な労働として、氏子であることのひとつの資格要件であるといっていいでしょう。だから、農業にいそしむことは同時に神祭りの仕事《わざ》であって、いわゆる「祈り、かつ、働け」(ora et labora)という労働のエートスを生みだすことになるのではないでしょうか。

第五に、村で祭られる神は、村一円を支配する絶対の神で、偶像をもたず、拒否する無像性を特徴とした倫理的な神として、Hochgott ととらえることができるでしょう。

これは必ずしも私の独断ではないと思います。一例を挙げると、すでに古く明治時代初期に久米邦武が『神道は祭天の古俗』という発禁になった有名な本のなかで、日本の氏神は偶像をもたない神だということをはっきりいっています。

さらに、内村鑑三が、『余は如何にして基督信徒となりし乎』(内村一九五八)という有名な本の最初に、自分の身も心もとらえ尽くしていたのは村の氏神である、ということを述べています。一例を挙げると「私は信じていた。しかも心から信じていた。無数の神社のひとつひとつにそれぞれ神が住んでいて、各自の管轄区を油断なく守り、その神の不興を買ったものは何人であれ、たちどころに罰せられるということを」と述べているのです。内村鑑三が指摘しているように、この村の氏神は倫理的な隠れたる神だということがわかります。

そのことは、肥後が『近江における宮座の研究』（前掲）のなかでも触れています。例えば坂田郡の八坂神社の場合、氏子入り、座入りするときに、不品行の者は排除されたということが指摘されています。神崎郡のオバタ神社の場合も同じで、いっさいの宮関係のことから除外されるというのです。かつては、あるいは現在もなお、そういう意味で氏神はきわめて倫理的な罰則をもつ神と考えられていたのでした。そういうものとして宮座の神は日本に独自な共同体祭祀の核をなしていると理解してよいのではないでしょうか。

最後に、日本の共同体祭祀を「宗教と社会の普遍史的関連」というマックス・ヴェーバーの提起した有名な問題的な視座（アスペクト）でとらえたとき、日本の「共同体（宮座）祭祀」はどのような文化的意義を有しているといえるだろうか。それが今後の大きな学問的課題となっていくように思われるのですが、如何なものでしょうか。

参考文献

安藤精一　一九六〇『近世宮座の史的研究——紀北農村を中心として』吉川弘文館
安良城盛昭　一九八〇『新・沖縄史論』沖縄タイムス社

荻原龍夫　一九六二（一九六五）『中世祭祀組織の研究』吉川弘文館
原田敏明　一九七二『宗教と社会』東海大学出版会
肥後和男　一九三八（一九七三）『近江における宮座の研究』臨川書店
外間守善　一九七九『伊波普猷論』沖縄タイムス社
堀一郎　一九五一『民間信仰』岩波書店
久米邦武　一九七一『神道は祭天の古俗』（松本信広編『論集日本文化の起源』三　平凡社所収）
松平斎光　一九四三（一九七七）『祭』日光書院
Oka, Masao 1934. Kulturschichten in Alt-Japan. Dissertation Universität Wien
住谷一彦・クライナー、ヨーゼフ　一九七七『南西諸島の神観念』未來社
高橋統一　一九七八『宮座の構造と変化——祭祀長老制の社会人類学的研究』未來社
内村鑑三　鈴木俊郎訳　一九五八『余は如何にして基督信徒となりし乎』岩波文庫
和歌森太郎　一九五〇『中世共同体の研究』弘文堂
柳田国男　一九六二「先祖の話／日本の祭」『定本柳田国男集』一〇巻　筑摩書房
——　一九六三「海上の道」『定本柳田国男集』一巻　筑摩書房
——　一九八二『柳田国男対談集』二　筑摩書房

二　日本共同体 Das Japantum

ただいま中村勝己先生から過分なご紹介にあずかった住谷でございます。あのようにいろいろ書いたものを詳細に言っていただきますと、聞くうちにだんだん顔が赤くなってまいりまして、あまり書くものではないという気のほうが強くなった次第です。

先ほど中村先生が本日の私の演題をおっしゃいましたけれども、実はあれは仮の題でありまして、共同体に関する何かというつもりで申したわけですが、その後、考えまして、今日は私が大学を出ましてからずっと考えてきた問題、いろいろ多岐にわたりはしましたけれども、考えてみますと、それほど多くを追い求めていたわけではなかったということがだんだんわかってまいりまして、それで今日は「日本共同体」という題に変えまして述べてみたいと思います。

「共同体」といいましても漠然としている言葉で、いろいろ多義的に使われるわけですが、ここでは一応、ある単位に所属するメンバーといいますか、成員が規範として自らの生活のすべてをそれに依拠している単位というふうに定義しておきます。ですから、個人をとりますと、例えば「家」、あるいは「家族」がそういう単位に当たりますし、家を取り上げますと「村」、あるいは「都市」とか「ギルド」といったものが、それに当たることになるでしょうし、今日の近代的な世界のなかで言えば「国家」というものが国民のレベルで考えられると思います。そういったものをひっくるめて、私は先ほど述べた意味での「共同体」と定義して話を進めることにしたいと思います。

そういった問題を私が最初に取り上げましたのは、当時私は今日ここに集まっておられる若い諸君、大学の学部や大学院の諸君と同じ年代でありまして、東京大学でドイツ経済史を教えておられた松田智雄先生に伴われて長野県北佐久郡の用水村落といいますか、水利の非常に厳しい高原の村落群を調査したのが初めてであります。そこで初めて私なりに共同体という問題に突き当たったわけでありますが、それを縦軸にしながら、横軸にいろいろな問題を考えていって、現在に至っております。

ところで、お手元に配りました冒頭のレジュメが、実は今日お話ししたい内容で、これ全部話せるかどうかわからないのですが、福沢研究センターというところからのお招きですので、福沢先生の『文明論之概略』のような大きな風呂敷は広げられませんけれども、ささやかながら私なりの風呂敷を広げた内容の話をしてみたいと思います。

最初に申し上げたいのは、私は日本の農村の調査、あるいは漁村調査をずっとしていたわけですけれども、一九五八年にヴィーン大学の民族学研究所に留学をいたしました。そこで、向こうのいろいろな国々から来た人たちと、私の恩師の一人でありますスラヴィク先生の指導下に、オーストリアの農村調査をしたことがあります。当時はまだ、こちらのほうが未熟でありまして、先生の意図が十分とらえられなかったのですが、その後、岡正雄先生——これはスラヴィク先生の親友ですが、戦争中にヴィーン大学の民族学研究所に留学されて、民族学のほうでは大先達であります——のプロジェクトで、一九七〇年にオーストリアの農村調査を行ないました。オーストリアのブルゲンランド州と申しまして、ハンガリーとの国境の、ノイシードラー湖のほとりの一小村でありまして、これを選んだのも、多少偶然もないわけではないのですが、ともかくそこは一九二二年まではハンガリー領であったわけです。ですから、村の戸籍を調べますと、一九二二年まではハンガリー語で書いてあります。いわゆるオーストリア・ハンガリー帝国の時代のハンガリー領に所属する村でありまして、しかも調べているうちにわかったのですが、ここはエステルハージィ公の所領です。エステルハージィはハンガリー第一の領主ですね。マグナーテンですが、アイゼンシュタットに所領の館がありまして、五階建てのそれこそ大きなビルディングですけれども、そこはシューベルトが家庭教師で招かれていたところですし、ハイドンが雇われて住んでいたところです。彼はそこで演奏していた。ネッケンマルクト村が、そうした歴史的に有名なエステルハージィ公の所領に属しているということがわかりました。

そういう歴史の厚みをもった地域での調査であったわけですが、そこで私が突き当たった問題のひとつは、村がアイゼンシュタット、あるいはヴィーンに通勤で通う、あるいは向こうに一週間のうち五日、工場労働者として住み込んで働いて、土曜と日曜、ネッケンマルクト村に帰ってきて、一日ないし二日、村の畑仕事をするというところであるのにもかかわらず、村人たちはいずれも自らはネッケンマルクト村の農民であるという意識を非常に強く持っているわけです。ですから、日常生活は工場労働者の生活をしているように見えるわけですけれども、意識形態として見ますと、彼らはネッケンマルクト村の農民であるという意識をずっと持ち続けて、譲らない。

どうしてそういうことになるのか。つまり、第一種専業農家から第二種兼業農家へと移っていきまして、最後にはサラリーマンばかりの村になるといったケースで、日本の場合、果たしてそういう村意識、農民意識が持続するであろうかということにも思いをいたしまして、少し突っ込んで調べてみたわけです。そういたしますと、この人たちの農民である資格は、「ハウスグリュンデ」Hausgründe

と呼ばれる土地を持っているかどうかにあるということがわかりました。ハウスグリュンデというのは家の土地という意味ですが、よく見ますと、それはいわゆるホーフ、エステート（屋敷地）と庭畑、それに接続する耕地をひっくるめてハウスグリュンデというわけです。このハウスグリュンデは売買しないで、その村の代々の住人が持っている。その外側に「ウルバリアール」と呼ばれる共同地がありまして、そこが森林になっていて、木材をとる所、あるいはその近くに牧草地、放牧地という所が広がっている、いわゆるアルメンデであります。ですから、景観は普通の農村なのですけれども、先ほど言いましたように、いわば空洞化ではありませんが、ほとんどの人たちが工場に働きに行っている。土・日は戻ってきて、トラクターでバーッと一週間分の仕事をするという形になっているわけです。しかも、そういったなかで彼ら農民は、ハウスグリュンデ、家つきの土地の所有者であるという意識、私は日本でいう「家意識」と言っていいと思うのですが、そういうものを持っているということがわかりました。

もっと立ち入ってみますと、ハウスグリュンデの配分の仕方等々は非常に面白いのですが、それは後に回します。そこでは、家つきの土地という形で、家屋敷と土地がくっついているわけですが、オーストリアの南、今、盛んに民族問題で新聞をにぎわしておりますオーストリアとユーゴスラビアとの国境地帯の州をケルンテン州と呼ぶのですが、ケルンテン州のブライブルクの村は、ネッケンマルクト村が集村であるとしますと、散村であります。山の斜面に点在した村であります。筑波大学の森明子さんがいま調査をされていて、その報告書も出ておりますが、それから具体的な例を少し挙げてみましょう。いま家屋敷に当たる部分を森さんにしたがって、仮にエステートと呼んでおきます。「ラオニヤック」という家と「ブルガルトニック」と呼ばれる家を取り上げてみますと、この家はいずれも一世紀ぐらい前までさかのぼれる家でありますが、そこに最初に住んだ人が次の相続者を決めるかというと、決めないで死んでいくというケースが多いのです。そうすると、その後誰がなるかということで、かなり紛争が起こる。私が見ましたネッケンマルクト村でも同じようなケースがありましたが、今、述べましたラオニヤック家の場合も、兄のヴィクターと弟のレオンがいたわけですけれども、結局、エステートを継いだのは弟のレオンであって、兄のほうは現金で相続分をもらったという形になります。ところが、レオンの娘マリアがその跡を継ぐ事態が生じました。というのは、レオンが戦死するものですから、急遽、娘が相続する。そして、娘のところに兄のヴィクター夫婦が養われるという形をとります。

ですから、このエステートの場合でも、そしてもうひとつの例でブルガルトニック家を見ますと、一遍外に出て相続しなかった子供のほうが、やがて相続した家の人が死んだときに、その後に呼び戻されて相続するとか、一遍外に出た非相続者の息子ないし娘が、やがて働き場所がなくなって家に戻ってきて、そこで一緒に働いているうちに相続者になるとか、あるいは先ほど言いましたように急に相続していた人間が死んで相続者が決まらないというときに、そういった相続資格をすでに失っていると見られた者が戻ってきて、そのなかから相続者が選ばれるということが起こっていることがわかりました。

そうしますと、ここではどうしてそういう形で相続が、いわゆる直系相続みたいな形ではなくて、具体的にエステートを誰が相続するかということがある程度フレキシブルな形で進んでいくのか、が問題となってきます。調べていきますと、エステート、つまり屋敷という一区画がその村にあるわけですけれども、その屋敷に対する人々の意識がずっと残っているわけです。自分の兄がそこに住んでいたし、自分の兄と自分が生まれ育った所であり、さらに自分たちを産んだ両親、とくに父が生まれた所であるという形で、そういう追憶の意識、自分の生まれ育った所の意識というものが非常に強く残って、それを支えているものとしての「屋敷」という観念がそこに見られる。私の調査した南西諸島の村々でも同様でして、馬淵東一先生は、それを「屋敷すじ」と名づけました。

ですから、そこの村の場合はネッケンマルクト村の場合と違って、ハウスグリュンデではなくて、庭畑をつけた屋敷、すなわちエステート、そのなかで見ますと、搾乳、乳もとるし、燃料もとるし、要するにそこは成員が自らの生活のすべてを依拠する生活単位で、そういう屋敷がそういう人たちを結びつけている集団を構成する場合の単位になっているということがわかりました。

この三、四年前から、私はドイツのボンから三十キロぐらい離れましたラインラント州のアイフェル地方の農村、ヒルベラートという村の調査を手がけてきて、今年も夏に行ってまいったわけですけれども、このヒルベラート村にまいりますと、ここもだいたい似たような街道村ですけれども、戦後、半分ぐらい、東ドイツからの亡命者が入ってきておりまして、もともとカトリックの村であったのに、東ドイツからの亡命者はほとんど、エヴァンゲリッシュ、すなわち、ルター派のプロテスタントですから、いわゆるゲミッシュトドルフ、カトリックとプロテスタントの混淆した村になっています。しかも、そういう亡命してきた人たちは村の新しい地域に住みまして、だいたいがボン、ケルン、あるいはノイスキルヘンといった街に行く通勤者です。サラリーマンが多い。農民という形ではない場合が多いわけです。ところが、このヒルベラート村では、そういったまったく違った職種に従事している人たちを入れていながら、ヒルベラート村としての統一が非常に強くある。年中行事を見ましても、二月のカーニバルから始まりまして、オースターの復活祭、さらに夏のマリアヒンメルから秋のキルメス、年中行事すべて村人全員がそれに参加するという形をとっております。そしてまた、村のカトリックの教会は、日本でいえば神社ですね、そういったカトリックの年中行事のひとつであるマリアヒンメルラート（聖体行列）が通る道――日本でいえば神道ですが、それを新しいエヴァンゲリッシュの人たちが住んでいる所にまで延ばして、その人たちの前を通るというふうに改革する。さらに、村の区長さんは、そこに七組の隣組があるわけですけれども、その隣組に入ってきた新居住者一人一人に直接当たってこの村に加入させる努力をして、全員、隣組に加入するという結果をもたらしています。

この隣組は、日本の従来の村々の隣組とまったく同じで、冠婚葬祭すべて隣組が単位でやります。お葬式の場合も結婚の場合も、みな隣組がそれをやるわけであります。その意味で、隣組の果たす役割が非常に強い。そして、そういう形で凝縮していく中心点に村の教会がある。日本で言えば、ちょうど鎮守の社、お宮さんがあるような役割をこの村のカトリック教会が果たしているわけです。つまり、村人であるためのもろもろの機能がそこにインテグレートされていく、そういった構造が見られたわけです。

オーストリアの農村調査のなかで、先ほど言いましたように家共同体の問題が意外に強く存続しているという問題に当たりまして、それがいわゆる工業化過程と必ずしも二者択一の方向ではないというケースが認識されたわけです。また、ドイツのラインラントも、同じように工業化過程が進行している地域の農村、それも専業農家は百戸のうち十数戸しかないようなところですけれども、それでも「村」としての意識、村民意識は非常に強く、まとまっている。そういった統合の中心にナッハバールシャフト（隣人共同体）、隣組と教会の問題があるということがわかりました。

そのように見ていきますと、村の教会の役割は非常に重要ですけれども、村の教会はすぐ横に教会墓地を持っております。村の人たちは共同墓地に葬られるわけで、三十年契約で各人が墓地管理組合と契約をして自分の墓地を手に入れる。三十年たってもまだ健在であった場合には、さらに契約を延ばすという形をとっております。しかし、自分は元気であって、子供が先に死ぬということがありますと、自分の契約した墓地に子供を埋めるということになるわけで、自分の墓地がなくなってくる。そこで別の墓地を探すか、その墓地を拡充するかしないといけなくなるということが起こりますし、さらにその契約が従前どおりにいかなくなる場合が生じると、自分の祖父が埋められている墓地と自分の父が埋められている墓地が同じでなくなる事態も生じます。さらに自分が埋められる墓地もまた、それらとは違ってくるということになって、数代前あるいは数代後の時点をとると、どこに誰が埋められているかわからなくなってくる。言い換えれば、日本ふうの先祖代々の墓というイメージが生まれてこないケースがむしろ多い。ということは、日本的な「家」という意識が育たない条件になるのではないかという問題にもつながっていくわけであります。

これは前述のヨーロッパの村々における「家意識」ないし「村意識」の強固な存続と一見矛盾するように見えます。この矛盾したように見える現象は、どうしたら解けるのか、これが私につきつけられた課題になりました。ところで、少し調査しておりましたら、カトリックの地域では村の教会は必ずと言っていいぐらい、横に教会の墓地を持っていることがわかりました。これはまた、私にひとつの問題を投げかけたわけです。日本の農村を歩いておりますと、日本の農村では必ず村のシンボルといいますか、統合の位置に社《やしろ》、お宮があります。これは神社の形をとっている場合もありますし、社の形をとっている場合もありますが、そういうのがあるわけです。皆さんもご存じのように、そこは広い境内をなしていまして、聖域、サンクチュアルな地域となっているわけです。皆さんもよくおわかりと思いますが、日本の村の場合は、その聖域の中には墓地がありません。私の知っている範囲に限りましても、墓地があるところはひとつもありません。近畿地方であれ中国地方であれ関東地方であれ中部地方であれ、そうです。もし、神社の横に墓地があるというケースに突き当たった場合には、だいたいその墓地はその神社の横にある村寺の墓地です。あるいは社が寺と複合された形の、つまり神仏習合ではありませんけれども、そういう痕跡を残したところであって、本来は日本の宮、氏神さまの境内には墓地がなかったと見たほうが正しいように思われます。

ということは、日本の村の統合のシンボルである氏神の場合は、聖地、サンクチュアルな地域と葬地が分離された形であったと見ないといけないわけです。ドイツ、オーストリア、あるいは広くヨーロッパと見ていいかと思いますが、日本ほど私は歩いていませんので、それほどすべてと断言できませんが、まず私が回って歩いた地域では、村の教会は必ず墓地を横に持っております。どうして日本では分離され、ヨーロッパでは結合しているのか。こうして、この違いはいったいどこからくるのかということが私の問題になってきたわけで、今でもこれは正確に、私に納得いくような形で解けたということは申し上げられませんが、今日はそれについての私の仮説を述べてみたいと思っております。

そういうふうに、ヨーロッパの農村の調査と日本の農村調査の場合と対比して突き合わせた形で私はずっと調べてきているわけですが、日本の農村についてはすでに多くの成果がありまして、私はそのなかから代表的といいますか、古典的な例をここでは挙げてみます。東北地方の二戸郡二神部落というのは、昭和六年から九年にかけて有賀喜左衛門先生が調査され、『日本農村社会の研究』という本で発表された記念すべきところでありまして、そこで初めて私たちは日本の共同体を特徴づけているとみなされる同族団の問題を見出すことができたわけであります。

有賀先生は、そういった同族団のベーシックなレベルで大家族を考えておられて、その大家族も、同居性大家族、あるいは分居性大家族というふうに分けて分析をされています。二神部落の場合は斎藤家が取り上げられて分析されています。それを見ますと、そこでは「名子」と呼ばれる存在が注目されているわけで、本家に当たる家と、さらに別家格の家、さらにその別家から出る家――有賀先生はそういう言葉は使われていませんが――孫分家があります。それと並んで、名子と呼ばれる存在がありまして、この名子は屋敷を本家から借りているということにおいて名子の身分を得ることができます。「屋敷名子」と言うわけですが、さらに名子が自分の子供を本家に召使いとして出す、そして一定期間そこで奉公したうえで、再び名子としての生活を歩むという循環構造ができている。この場合の名子と本家との関係は、同族団を構成する一種の主従関係だとみなされております。これが有賀先生の注目する非血縁のメンバーをも家の一員に組みいれる社会関係となっていくわけです。

日本の家共同体の場合、夫婦を基礎として、その周りに集まる人たち、メンバーが、そのメンバーの生活保障を目的として集まっている単位である、それを有賀先生は「家」と名づけますが、そのメンバーの生活保障を目的としてさまざまな生活の保障のための機能を複合・集積させていく、家業と生活保障の機能の集積として「家」があるのだという考えを発表されていくことになったわけです。

ですから、有賀先生のご研究は、その後も続いていろいろ発展していくわけですが、結局、ずっと突き詰めてたどっていきますと、最初の研究にたどりつくわけで、有賀先生ご自身もどこかで、自分はその後いろいろ発展はあったけれども、基本的な考えは変わっていないのだということを述べておられます。ですから、有賀先生によれば、日本の「家」はそういった夫婦を中心として集まった成員の生活保障を目的として、そこに生活の諸機能が複合されている単位ということになる。その単位は、したがって有賀先生によれば結局はひとつの生活集団とみなされることになります。

ところが、日本の「家」をそういう形で理解していいのかということをめぐりまして、その後、長年の論争があります。その代表的なケースが、喜多野清一先生の「日本の家と家族」という論文に見られる批判でありまして、喜多野先生は戦前、甲州の北都留郡棡原村の大垣外という所を丹念に調査されまして、その大垣外の高橋総本家、それに連なる一党、これをその地方では「地類」と呼ぶわけですが、その地類の一党がやはり同族団を形成しているという事実を指摘されました。

ところが、喜多野先生の見るところでは、この大垣外の同族団は、有賀先生の規定で必ずしも尽くし得ないものがある。というのは、有賀先生は同族団の基本的を支柱として、先ほど言いました主従関係、親分子分関係、あるいは親方子方関係というものを軸にとりまして、それと今挙げました家の生活保障のための諸機能の集積とを結びつけたわけであります。

この高橋総本家、およびその周りに見られる八戸の集団を見比べていきますと、確かに高橋地類の場合には同族団と呼ばれるにふさわしい内容を持っている。ところが、それ以外の集団を見ていくと、そこに含まれている非血縁の分家、あるいは奉公人分家というのは、必ずしもその家のメンバーではないといいますか、その家のメンバーのなかから派生してきたといいますか、出てきたメンバーではなくて、まったく別個の家集団のメンバーであるというケースがある。つまり、そういう人たち、BならBという集団のメンバーが、AならAという集団のAという親方に子方として入り込むという形をとっている。だから、親方子方といっても、この場合の主従関係は、本家分家のような家の系譜関係に基づいて結びつけられた社会関係ではなくて、子方が自分の親方を選択して、その親方の子方になるという関係です。この場合、なぜそれが親方子方の関係になるかといいますと、子方が親方どりをする場合の親方が、子方の仲人を兼ねるという形をとるからです。仲人親になってもらうという形において、親方としての関係をつくるということになります。

ですから、喜多野先生によりますと、同族団の家の系譜関係に基づくメンバーシップと、親方子方慣行という主従関係に基づくメンバーシップとは、有賀先生が言ったような形で相即的、つまり両方が離れがたく結びつくような形で同族団の概念が構成されるべきものではなくて、それは一応、別個のカテゴリーとみなさなければならない。したがって、同族団は同族団として固有の機能を持つカテゴリーとして改めて概念構成される必要があるということを主張されたわけです。

だから、喜多野先生の考えからいけば、日本の「家」はそういった夫婦を核とする血縁、非血縁の成員からなる生活集団ではなくて、確かにそのメンバーの生活保障を目指しはするけれども、「家」そのものは特定の親族集団、キングループに即した概念で構成されないとおかしくなるという主張を立てられたわけです。喜多野先生によれば、そういった特定の親族関係（＝直系親属）を内包した集団（＝家族）が核であって、これを核として構成されているひとつの歴史的な制度体として日本の「家」を考える。

だから、喜多野先生の場合、日本の「家」というのはそういう家族＝親族組織の、日本においてとったひとつの歴史的な形態であるということになりますし、それに対して、有賀先生の立場をとると、もっとパンクロニックな、広く生活集団としての「家」が、親方子方、主従関係と本家分家のような系譜関係をそこに兼ね備えるという形をとったのは、日本に固有な形であるとみなされなければならない。ある箇所では、それを日本の社会の民族的性格だとまで強調されたことがあります。後でそれは取り去られましたけれども、とにかくそれぐらいの意味を込めて有賀先生はつくられた。それを喜多野先生は、まさにその一点で批判を試みられたということになります。

そういうわけで、日本の家共同体についてもそういった問題点がありますし、さらに原田敏明先生が長年手がけてこられました日本の祭祀組織の研究のほうから見ていきますと、例えば上野和男氏の報告例をみますと、これは近畿・近江の湖東地域、琵琶湖の東の地域の青山部落ですが、そこは約五十戸の村ですけれども、そこを見ますと、本家分家関係というような家の系譜関係はあまり強くない。むしろ、そこでは「若者組」と呼ばれる年齢組織が非常に強く働いておりまして、東北地方で例をとれば、本家の息子は格がひとつ上ですから、仮にそういう若者組に入っても上座に座らないとおかしくなるのですけれども、若者組のなかでは上座に座るのは年齢の上の者であって、たとえ子方百姓の息子であってもその息子のほうが年齢が上ならば上座に座るということになるわけです。つまり家のプリンシプルは、若者組のプリンシプルのなかでは機能しないことになる。ですから、若者組が強いところでは同族団は弱い、同族団が非常に強いところでは若者組は弱いという因果関係が出てまいります。

そういう若者組がかなり広く分布している地方に、「宮座」と呼ばれる祭祀組織が濃厚に分布しているわけでありまして、それの中心に「氏神」がある。この「氏神」は、原田先生が日本中、とくに近畿から中国、九州という文化の古い地方をたどられたわけですが、どの村に行っても、「一村一氏神」であって、「氏神」と呼ばれるもの、あるいは「お宮さん」と呼ばれるものは村にただひとつ。二つはないということがハッキリしてきたわけです。言い換えれば、その村人の信仰の対象になっている、いわばその村を「村」として支えている共同体のシンボルはひとつであって、二つではないということがそこでまずハッキリいたします。

それからもうひとつ付け加えますと、日本の「氏神」は世界的に見ても類例がない面を持っています。どういうことかといいますと、日本の「氏神」は偶像を持たないのです。皆さんが村に行ってお宮さんをのぞいてみるとわかりますけれども、まずご神体というものはないですね。ある場合は、紙とか石とかいろいろなものがありますが、それは神がそれを手がかりにして降りてくる宿り木のようなもの、いわゆる依代であるにしても、それ自体は神ではない。そういう点では、日本の氏神信仰というのは徹底して無像性、偶像拒否の性格を持っているという点が類例がないわけであります。

それに比べますと、カトリックはまったくその逆でありまして、どこに行きましても聖人像がありますす。偶像崇拝もいいところでありまして、その辺の違いが非常に問題になってくるところです。ヨーロッパの調査と日本の調査の結果を突き合わせてきますと、そういう点が問題点として浮かび上がってきたわけです。

こういった問題は、もちろん私が初めて提起するようなものではなくて、すでに明治時代に河上肇、柳田国男といったすぐれた人たちがその問題には気づいているわけです。『日本の意識』という先ほど紹介いただきました私の小著ですでに取り上げているのですけれども、河上肇は明治四十四年に「日本独特の国家主義」という有名な論文のなかで、日本の国家主義はどこが独特であるかということを詳細に分析しています。それによると、ヨーロッパの国々は民主国で、個人を基礎にしている。日本はそれに対して国主国で、民主国ではない。国主国であって、個人ではなくて家、あるいは村、国といった集団が単位である。したがって、ヨーロッパでは個人を単位とすることによって宗教もいちじるしく人格神を崇拝するという形をとってくるが、日本は逆に、集団が単位であるがために個人ではないということにおいて、彼の言葉で言いますと、国格神が崇拝の対象になる。国格神信仰だということを言っています。人格神ではない。そして、ヨーロッパでは個人の個性を重視する人格主義、あるいはヒューマニズムが思想の主流になってくるけれども、日本はそれに対して国格神を信仰対象とするがゆえに国家主義、あるいはナショナリズムになる。この国家主義は、近代の国民国家の形成を指向するナショナリズムという意味ではなくて、もちろん明治維新以降になれば、そうした色彩も帯びてきますが、河上の場合、もっと広く肇国天皇とされた崇神天皇以後日本の社会を貫串する国家宗教《レリジョン》を核心に持った思想というほどの意味にとったほうがいいように思います。いずれにしましても、日本の宗教は、河上はステートレリジョンという言葉を使っていますけれども、基調は国家《ステート》宗教なのです。例外は浄土真宗ぐらいでしょう。マックス・ヴェーバーはそれをドイツのルッタートゥムと対比しております。

ところで、河上はそれをこういうふうに表現しております。日本独特の国家主義では、先ほど言いましたように日本は国家が基本であって、しかも日本の場合は「国はすなわち神なりということ、これ日本人一般の信仰なり。かくのごとく日本人の神は国家なり。しこうして天皇は神たる国体を代表したところのものにて、いわば抽象的なる国家神を具体的にしたるものが我が国の天皇なり」であって、国家がわれわれの神なるがゆえに、国家を代表する天皇は神の具現者（すなわち、現人神《あらひとがみ》）となるというとらえ方をするわけです。これは、河上独特の非常に鋭いとらえ方でありますけれども、このとらえ方は、実は日本の民俗学、あるいは日本で戦後、家族制度を廃止したとき、「イデオロギーとしての家族制度」という仕方でとらえた視角とまったく逆であります。

というのは、イデオロギーとしての家族制度という形で、日本の国がいわば家族の拡大であるというとらえ方をする場合には、方法的視点としては柳田国男の「家の先祖」が原点にあるわけですけれども、そこでの枠組みは最初に「家」の神（先祖）がありまして、この「家」の祖神を出発点にしまして、その「家」の集合としての「村」の神、つまり「村」の氏神は「家」の先祖神の合同神として、「村」の氏神は村人の先祖神ということになる。さらに村々が集まって国をなした場合には「国」の先祖神、これは「村」の先祖神の集合化、国民すべての祖神《おや》として抽象化された形になる。

ですから、普通、そういう考え方からいきますと、天皇がなぜ神の代表であるか、皇室がどうしてそういう立場にあるかということは、皇室をもって国民すべての家々の同祖、つまり血を同じくする家の先祖の本家とみなして、祖先を神とする信念をそこにうつして、その総家の家長である現在の天皇が神の代表者となる、そういうロジックになるわけです。それは、日本の神は「家」の先祖であるという論理を拡充しまして、総本家の先祖である天皇家、皇室が国の先祖神の代表として現人神という位置を保つことになるという考え方であって、国家が神である、したがって国家を代表する天皇が神になるという河上のロジックとは「正に逆」の展開であるといえるでしょう。

ですから、この柳田国男の考え方と河上肇の考え方の違いがいったいどこから生まれてくるのかという背景、バックグラウンドが問題になってまいります。ところが、河上はそういうロジックを立てながら、ではなぜ天皇が神であるかという説明をする段になりますと、柳田とまったく同じロジックを使うのです。これは河上が崇神天皇論を書いて祭政一致の国家形態を分析した興味深い論文のなかで述べているのですけれども、出発点としては家族団体を挙げまして、ドイツの歴史派経済学者であるカール・ビュッヒャーの説をそこで引用しているのですけれども、最初が封鎖的家族経済の段階にあって、宗教面では封鎖的家族宗教がそこで成立する。その封鎖的家族宗教というのは、祖先の霊を神とし崇拝する祖先崇拝の宗教だと言っている。

「……家族、異族相集まって氏族をなす」。この氏族の神のうちの最有力な氏族の神が、氏族全体の共同神になる。これは第二段階。第三段階は、数多くの氏族相合して遂にひとつの民族をなすに至る。その民族のなかで最有力氏族の神が民族の神となる。この段階で初めて支配氏族の神が一定地域、たとえば伊勢なら伊勢に鎮座して、神社に祭られる形式をとる。一見祭政分離のようにみえるが、実際はその逆であって、日本ではそれを実行した崇神天皇のときに祭政一致の国家形態が成立したのだというのです。

こういうふうに河上は見ているわけですから、この説明の限りでは、家族の先祖宗教からすべてが始まるわけで、「家の先祖」から分析をはじめる柳田と変わらないといってよいのではないでしょうか。そういうロジックでいくと、もし一貫させようと思えば、どうしても柳田がとったようなロジックにならないといけないのにもかかわらず、河上がそうでない別のロジックをそこで立てたということは、河上の論理の持っている矛盾でありまして、河上自身、それに十分気づいていなかったのではないかと思うわけです。しかし、にもかかわらず河上の提起した問題には非常に深い問題が含まれていたと私は思っておりまして、私の『日本の意識』(岩波書店、一九八二)はむしろその線を少しばかり掘り下げてみようと思った試みでした。

ところが、そういう日本の「家」を単位とした、あるいは細胞形態としたような日本の共同体の展開が、先ほど言いましたように、一村一氏神という問題を内包し、さらに聖地に墓地を持たない、そういった性格の共同体をつくっていったのはいったいなぜであるのか。民俗学のほうでもよく言われていますけれども、家の屋敷地の中に家墓を持ち、また屋敷神を持つというケースがロジックとしてみても、むしろ現実に近いのではないか。柳田に言わせれば、日本人の固有信仰では、人間は死んでからしばらく死後の霊魂は遠くにいかない。人間の先祖伝来の住んでいる場所からそれほど離れていない所から子孫を眺めるという形をとっていて、特定の方式さえとれば先祖の霊はいつでも子孫のところに戻ってくる。そういう形式が、歳神祭りであり、お盆の祭りだと述べておられるわけです。

そのように見た場合に、家の近くに墓を持つのは自然の事態であるということになるのですが、事実、日本の村々にはそういう現象もあり、それをもとにして柳田説を実証するという方向も研究史のなかにありますけれども、しかし先ほど言いましたように、その立場を取れば取るほど、それと氏神の境内に墓地がないということとはかけ離れて見える現象となるでしょう。近畿地方の奈良・桜井の地域から伊賀の名張のほうにかけての古い街道の村々を歩いてみますと、だいたい古い村は、村墓地は共同墓地でありまして、その共同墓地には家墓がない。ときに五輪の塔はあっても、個人の家の石塔がありません。実はそういう所が古い村なんですね。墓地に家の石塔ができるというのは新しい現象で、せいぜい近世初頭ぐらいまでしかさかのぼれないということは歴史家がすでに言っているところですけれども、個人墓のほうは新しい傾向です。そういうわけですから、各家に家墓があるというのは新しい現象で、決して古い現象ではないとみなさないとおかしい。そのような意味で、柳田、河上のように日本の社会、日本の宗教を分析しようとする場合に、「家」と「家の先祖信仰」から話を進めるのはどうもおかしいのではないだろうか、これが問題になってくるところです。

従来の研究、農村社会学あるいは民俗学の研究でいきますと、柳田国男の影響が非常に強いですから、私もまたそうであったのですけれども、やはり「家」から出発するというのがどうしても癖になるのですが、どうもそれでは日本の共同体の問題が解けないのではないか。それを一番鋭く指摘したのが実は河上肇であったのではないかと思うようになりました。それならば、ではどのように見ていけばいいのか。

それで、ここで少し大風呂敷を広げさせていただくことになるのですが、ヨーロッパの近代の問題、そのバックグラウンドにはヨーロッパにおける中世以降の農村社会の解体と再編の過程を持ったヨーロッパ近代を対象にしたマックス・ヴェーバーの有名な研究があります。彼の研究は、それ自体を対象としても大変でありまして、私もそれについて何か見通しを立てるほどの自信はまったくないのですが、ただ、ここ数年、いろいろな研究が出てまいりまして、とくに最近政治学者であるヘニスが『マックス・ヴェーバース・フラーゲシュテルング』という非常に面白い本を出しました。そのなかで彼も強調しているように、最初にそれを指摘したのはテンブルックですが、一九〇四年から五年にかけての『プロテスタンティズムの倫理と資本主義の精神』の問題提起の時期のヴェーバーと、一九二〇年の『世界宗教の経済倫理』を中心にして、全四巻からなる『宗教社会学論集』を出そうとした段階のヴェーバーとは、単純に結びつかない。つまり一九〇四年、五年段階の問題意識の延長線上に一九二〇年のヴェーバーがあるというわけにはいかないという点の、かなり注目すべき研究論文を出しております。

これにつきましてはもちろん、シュルフターその他ヴェーバー研究者からの反論もあるのですが、テンブルックやヘニスの指摘は、ヴェーバー研究のなかで看過してきたある一面を突いていることは確かでありまして、ヴェーバー自身も『宗教社会学論集』第一巻を編集する段階になりまして、『プロテスタンティズムの倫理……』の論文と、プロテスタント諸教派《ゼクテン》、「信団」と大塚先生は訳されていますが、ゼクテ論文は、『世界宗教の経済倫理』の諸論文の前——そのなかにではなくて——に置いております。ですから、この二つは特別扱いなんですね。その後に『世界宗教の経済倫理』に関する諸論文の「序論」がくるという、非常に特異な構成をとっているわけです。

ここが非常にむずかしい点ですけれども、ヘニスのように延長線上にないと言い切ってしまうならば、この二つの論文は収録する必要はなかったわけでありまして、にもかかわらずなぜヴェーバーはそれを捨てないで収録をしたのか。しかし、延長線上にあるということであれば、ただたんに収録するという形でなくて、それはその論文集の本論のどこかに位置づけられて、序論はそれの前にこないとおかしいわけですけれども、そういう構成はとっていないということは、単なる延長線上にはない。だから一九〇四年、五年段階の問題意識と自分の現在の問題意識はそのまま無媒介に結びつくものではない、ということをヴェーバー自身が意識していたと考えたほうが実情に合うように思います。

では、どこが違っているのか。ヴェーバーは『プロテスタンティズムの倫理……』の論文の大改訂を一九一九年から始めるわけですけれども、これは安藤英治さんが丹念に検討されている業績が示しておりますように、「注」は量的にみて三分の一近く補充されているばかりでなく、本文も微細にわたって方々が訂正されております。ところで、その論文最後の「注」に私は注目したいのですが、そこでは、自分がなぜこの論文の末尾に挙げたようなプランでその後の研究を続けなかったかが、述べられています。というのは、一九〇五年の論文の最後のところにはこれから進めていく自分の研究プランが書かれていたのですけれども、それによると、彼は禁欲的合理主義と人文主義的合理主義という西洋近代の合理主義を構成する両方の系譜をたどる、『倫理』論文と同じゲネーティッシュな方法的視点からするプランが書かれております。

ところが、そういう方向で彼の研究が進まなかったのは、ひとつには、トレルチの有名な『キリスト教会および諸集団の社会理論』という大著が一九一二年に刊行されたこともあって、それと重複を避けるためだと言っています。これも確かにひとつの理由になるかと思います。

柳父圀近さんの研究を措くとすると、どうもトレルチへの関心が日本のヴェーバー研究のなかでは十分行き届いていないように思えるだけに、ヴェーバー自身のこの指摘は大きな意味を持っていると思うのですが、ただ、ここでの文脈《コンテクスト》からすると、それと並んでヴェーバーが、自分はここに書いた『プロテスタンティズムの倫理……』の論文を、それだけを切り離した形でおいておかないで、これを人類の文化史的発展の総体のなかに位置づける、そういう方向で作業を進めようと思い立ったからだと言っている点に、とくに注目したく思うのです。彼はそれを「宗教と社会の普遍史的関連のなかで位置づける」という独特な言い方をしております。

普遍史的関連、ウニヴェルザールゲシヒトリッヒェ・ベツィーウンゲン、この普遍史という言葉は一般史《アルゲマイネ・ゲシヒテ》、いわゆるジェネラル・ヒストリーではないわけですから、どういう意味を持っているかが実は大問題で、現在多くのヴェーバー研究者によってさまざまに検討されているわけですけれども、ともかくそういう普遍史的な関連、そういう視座から、宗教と社会の構造的関連を、世界宗教である儒教と道教、ヒンズー教と仏教、イスラム教、古代ユダヤ教、キリスト教等々について分析するという道を選んだわけであります。

私は、ヴェーバーが宗教と社会の普遍史関連の視座からこれらの諸世界宗教を取り上げたのは、のちにもちょっと書きましたように、キリスト教を核としたヨーロッパ的合理化の道筋を解明する、そういう意図が鮮明にあったからであろうと思うわけでありますが、われわれにとってはヴェーバーがその視座からもうひとつの軸として立てたアジア的合理化というラインを解明する必要がある。

もう時間がありませんので、その辺から話を急ぐことになりますけれども、ヨーロッパ的合理化の線でその起点として彼が置くのが、古代ユダヤ教のなかの預言者たち、とくに使命預言の出現の問題でありまして、この古代イスラエルの民族宗教である古代ユダヤ教を、当時のオリエントで一般的にみられた大地の豊穣を祈る地母神信仰（イスラエルの場合はバール神）から天上神ヤハウェへと方向づけるうえで推進的な役割を果たした使命預言者の出現に彼は注目するのです。と同時に、古代イスラエルのさまざまなこうした預言者の働きと並んで、第二に彼が注目するのが原始キリスト教の教団形成に力のあったパウロの異邦人伝道でありまして、ヴェーバーによりますと、十二使徒の人たちと別れて、パウロが開拓した異邦人伝道が実は古代ユダヤ教の民族宗教としての限界を突破する、ヴェーバーの言葉で言いますと、それまでの古代世界に一般的な現象であったナッハバールシャフト（隣人共同体）の持っている二重道徳、自分たちの身内のものと外部のものとを区別する、これはヴェーバーによりますと原生的な、つまり古今東西を問わず村落共同体すべてに見られる構造であるけれども、この二重構造の厚い壁をくり抜くような役割を果たした。その意味で、第二の普遍史的な意義を持つ現象だと言っているわけであります。

第三番目に彼が挙げるのが宗教改革であって、これが『プロテスタンティズムの倫理……』の禁欲的エートスが持つ普遍史的意義になることは改めて言うまでもありません。いわゆるヴェーバー・テーゼとして、今日では広く知られているところであります。

そういった方向でヴェーバーはヨーロッパ的合理化のプロセスを考えて、宗教と社会の普遍史的関連を追求していったと考えることができるわけでありますが、ヴェーバーはそれと同時に、ヨーロッパ的合理化の方向は、実は古代末期に古代イスラエルの果たした役割と、そして原始キリスト教が形成されてくるプロセス、いわば西暦紀元前後の歴史のるつぼというものを捨象するならばといいますか、もしそれがなかったものとみなすならば、歴史はどのように歩んだであろうかという客観的可能性の問題を提起しているわけでありまして、その場合には、ヨーロッパの場合の合理化も、アジア的な合理化と彼が呼んでいる方向とそれほど異ならなかったのではなかろうかということを言っているわけです。ということは、逆に言えばそれほど大きな意義をイエス、パウロに与えているということにもなるわけでありますが、その意味ではアジア的合理化の方向がグローバルにみるならば、歴史全体としてはむしろ一般的な方向ではなかろうかとヴェーバーは見ていた。そして、すぐれて特殊的な、あるいは独自な合理化の道をたどることになったのがむしろ西ヨーロッパの場合ではなかったろうかとみなしていたように思われます。そこにヴェーバーの構想した「普遍史」概念の意義があるのではなかろうか。そう、私は思うのです。

アジア的合理化の方向として彼が考えているのが、ひとつが中国的合理化の方向であり、他のひとつがインド的合理化の方向であって、このインド的合理化と中国的合理化というのはそれぞれ独自な道をたどっている。それの詳しい内容は、翻訳もあり、その大筋についてはもはや周知のところでありますし、ここでは立ち入って触れないことにしますが、要するにインド的合理化の方向にせよ、中国的合理化の方向にせよ、その宗教意識の核心にはグノーシスの問題がある。つまり、知識というものがひとつの霊知、人生の意味を解読する能力を持っている。言葉にはそういう言霊の能力があるというところに特色がある。私たちのあいだでもよくきかれるところですが、「文は人なり」、書はよくその人の人格を示しているといった思想にも、その痕跡が認められるといえるのではないでしょうか。近代的な経験科学でいうサイエンスとしての知識とはまったく違った性格のものであるということをヴェーバーは強調しているわけで、そういう知のグノーシスの担い手がいったい誰であったのか、どういう社会層であったのかということが、ヴェーバーのもうひとつの大きなテーマになっていくことは言うまでもありません。ヴェーバーが「宗教と社会の普遍史的関連」のなかでインド的合理化と中国的合理化をそういう視点からさまざまに分析していることは、彼の本を読んでいただくとよくわかるところであります。

私がここで触れておきたいのは、そういったアジア的な合理化のなかで、それならば日本的合理化と呼ばれるラインは設定できないのであろうかという問題であります。ヴェーバーは「アジア的宗教意識の一般的性格」と呼ばれる非常に面白い、『ヒンズー教と仏教』の最後のところに載っております論説のなかでも日本にしばしば言及しているわけですが、しかし日本についてはヴェーバーは何ひとつ確定的なことは述べていないわけです。その頃の日本はすでに日露戦争を経ている日本でありまして、ヴェーバー自身も日本に非常に関心を持っていた。第一次大戦で日本が山東半島に出兵したとき、ドイツ人の居留民が保護される、そういうときの扱い方をヴェーバーは非常に注目して見ていたということを、私はかつて安藤英治さんと亀井貫一郎さんのところにうかがったとき、亀井さんから直接聞きました。亀井貫一郎さんは第一次大戦がおわって講和条約締結に関する会議がパリで開かれたとき、随員で参加していたのですね。そのときドイツ側からヴェーバーが代表団の一人で来ていて、山東半島のドイツ人居留民を日本側が手厚く保護したことを大変感謝したとのことです。このエピソードからもヴェーバーの日本に対する関心というのは非常に根強いものがあったことがうかがえます。

　彼が日本にいだいていた関心の深さについては、たとえば晩年に書かれたという『経済と社会』第一部の『支配の諸類型』のなかや、いわゆる『支配の社会学』とよばれている草稿のなかなどで、日本の封建制というものがアジアのその他の封建制と非常に違っていて、むしろヨーロッパの自由な封建制に近い性格を持っているということが強調されていたり、また日本の近代の経営者の出自は、士族の出が多くて、そこにはいわゆる武士道の問題があることにも注目している。

　そこから先が非常に面白いのですけれども、ヴェーバーは、日本の経営倫理は西洋的意味における個人主義的な性格を有していると見ている。そういうものが日本の中産者層から生まれてきている点がアジアのほかの国と違う。では、どうしてそういった性格のエートスが日本では生まれ得たのか。ヴェーバーの見るところでは、この個人主義は、日本に独自な武士階級とよばれる職業的戦士階層の形成と密接に関連している。彼らは一面では西洋中世の騎士階層に似て特定の武士道とよばれる倫理と教養を生み出し、他面西洋古代の市民的戦士層のような現世内的性格の生活様式を作り出した。この西洋の古代と中世の戦士層をミックスしたような実践的生活態度から独特の封建的な名誉と忠誠の観念を核心に持っている個人主義的なエートスが形成されることになったということを指摘しているのです。ただ、このエートスは自力で資本主義の精神を生み出すことはできなかったが、しかし、移植されたヨーロッパ的資本主義の経営と結びつく受け皿になる可能性があったというところまでしか述べておりません。

　日本についてどういう文献をヴェーバーが読んでいたか、これはひとつの問題でありまして、私たちは安部隆一先生が以前かなり丹念に調べられたことを知っておりますけれども、日本の宗教については鈴木大拙のものを非常に丹念に読んでいることは確かであります。そのほか彼の日本観を形成するうえで有力な影響を与えたものとしてK・フローレンツとK・ラートゲンの名前を挙げることができるでしょう。とくに日本の封建制については、東大の雇用外人教師だったカール・ラートゲンの日本の封建制についての大著が多く引用されていることが知られておりますし、確証できませんけれども、当時、日本の経済史についてはルヨ・ブレンターノの指導を得て福田徳三の『日本経済史』がすでに出ておりましたし、さらに、その前にはハレ大学の博士論文であった新渡戸稲造の『日本の土地制度史』もあるわけで、おそらくヴェーバーとしては日本社会についてかなりの知識をフォローできたのではなかろうかと推測することは可能なわけであります。

ただ、晩年の『経済史講義』に見られるような共同体論に関する普遍史的視座に照らすとき、日本の共同体を統合する宗教意識をヴェーバーがどの程度までフォローできたか、これは依然として十分まだ確かめられたものではない。私の理解し得たかぎりで言えば、ヴェーバーが日本の宗教意識に言及したところのものは、今日の研究水準から見て必ずしも納得できるとは言えないように思えるのです。たとえば、致し方のないところですが、村レベルでの氏神信仰やマレビト信仰などの民俗文化への言及がみられないことなどは、日本人の共同体レベルでの宗教意識を論じる場合には決定的なマイナスになるでしょう。そこでは彼は先祖信仰やアニミスティックな民間信仰を指摘するにとどまっています。非常に鋭い断片的な指摘、日本人の清浄感がヨーロッパ的意味での宗教倫理を代位補充することになったとか、真宗教団とルーテル教会との対比などなどはありますけれども、それがさらにシステマティックなところまで整合化されているわけではないということで、日本的合理化の問題についてはまだ問題がヴェーバーの場合においても残されていたと見たほうがいいように思われます。

そこから先はヴェーバーを少し離れまして私の独断と偏見になるわけでありますが、ヴェーバーの宗教と社会の普遍史的な関連という視座に立って見ていく場合に、「日本の共同体と宗教意識」という、日本的合理化における宗教と社会の史的関連のどういうところが普遍史的テーマとして浮かび上がってくるか。それがここでの問題となってまいります。私はその点から見ていきますと、ヴェーバーは古代イスラエルの使命預言者の問題、原始キリスト教とパウロの異邦人伝道の問題、宗教改革と職業＝天職観の問題という三つの段階をヨーロッパ的合理化の前進的諸画期として挙げておりました。そして、シュルフターは『西洋合理主義の起源』で、原始キリスト教と宗教改革との間に、グレゴリウスの教会制度改革を追加して四つの画期を設定しております。ヨーロッパ的合理化という方向でみるならば、シュルフターの指摘は当を得ているとは思いますが、私はどうしても原始キリスト教とパウロ、宗教改革の間にもうひとつの時期を画期として措定する必要がある。少なくとも日本的合理化の問題とのかかわり、つまりヨーロッパ的合理化、アジア的合理化との普遍史的関連を取り上げていく限り、それがどうしても避けて通れないのではないかと思うようになりました。それは、西暦四世紀のアンブロシウスからアウグスティヌスに至るキリスト教とローマ教との闘争であります。

これも、もう時間がございませんので指摘するだけになりますが、ローマ教というのはまさに河上肇が「日本独特の国家主義」のなかで指摘しました国家教でありまして、その最も中心的な担い手はローマ元老院の貴族層であったわけです。もちろん古代地中海文化圏ではだいたいどこでも国家と宗教とは結びついておりましたが、キリスト教の布教とともに、その国家教としての特質が最も鋭角的な姿をとって現われたのが、この時期のローマ教であったといえましょう。それに対して真っ向から戦いを挑んだといいますか、抵抗したのが当時のミラノ司教アンブロシウスであったわけで、このアンブロシウスをバックアップしたのがグラティアーヌス帝でした。このアンブロシウスとグラティアーヌス帝に対して元老院貴族のバックアップのもとに、さらにグラティアーヌス帝と対立の関係もあったヴァレンティーニアーヌス二世の母のユスティーナ（アリウス派）の援助といいますか、助力を得て、元老院議員で指導的地位にあった有力者、かつパガニズム（異教主義）再興運動の熱狂的な推進者でもあったシンマックスの挑戦がそこに持ち上がってくるわけです。そのころ例の有名な、問題になる西暦四世紀の末といいますか、三八六年のミラノ事件、あるいはその前の八四年のヴィクトリア論争というのがありまして、そこでいわばローマ教のシンボル、つまり大神官（ポンティフェクス・マークシムス）称号を意味するヴィクトリア祭壇、それが元老院会議室に安置されてあったのですけれども、それがグラティアーヌス帝の一連の異教弾圧政策の一環として会議室から排除されてしまったということをめぐる戦いがありました。

最後は、シンマックス派が負けるわけでありますけれども、この過程のなかでシンマックスとアンブロシウスの戦い、さらにそれを受け継いだアンブロシウスの側のアウグスティヌスとシンマックスの側のアミアーヌスとの対立、そういった西暦四世紀の時点におけるローマ国家教に対するキリスト教、それもヴァレンティーニアーヌス帝以降いまや正統の国家教にと経上がったローマ・カトリックとの戦い。まったく性格を異にする二つの国家教の二者択一的な闘争。そこでアウグスティヌスがローマ国家教の厚い壁を破って中世ヨーロッパ文化世界への道を開いた、その転轍手としての位置は非常に大きかったと思うわけです。

ここで、国家教という古代世界では一般的な原理が、同じく国家教としての性格を帯びるに至ったとはいえ、国家を世俗的な権力国家として相対化してしまった中世カトリックのヨーロッパでは原理的に退けられざるを得なかった。つまり、宗教のレベルでは国家とのつながりを原理的に断ち切ったカトリックは村レベルまでおりていく過程のなかで共同体を統合するシンボルとしての教会になったとき、そこにはそういった国家教が入り込む余地は、もはやなかった。しかし、逆に言えば、人間的生のすべてを掌握しようとする強い凝集力が、村レベルで作用しますと、カトリック教会が人間の生と死を象徴する聖地と葬地を結びつける力として働いたことにもなるのではないかと思うわけです。そこらあたりのプロセスの分析は歴史的に、また具体的に見ていきますといろいろ問題があるわけで、まだ私自身も十分まとまった意見がある段階ではないのです。

ただ、アンブロシウス＝アウグスティヌスという比較分析のレベルを設定しますと、日本の場合、そういった位置に置かれるのは誰であろうか。非常に乱暴な意見をこれから述べますが、私見では日本の歴史で言えば、推古朝のときの厩戸皇子であった聖徳太子が蘇我氏と結んで物部氏を倒すという形での神道に対する仏教の勝利ですね。つまり、仏教がひとつの国家宗教に経上がりそれまでの神道の位置を簒奪するといいますか、世界宗教としての仏教がそこで日本的仏教として自己を確立するといいますか、そのトピックがちょうどアウグスティヌスとシンマックスの戦いと対応する位置を占めるのではなかろうか、というのが私の考えであります。

このプロセスは、もちろん日本人である私たちには周知のところでありまして、聖徳太子はその後、思想史のうえではいわば引退をさせられて、その後に中大兄皇子と中臣鎌足が出てまいります。中臣家というのは代々神道の分野に関わっており、その意味ではむしろ物部と結びついていたわけですが、ここでもう一度、中臣家の神道的な勢力と結びついて、仏教というものに対する巻き返しが起こります。この仏教と神道との角逐のなかで律令国家体制が生まれてくるわけですが、このときには儒教的な、神道的な色彩が一方にありながら、仏教との一定の妥協が成り立ってきている。それは、四天王思想のなかにも見られるわけですが、そういう形をとってきますと、どういうことになるか。一番いい例が、中臣氏が藤原氏になるわけですけれども、これは藤原氏を名乗ることによって中臣一家と区別することになる。つまり、中臣氏は従来どおり神道をつかさどっていいわけだけれども、藤原氏となった場合においては、それから自由になれる、政治的に自由な立場を確保することができるという意味で、平安朝の摂政関白制度への展望が開かれてくることにもなったのです。

ですから、あの段階で、日本の場合は神道と仏教と儒教の三つの宗教の間で一種の役割分担の構造が確立したと見たほうがいいのではなかろうか。その後に、いわゆる神仏習合思想、本地垂迹説等々が出てくるのも、こうした社会構造が背景にあったからではないかと思うわけです。

ここで、儒教は知識人層レベルにとどまりましたから、一応カッコにくくっておくことにしますと、さきほどのヨーロッパ的合理化との対比を共同体のレベルで考えてみた場合、もちろん結果論としてですが、仏教と神道の間の役割分担が生まれ、村でいえば聖地と葬地の分離ということにもなるわけでありまして、この枠組みが日本の共同体の根幹を形づくっていくことになる。そういった日本の村に独自なひとつの構造が確立されてくるのではなかろうか。これは非常に乱暴な議論でありまして、聞いていただく場合も、それなりの留保をつけて聞いていただいたほうがいいわけでありますが、ただ、私が最初に提起しました問題を解明しようとしますと、どうもそこまでたどっていく必要があるのではなかろうかというふうに思い始めたのが最近の私の考えであります。では、このユーラシア大陸の両端に位置する地域で古代世界から脱出する合理化の動きが生じたとき、どうしてこのような差異が生まれてきたのだろうか。私にはまだこれといったはっきりとまとまった意見はできておりませんが、おそらく究極的には世界宗教である仏教とキリスト教とのエートスの相違、さらに受け皿になったヨーロッパと日本の共同体に根ざす民族宗教である神道とローマ教との相違に起因しているのではなかろうか、ということは想像するに難くないところではないでしょうか。たとえば、ローマ教では国家教といっても、ローマ皇帝崇拝は最後まで国家そのものとは同一化されず区別されていたことなども、日本の天皇崇拝と比べるとき、重要であるように思われます。

そういうふうに見ていきますと、日本の場合はアウグスティヌスの場合と聖徳太子の場合で非常に対照的な形で宗教的合理化が営まれていった、合理化のレールが敷かれていったということがわかるのでありまして、その到達点といいますか、帰結点が今日われわれが直面している問題になってくる。

最初に縷々述べましたような日本の「家」の現象、あるいはそれと密接に結びついて形成されてくる中世以降の「宮座」等々のいろいろな日本に独自な現象が日本の共同体のなかに含まれているのを、以上述べました宗教と社会の普遍史的関連の視座からもう一回見直してみるとどのようにそれを説明することができるのか。これが最後の問題で、私はそれをいま宗教的世界像のカズイスティークという形で考えてみているのですけれども、それがお手元に差し上げたひとつの単純な図表であります。この図表に画かれたカズイスティークの特徴は、それが日本の共同体を下敷きにして各メルクマールとなるカテゴリーが抽出されていることです。この図は、共同体レベルにおける宗教と社会の普遍史的関連を分析するのに役立てたいと考えている私のカズイスティークのまったく初歩的段階にあるものにすぎないのですが、ともかくその図式をもとにたぐっていって、日本の共同体とヨーロッパの共同体、ヨーロッパの共同体といいましてもアルプス以北とアルプス以南、地中海周辺の共同体と分けていく、つまりギリシャ・ローマの共同体、あるいはスペイン・ポルトガルの共同体といったものを見ていく場合にも、比較の尺度として少しく索出的な意味で使えるようにしてみたいという意図でつくってみたものです。ちょっと簡単に説明してみますと、まずその三角形の頂点になるところに「高神的・象徴的世界観」と書いてありますのは、日本の氏神信仰も含めてキリスト教、イスラム教、ユダヤ教などの宗教が類別されているのでありまして、日本の氏神をホッホ・ゴットハイトと見たほうがいいだろうという原田敏明先生のご研究にもとづいて、そこに挙げてあります。これは私の学んだヴィーン大学のW・コッパーズ教授の「高神の造型的表現」という示唆に富んだ研究にヒントを得たものです。

それから、「呪術的・宇宙的世界観」というのは、これは私の先生であるヴィーン大学のハイネ-ゲルデルン教授が提唱されたもので、古代エジプト・メソポタミア地方、それからインド、中国にわたって見られる、つまり天空の星辰の配置図とわれわれの住んでいる社会の配置図とがピッタリと照応するようにつくられている、たとえば宇宙の中心が「村」や「ポリス」・「都市」の中心であるようにつくられている、そういうつながりを持ったコスモロジー、がそこで考えられているわけです。

それから、「系譜的・歴史的世界観」というのは巨石文化、メガリートクルトゥーアに見られるような、祖先代々の系統をもとに人間的生の総体を把握しようとする世界観でありまして、それは西暦紀元前二五〇〇年の頃から、古代オリエント文化圏の周辺地域に発して洋の東西を広汎に席巻した宗教運動であったのではなかろうかというふうにハイネ-ゲルデルンは見ております。したがって、これは、「呪術的・宇宙的世界観」が浸透した地域の周辺で生じた一種の宗教改革運動ではなかったろうか。それはアフリカからオセアニアにかけて広がっていき、中国にも入り込んでおりますし、日本にもかなり浸透しているとハイネは見ているようです。だから、日本の古墳時代等の文化に見られる、このあいだ話題になったサキタマ古墳に出てくるような、大君から七代目の云々という系譜を強調するような、あるいは旧約聖書に出てくるヨゼフの末といったことを云々するような、そういう「系譜的・歴史的世界観」が「魔術的・宇宙的世界観」と対照的な位置を占めている。つまり「魔術的・宇宙的世界観」が空間的な世界観とすれば、これは時間的な世界観と呼ばれてよいものであって、日本の場合もそれを視野に入れる必要がある。だから、「村」の共同体も、そういう宇宙論的な空間的な構造と系譜論的な時間的な構造と両方を組み合わせて、さらにそれにこの二つだけではなくて、もともと私は二元論というのはあまり好きでなくて、できるだけ多元論的に考えたいという意味からも、もうひとつ、高神論的な象徴的な世界観というものを加えて、この三つで組み立ててみた次第です。それを元にしてヴェーバーの提起した宗教と社会の普遍史的関連という問題を、あくまでも日本の共同体を中心にすえて、少しこれから見ていこうかと思っているわけで、その意味で、参考になるかどうかわかりませんが、参考のひとつとして付け加えてお渡しした次第でございます。

どうも論点のまとまらない、多岐にわたりすぎた話だというお叱りを受けるかもしれませんが、日本の共同体、家も含めまして、村もそうですが、私たちが住んでおります日本の国を構成している歴史的な単位がどれだけの広がりと深みを持ち、複雑性を持っているか、一見、単純に見えるものが実はそうではないのではないかといったことについて少しでもお考えいただける一助になれば、というのが私の今回の講演の意図でございます。

図 I-a　民俗文化　Folk-Culture のパラダイム

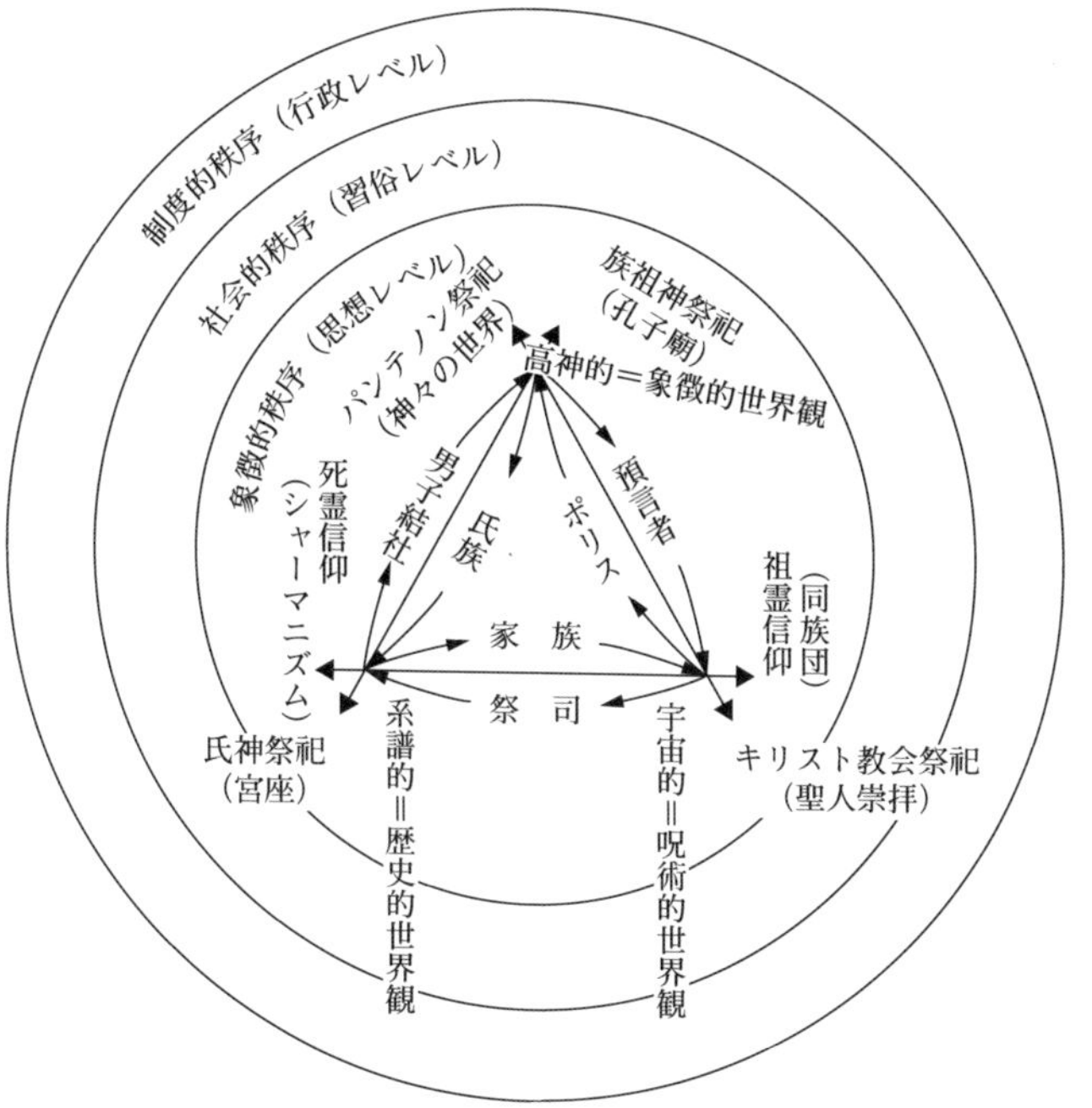

〔注〕 ①〈秩序〉Ordnung とは、行為がある原理にもとづいてなされる場合の社会関係をいう。

②矢印の方向に、上位にあるカテゴリーか矢印のなかのカテゴリーに媒介されて下位のカテゴリーと接触・混合して矢印末端のカテゴリー（文化）を形成する。

③矢印末端に示されている文化のカテゴリーは、図解のために便宜上記してみた例にすぎない。

④図の説明は余白の関係でいっさい省略した。

II　ヨーロッパの共同体

一　ドイツ・ラインランデ、ヒルベラート村の民俗社会

1　ラインランデの農村調査

ヨーロッパの農村を一度調査してみたいと思ったのは、もうだいぶ以前からのことであった。その発端は私のヴィーン留学時代にまで遡るから、もうかれこれ二五、六年も前になろうか。ヴィーン大学における恩師のスラヴィク先生は日本研究者であったが、また、ドイツ・オーストリアの民俗学にもくわしく、私たち学生はよくヴィーン郊外の古い村々に野外調査《フェルト・フォルシュンク》と称して連れて行かれたものだった。そこで見聞きしたことがらが意外に日本の農村と相通じるものが多かったのが、当時ひどく印象的であった。たとえば村境には道祖神のようなマリア像をかたどった道路標識が立っていたり、橋のたもとには水神にあたるヨハネス・ネポモックという聖人像がおかれていたりする。ヨーロッパは確かにキリスト教国であるが、民俗文化レヴェルでみると、仏教国日本の場合と同じく、その様相がまた著しく異なって映じてくるのである。その後私はヴィーン大学時代からの学友で、今日まで日本本土や奄美・沖縄の調査を一緒にしてきた現在ボン大学の日本学教授クライナー君と討論を重ねる過程で、どうしても一度ヨーロッパの農村との民俗文化レヴェルでの比較研究が必要だという結論に達したのであった。たまたまこのたび日本学術振興会から研究費が出て「国際共同研究」の機会が与

えられたので、クライナー君と二人でラインランデの農村調査を企画した次第である。

一九八四年九月一九日私はボンに着いて、さっそくボン大学日本研究所にクライナー君を訪ね、調査の打合せをおこなった。とにかくこのような調査は二人ともはじめての経験であるから、どの村が私たちの調査にふさわしいか、まったく見当もつかないわけである。これが日本なら多くの研究があるから、だいたいの見当がつくのであるが、こちらではそうはいかない。まずラインランデの農村に関する知識を得るべく、一〇月一八日、二人でラインランデ地方《じかた》史研究所 Institut für geschichtliche Landeskunde der Rheinlande にヘルボルン教授 Prof. Dr. Herborn を訪ねることにした。この研究所はボン大学の日本研究所からは歩いて五分くらいで、大変便利なところにある。ヘルボルン教授はクライナー君とほぼ同じくらいの四〇代半ばという働きざかりの、なかなか精力的な感じのする人物で、私たちの質問に親切に応えてくれ、たくさんの資料を持ってきて説明してくれた。私たちはボン大学の学生を使って聞き取り調査も計画しており、それにはバスか電車で行けるところが望ましいので、シュネー・アイフェルのような僻村は、たとえ調査には適していても、今回は断念しなければならないこともあり、結局ラインランデの工業化過程で比較的早くからひらけた農村地帯のなかでは割りと古俗が残っているかに見えるフォア・アイフェル地域に調査の範囲をしぼることにした。とはいえ、丁度それは調査対象を関東地方のなかで一応三多摩地方にしたというぐらいのしぼり方であるから、むしろ問題はそこからはじまるというべきであろう。ヘルボルン教授は、私たちの調査意図にもとづいていろいろ相談にのってくれたうえで、ボンから車で三〇～四〇分くらいのところにあるホーヴェラート Houverath はバスも利用できるからどうだろうかと言ってくれた。ここはフォア・アイフェルではまだ農民的《ボイエルリッヒ》な農村という雰囲気が残っている地域だという。私たちは教授の御好意に感謝して、まずこの研究所にある資料のなかからこの村の状況を知ることにした。

研究所の地階には各郡の統計資料、それから郷土史的な資料が地域別、年代別に整理されており、ホーヴェラート村はアイフェル地方に分類されていた。資料はさらに年代別に分かれており、私たちは現在の状況を知ればいいので、それほど古くまで遡る必要はなく、一応一八六〇年以降について見てみることにした。この地域はケルン大司教管区に属しており、ホーヴェラート村は、さらにいくつかの小字に分かれている。ここはカトリックが主であるから、カトリック教徒数をおさえると、だいたい村の人口が分かるわけである。折角の機会なので、ホーヴェラート以外にも調査に適していると思われる村をいくつかピックアップしてみることにした。一八六〇年のケルン大司教区名簿 Handbuch der Erzdiözese Köln でみると、つぎのごとくであった。なお、ついでに一九〇一年（第二帝制）、一九三三年（ナチス制覇直前）、一九五四年（戦後高揚期）、一九六六年（安定期）の各時期をとって人口動態の変化を見てみることにしたので、行論上の便宜から一括して一覧表にして左に掲げておく。

以上の表でみると、ホーヴェラート村はだいたいこの一〇〇年間をつうじてそれほど大きな変化はなく、強いて言えばナチス期以降、とくに戦後になって若干人口のうえで増加傾向がみられるが、全体としてはラインランデの工業化が激しく進展するなかで比較的停滞した状態にあった地域だ、と見当づけられそうである。それに比べると、他の村々は比較的人口の増減に変化があり、とくに戦後になると東部からプロテスタントが流入してきて、カトリックの村にもプロテスタントが定着することになる。人口の変化に応じて、教区も変わり、ロッホのごとく、新しくできた教区に編入される村もできてくる。ホーヴェラート村は、その点で比較的変化を受けていない地方に属していると言えよ

	1860	1901	1933	1954	1966
(1)ホーヴェラート (Houverath)	149 (カトリック)	146	178	276	298
リンバッハ (Limbach)	86	56	77	62	61
ヴァルト (Wald)	175	180	190	251	265
ショイレン (Scheuren)	122	113	129	137	162
マウルバッハ (Maulbach)	56	75	96	101	115
アイヘン (Eichen)	67	48	60	50	50
ランゼラート (Lanzerath)	70	83	112	100	97
(2)フランメルスハイム (Flamersheim)	710	724	873	1246(旧教徒) +71(新教徒)	1299
シュヴァインハイム (Schweinheim)	250	248	248	249 +71	271
(3)シュトラースフェルト (StraßFfeld)	256	281	250	320 +51	315 +50
(4)ノイキルヘン (Neukirchen)	160	180	228	245	1303 +260
ロッホ (Loch)	100	121			
クルテンベルク (Kurtenberg)	27	41	35	28	(上記に算入)
(5)クェッケンベルク (Queckenberg)				302	476 +28
ロッホ (Loch)		124 (1899年に出来た(5)の教区に編入された)		(この年にはロッホは上記に算入されている)	143
(6)ランメルスホーフェン (Ramershoven)	212	292	270	290	280
ペッペンホーフェン (Peppenhoven)	72	(上記に算入)	80	105	105

う。そこで、私たちはまずこの村の人々の戸籍がどうなっているか調べることにした。というのも、私たちの調査のひとつの主要なテーマが、何よりもまず農村の家族・親族関係の実態を把握することにおかれていたうえに、さらに私たちは当初から日本農村社会学が有賀・鈴木・喜多野諸先学によって独自に開拓されてきた調査方法にもとづいてヨーロッパ農村を分析してみようという意図を有していたからである。これには、あるいは戦後我が国の農村といわず都市といわず実態調査の方法が著しく欧米（とくにアメリカ）の社会学、文化人類学のそれに傾斜していることへの若干の反撥、欧米の学問の輸入ばかりでなく、少しは日本で蓄積された学的成果の輸出があってもよいのではないかという私なりの感情の混入があったかもしれない。というか、これら諸先学の教示して下さった方法の切れ味を異文化の地で試してみたいという気持の方が強かったといってよいであろう。

ホーヴェラート村の戸籍はブリュール Brühl にあるというので、そこへ行く前にともかく村の様子だけでも見ておこうということになり、一八日午後クライナー君と二人でさっそく出かけることにした。ボンからはオイスキルヘンまでアウトバーンが新しく出来て大変便利になった。このアウトバーンはまだ未完成で、完成するとマルクスの生地でもあったトリアーまで通じることになる。そういえば、トリアーは今年（一九八四年）成立二〇〇〇年で街をあげての祝祭でにぎわっていた。オイスキルヘンまでは車で二〇分足らず、そこから国道に入り、なだらかな丘陵地帯を走ってさらに二〇分、あたりの景観はようやく農村らしくなってくる。窓から入ってくる臭いも秣草《まぐさ》ぐさくなり、家々の造りもなんとなく農家の感じがしてくる。ホーヴェラート村は先述したごとくリンバッハ、ヴァルト、ショイレン、マウルバッハ、アイフェン、ランゼラートといった小村を含んでおり、ホーヴェラートを中心に周辺に点在している。もっともこのあたりも最近は都市化の波が押し寄せてきて、村のはずれに次々と通勤サラリーマンの瀟洒な白亜の家が建ちはじめた。私たちはそのなかで比較的農家の多いところを見て廻ったのであるが、ショイレンとマウルバッハが戸数の点でも適当なように思われた。ショイレンは最近若者が多くなって催しも活潑だということも聞いた。ホーヴェラートの村はずれにある野原に木材が積まれていたので通りがかりの少年にたずねたら、一一月一一日の聖マルティン祭のときに行なわれる火たき行事の準備だという。二人でそのときは見に行こうということになった。あとロッホ、フラマースハイム、シュヴァインハイムなども見て廻ったが、もうかなりひらけていて、そのうえ戸数も多く小人数でする調査にはちょっと向かないように思われた。ともかく見た感じではやはりホーヴェラート村が一番よさそうである。

西独農村調査地概略図

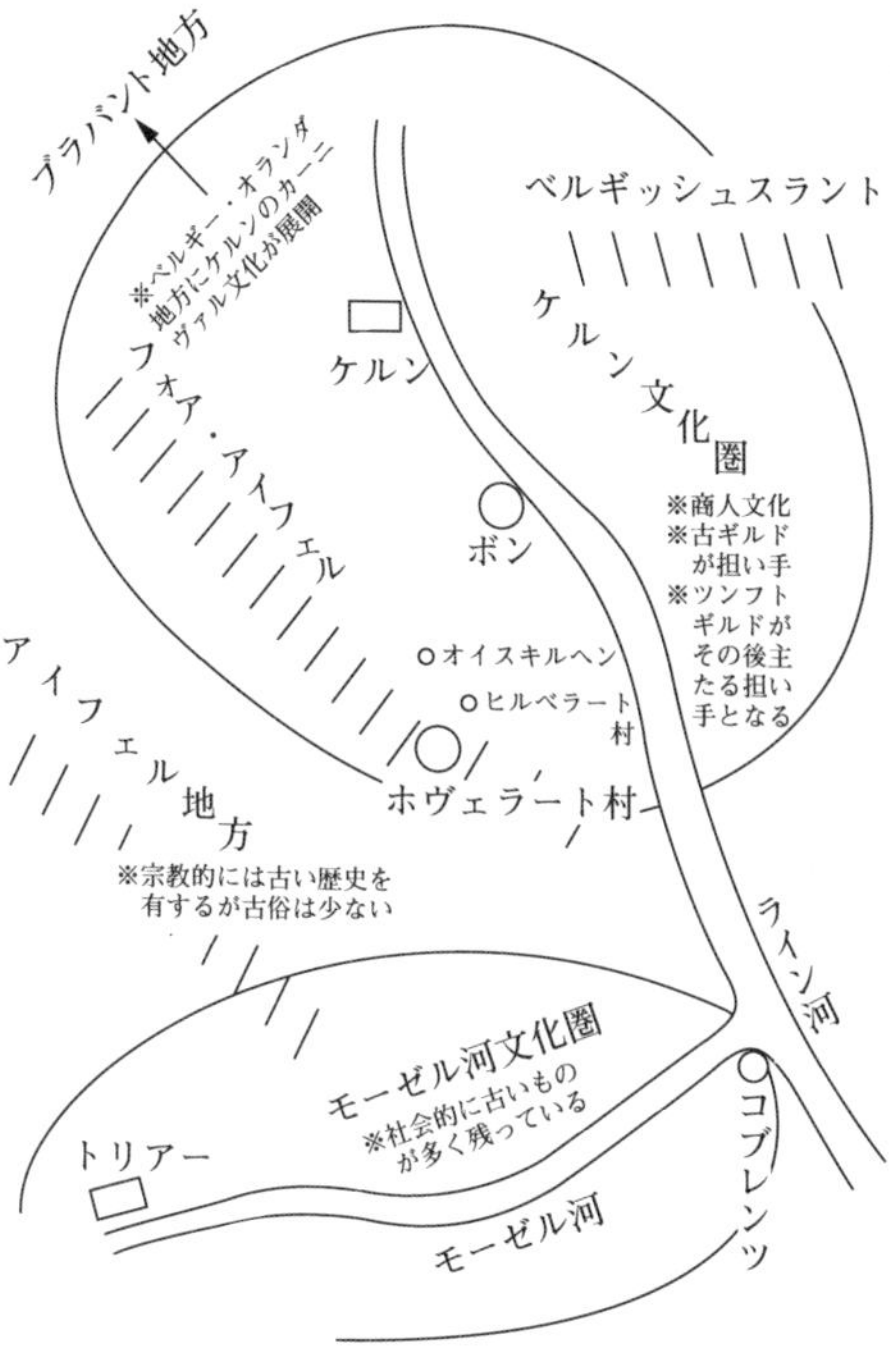

ブリュールのラインラント戸籍文書館 Personenstandsarchiv für Rheinland は城《シュロッス》のすぐ近くにある。ホーヴェラート村の洗礼者名簿は一七六一年からあり、結婚ならびに死亡名簿は一七八八年からのが保存されていた。それ以外のではノイキルヘンの洗礼者名簿が一六六六年、結婚・死亡名簿も同年か

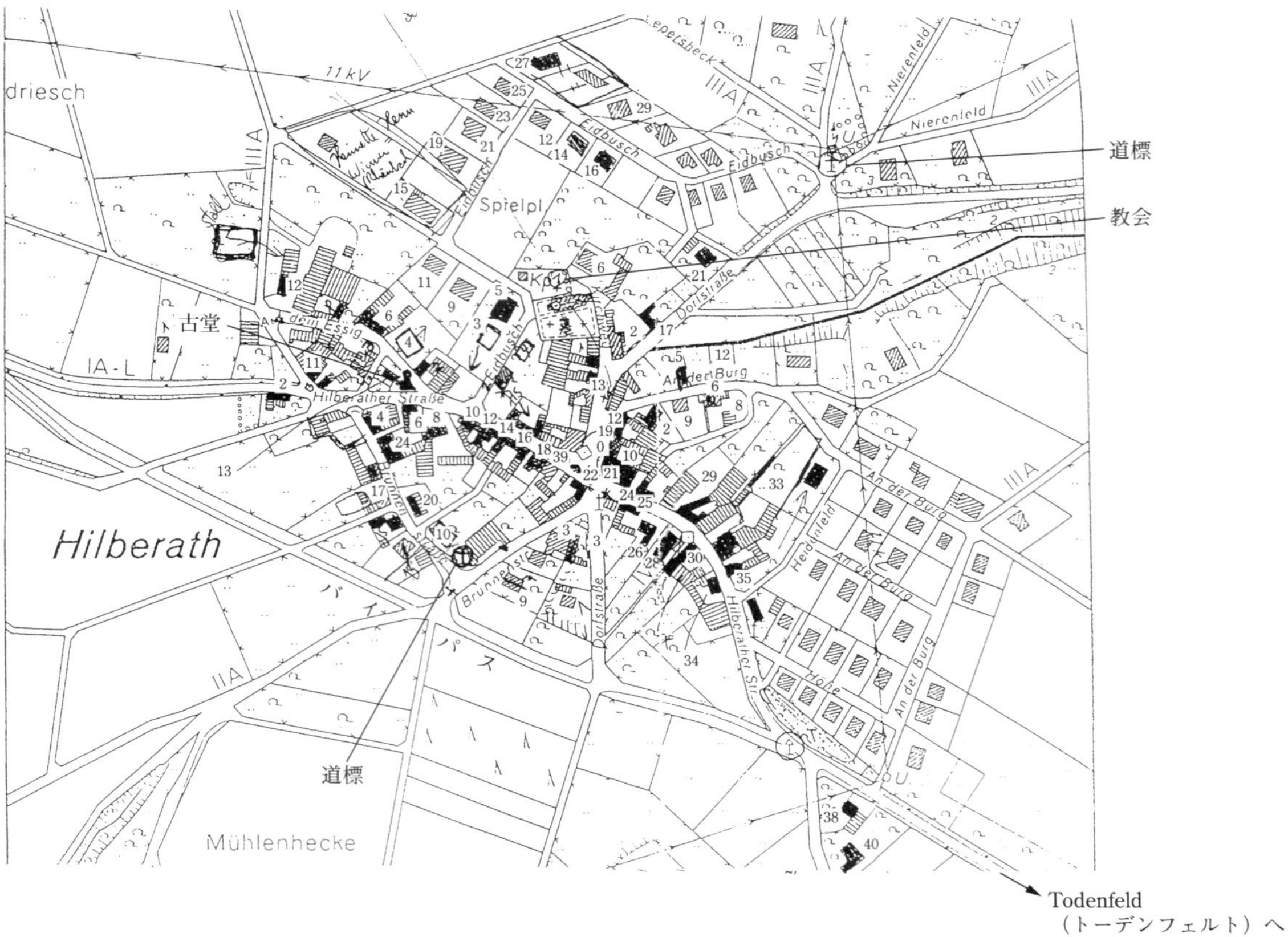
Hilberath
Mühlenhecke
driesch
Spielpl
Hilberather Straße
Eidbusch
Dorfstraße
An der Burg
Heidenfeld
Nierenfeld
Brunnenstr
Hilberather St
11 kV
IA-L
IIA
IIIA
古堂
道標
道標
教会
バイパス
Todenfeld
（トーデンフェルト）へ

ヒルベラート村の地図

ら、ラーマースホーフェンは洗礼者名簿一六四七年、結婚・死亡名簿一七一四年から、シュトラースフェルトは一六七六年のが、フラマースハイムはカトリックのが一六五九年（死亡名簿は一六二三年）、プロテスタントのは一六八六年からのが、シュヴァインハイムは一六九一年からの洗礼者名簿が残っていた。ところが、ラインランデは一七九八年から一八一四年までフランスの統治下におかれていたので、戸籍簿もその間はフランス法の形式でフランス語で一件一件びっしりと書かれており、それだけでも厖大な量にのぼる。さらに一八一五年からはプロイセン領になるから、今度はプロイセンの法形式となる。しかも、日本と同じく西ドイツも戦後プライヴァシーの問題がやかましくなり、一八七五年以降の戸籍簿は閲覧することが許されなくなった。つまりだいたいこの一〇〇年間ぐらいの社会関係はもっぱら村人からの聞き取り調査に俟つほかないということである。しかし、調べてみると、とくにプロイセン領時代の戸籍簿は形式が我が国と似て（むしろ我が国のがプロイセン的なのであろう）、戸主の姓名・年齢・職業・住所、妻のそれ、および両親のそれ（息子夫婦がいれば、それも）、が記載されていて大変理解し易いことが分かった。これを順を追って検討すると、だいたい私たちの調査したい村々の歴史が構造的に或る程度まで把めるわけである。私たちが調査するうえで必要な基礎資料の所在はこれでほぼ明らかとなった。しかし、とにかく戸籍は一冊がほぼ三〇〇頁、それが何百冊とある。そのうえ全部手書きであり、プロイセン時代になると、私にも少しは判読できるが、一七世紀、一八世紀のものとなると、教会文書のせいか（当時はこうした調査に必要な資料はすべて教会に保存されていたのである）、全部ラテン語で書かれているから、中世史、近世史の専門家の手をわずらわさないと、とうてい歯が立たないわけである。クライナー君がヘルボルン教授と相談したら誰か若くて適当な人を見つけてくれるかもしれないと言ったので、そうすることにした。この仕事だけでも気が遠くなるような大変な労働である。仮りに適当な若手の専門家がいて解読してくれても、今度はそれを分析し検討する仕事が待っている。

ところが、その後クライナー君がボン大学の民俗学教授コックスCox氏に会って聞いたら、ホーヴェラートよりも近くでもっと適当な村があるといって、ヒルベラートHirberathという村を紹介してくれたというので、やはり一度そこに行ってみることにした。丁度一一月一日に日本のお盆にあたる万霊節が行なわれ、その村では当日青年たちが日本の鳥追い行事のように村の家々を廻って物貰いをするというので、ヒルベラート村にはその日に行こうと話しあった。

念願であった西ドイツ農村調査の曙光は、こうしてやっと仄《ほの》みえてきたのであるが、その前途はまだ薄明の裡にある。しかし、私たちの意図しているような調査は、ドイツではまだなされていないらしいということが分かってきて、今は、それにかすかな希望を託している次第である。

2 万聖節《アルレ・ハイリゲン》と万霊節《アルレ・ゼーレン》

西ドイツ・ライン地方の新年は、民間暦では、つまり民衆の民俗文化レヴェルでは、一一月一日の聖マルチン祭とともにはじまる。

私とクライナーは、調査地であるフォア・アイフェルVoreifelのヒルベラート村とホーヴェラート村の聖マルチン祭を見ようと、以前から計画をたてていた。ところが、たまたまその地方のアルロッフ村Arloffで一一月一日の万聖節の夜Allerheiligenabendに村の青年たちが村の各家々を廻って物乞いする行事があるという情報を得たので、それならば一度それを見ておこうということになり、急遽アルロッフ村に赴くことになった。

アルロッフ村はオイスキルヘンEuskilchenの近傍にある人口二一〇〇余、戸数三〇〇余の村である。私たちはボンから車でアーヘンに向かうアウトバーンに入り、約四〇分でアルロッフ村に着いた。

一一月というと、夕方が早く訪れ、村に着いた午後四時すぎは、もう西の方にかすかに夕焼けの残照が村の家々をほの暗く浮かび上らせていた。あたりは静かで、少しはにぎやかかと思っていた私たちの予想は見事にはずれてしまった。各家々を廻るとき若者たちは戸口でおきまりの歌をうたうはずなので、どこからか歌声がきこえてくるものと思っていたのだが、耳をいくら澄ませても、それらしい音もきこえてこない。仕方がないので二人して村を廻り、彼らの姿を追い求めることにした。

車で何度か廻ったあとで、やっと村のメインストリートから少し横に入ったところで数人の人影を認めることができた。車を下りて急いで行ってみると、案の定手に袋と松明《たいまつ》あるいは提灯を持って、ボーイスカウト風のスタイルをした子供たちが立っていた。一二、三歳から一五、六歳の少年たちで、情報の伝えてくれた若者《ユングゲゼレ》Junggeselleのイメージとはだいぶちがっていた。きけば、彼らは教会（カトリック）のメッセ・ディーナー（ミサのときに司祭に付き従う少年）だという。

昔は一五、六歳から二〇歳くらいまでの若者たちがやったそうであるが、いまは村に若者たちが少なくなり、彼ら少年たちがやっているということであった。村の戸数がかなり多いので一グループでは時間がかかりすぎるから二つのグループで廻っているという。さらに隣り村のキルスペニッヒ村Kirspenichでも一グループがやっており、お互いにどれくらい集めるか競争しているのだと言っていた。私たちはとにかく彼らのあとをついて廻ることにした。彼らはもう午後の四時前から廻りはじめているということである。この前のときは全戸廻るのに夜の一〇時すぎまでかかったという。これは大変だと思ったが、観念してついて行くことにした。

アルロッフ村も御多分に洩れず、ここ一〇年来ボンやケルンに通勤する人たちが住み着いて、すっかり近代風の白亜の素適な家々が建ち並んでいる。

彼らは昔からの家ばかりでなく、こうした新来者の家も含めて文字どおり村の全ての家々を廻り、戸口で大声で次のような歌をうたう。すると、中から奥さんか御主人が現われて若干の寄附をするのである。金額は、二、三マルクから多くて一〇マルクである。

ある店の裏口で少年たちが歌をうたったら、太った女性が現われて何か大声で彼らに向かって叫んだ。クライナーにきくと、去年彼らに裏口でお金を渡したら、表口から別のグループが入ってきて、二度やる破目になってしまった。今年はそんなことはないだろうな、とどなったのだという。

途中で他の家々を廻っている別のグループ、これは四人だったが、彼らのあとにもついて廻ってみた。暗くなると、皆は手に持っていた松明や提灯に火をともして、かかげて廻る。暗闇に火がゆれてなんとなくメルヘンの世界にいる気持になってくる。しかし、彼らが集めて廻るお金は、やがて集計されて貧しい人たちや老人ホームの人たちにとどけられることになっているのだから、ことはきわめて現実的なのである。彼らが歌う歌詞を訳してみると、こうである。

苦しめる哀れな魂を慰める祈りと鐘の音、
そは煉獄から救われんがため

汝の捧げんとする贈物
そは汝自身のため、また、苦しめる
魂を慰めんため、使われん。

金を渡すと、その返歌
汝の恵まれし贈物に感謝せん
悩み苦しめる魂のため、そは使われん。

同じ風習のあるオーバーガルツェム村 Obergarzem では、少し変えて歌っている。

主よ、この人を祝福されんことを
煉獄に在りて悩める魂のため
そは使われん
汝の恵まれし贈物　そは汝自身の
ため、
　永遠《とこしえ》の生命《いのち》　疑いなし

喜捨への返歌
汝の恵まれし贈物に感謝せん

汝の魂　主の御前に在らん。

フィルメニッヒ村 Firmenich になると、さらに異なった歌詞になっている。

この家の人すべてに主の祝福あらんことを、
煉獄に在りて悩める魂に　王の慰め在らんことを。
新たな蠟燭《ローソク》を恵められんことを、
我は告げん、そがフェルメニッヒ
の教会にて用立てられんと。
古き蠟燭は、はや小さく溶け果てぬ
我　新しくせん　そは我の意志
ヘラー（ターレルの方言。貨幣単位）、ペーニヒすべて費消せり
噫、聖母マリア　すべての栄誉はその上にあり、そは疑いなきこと。
汝の恵まれし贈物　そは汝自身のため
永遠の生命　かくて汝のものならん

贈物への返歌
アルロッフ村の場合と同じ

私たちは身体も冷えてきたし、空腹にもなったので、少年たちについて廻るのをほどほどで切り上げ、彼らが全戸廻ったあとで集まってくることになっている古いレストラン、ツィンマーマンに行っ

て夕食をとりつつ、彼らの戻ってくるのを待つことにした。

最初にキルスペニッヒ村を廻っていた少年たちが戻ってきた。ツィンマーマンはかなり多くの客で混んでいたが、彼らは奥のあらかじめ取ってあったテーブルに集まった。すぐお金の集計がはじまる。六人で二三四戸廻って二三三マルク集まったという。そこへアルロッフ村の少年たちが戻ってきた。やがて歓声があがった。アルロッフ村の少年たちは三〇〇戸以上廻って三八〇マルク集めたという。歓声は彼らの方が多かったという喜びの表明であった。とにかく両方あわせて六〇〇マルク以上になるから馬鹿にならない。これはすべて教会の事業となるが、復活祭《オースター》のときに行なわれる少年たちの物乞い行事の場合は、すべて少年たちのものとなり、彼らの活動費として使われるのだということであった。

彼らは教会の神父が用意しておいてくれた夕食を食べるときには、もう普通のあどけない顔になって、お互いにふざけたり騒いだり、にぎやかな雰囲気が店の一隅をつつんだ。私たちが撮った写真を送ってくれというので約束していたら、そこへ一人の村人が現われて私たちに話しかけてきた。バルトルト・フェッセン Barthord Voussen と名乗って、村のこと、日本のことあれこれとりとめもない話がつづいた。

そのなかでたまたま万霊節 Alleseelenstag に誰の墓を詣《まい》り、親類の人は誰が来るかという話になったとき、私は奇妙な事実に気がついた。彼は両親と両親の双方の親、つまり祖父母の墓ならびに両親の双方の兄弟、すなわち、伯父母・叔父母の墓を詣るのであるが、私が貴方の奥さんも同じように詣るのかと聞いたとき、家内はもう亡くなったから行かないと答えた。そこで、もし生きていたらどうなのかと聞いたとき、彼はクライナーにこの日本人は私の言ったことを理解していないらしいと言った。私はそんなことはないと、もう一度説明して聞いたのであるが、どうしても通じなかった。クライナーがあとで、実は自分にも似た経験があるといって、こう説明した。多分その男は妻を亡くしているので、そもそも生きていた場合どうなのかといった問いは、あり得ないことがらに属するため、思いも及ばぬことだったにちがいない、と。

私はもし彼の説明が当たっているならば、これはなかなか面白い事例だと思った。クライナーも経験した以上、これはたまたま私のつきあたった偶然的な事例だとだけは言えないからである。その場合彼らは実際に生起する事象（現に経験している、またし得る）についてだけ語り、仮定法のかたちで考えることは、そもそも念頭にないということになる。

日本の村を調査した場合、こうしたときにもし生きていたらどうでしたかと問うて、その問いが理解されなかったというケースは、少なくとも私の場合にはなかった。おそらく日本の村人にとって、むしろこうしたケースの方が珍しいのではなかろうか。もしそうだとしたら、こうした考え方の相違がいかなる事由にもとづくかが説明されなければならないだろう。そんな憶いにとらわれつつ帰宅の途についた。

翌一一月二日は万霊節であり、ヒルベラートの村人は村の教会の墓地に集まり、司祭に従って列を作り墓地を巡回する。そして、最後に司祭の祈りを聞いてから、三々五々、自分たちの両親・祖父母の墓に詣でる。しかし、日本のような「……家の墓」といったかたちの先祖を祀った詣り墓はない。代々の墓地はあるが、土葬の場合数代で棺は溢れて中に入れなくなる。その場合どうするのか。村によって処理の仕方が異なるかもしれない。しかし、村の墓地は何時も教会の敷地内にある。日本の村で鎮守の社もしくは宮の境内に墓地のある例は、私は寡聞にして聞いたことがない。たまたま在る場合は神社と寺が同じ境内裡に在るというケースであった。

ヨーロッパでも村の教会はひとつである。日本でも「お宮さん」は村にひとつしかない。そのような共通性が両者にはあるのに、一方では「生」と「死」が結合しており他方はそれが分離している。この相違はいったい何処から来るのだろうか。こちらの人たちはおそらくそもそもこのような疑問を持ったりしたことはないであろう。日本の村と比べてみた場合に、はじめて生じてくるのである。一見簡単なことに見えるかもしれないが、掘り下げてみるとなかなか底は深い問題である。

3　ヒルベラート村の聖マルティン祭

ヨーロッパの一年――年《とし》のはじまり――は、一一月一一日の聖マルティン祭とともに始まると言われている。事実この祭日がおわると、キリストの生誕を祝うクリスマスを迎えるための忌み籠り――四旬節《アドヴェント・ヴォツヘ》――の期間に入り、名実ともに「冬になる」。と同時に、冬から春に変わっていく折り目――節《せち》――を表わす予祝行事でもある有名な「謝肉祭《カーニヴァル》」も、この日の一一時一一分一一秒でもってはじまるのは、この日が新たな「年のはじまり」であることを標示しているとも言えよう。しかし、聖マルティン祭そのものは、必ずしも全ヨーロッパ的に分布しているわけではなく、もともとフランス、次いで中部ドイツ、東部オーストリア地域にみられる、ややローカルな祭りであり、子供が提灯行列をするのはライン地方を中心に、もっと限られた風習である。そして、謝肉祭《カーニヴァル》ももっぱらライン河の流域に限られている。したがって、冒頭に述べたことは、ここではそうした限定のもとに、やや象徴的に表現してみたにすぎないと解していただきたい。

ところで、聖マルティンとは、どういう人物であったのか。伝えるところによれば、西暦三一六年ごろローマ帝国の護民官の家に生れ、ローマの騎士として名を馳《は》せたが、ボワティエの聖ヒラリウスに接してキリスト教に帰依、騎士を辞め苦行ののちボワティエにヨーロッパ最初の修道院を建立、三七一年トゥールの司教となり、マルムティエに第二の修道院を建ててそこに隠棲、三九七年一一月一一日に没したとされている。

彼にまつわる伝説は多いが、次のエピソードは有名である。

まだ騎士としてローマ皇帝から派遣されていた頃、雪の降るアミンの城門で乞食が飢えてボロ切れをまとったまま寒さにふるえているのを見て、自らのマントをさいて乞食にかけてやり、パンを与えて去った。ある夜キリスト教徒たちが集って祈っているところへ一人の乞食が現われ、「マルティンというローマの騎士が、洗礼も受けていないのに私にマントをかけてくれた」と言った。そのまわりには天使の歌声がひびきわたっていた。彼は実はキリストであったのである。

聖マルティンはヨーロッパにキリスト教を広める基礎をつくった聖者として、村や町の広場にその像を見るのも、そのゆえであり、子供たちの提灯行列が聖マルティンを城門まで迎えに行くのもそうした逸話と結びついている。また、人々はこの日に家賃・雇傭・貸借の決算あるいは更新をする習慣《ならわし》になっており、生活の面でも万霊節とともにいったん御破算となった旧秩序に代えて、来たるべき年の新たな秩序が作られる起点ともなっている。

私とクライナーは一一月九日(金)、調査地のひとつであるヒルベラート村で聖マルティン祭が行なわれるときいて、さっそく現地に赴くことにした。ヒルベラート村に着くと、この前に行った教会から少し下ったところにある消防署の前に子供たちが手に手に思い思いに作った提灯を持って集まっていた。親たちもついて来ている。午後六時、白馬に赤マントをまとった騎士の服装をした聖マルティンが現われ、いよいよ出発である。先頭に消防署の隊員が立ち、聖マルティンをかこんで子供たち、それに少年と赤々と燃える松明《たいまつ》を手にした若者《ユンクゲゼレン》たちがつづき、楽隊がそのあとに歩く。子供たちはそのあとにも行列を作り、さらに親たちがぞろぞろついてゆく。

あたりは濃い闇につつまれ、人々の顔は定かでない。提灯が揺れて子供たちの顔を照らし、昂奮してほてった顔を闇夜におぼろに浮かび上がらせる。ケルンやボンの街でみられるような華やかさはないが、いかにも村のお祭りといった親しみ深さがある。昔は提灯はカブラをくりぬいたものだったという。

この村で聖マルティンが白馬に乗って現われるという習慣ができたのは、それほど古いことではなく、第一次大戦が終わった頃だと、区長のアクサー Axer さんが話してくれた。その最初の聖マルティンは聞き取りのときにも来ていたヨハン・キュスター Johan Küister さんで、小学校の先生に指名されたとのこと。教会の神父から帽子と赤いマントを借りたのだと言っていた。その頃一番お祭りで楽しかったのは、女の子を追いかけてその顔にスミを塗りたて真っ黒にすることだと笑っていた。

日本にも似たような行事があるが、これも翌年の豊穣をいのる予祝行事の一種かもしれない。聖マルティンの通る道は村古来の主道であるが、上村 Obersdorf と下村 Untersdorf を一巡し、村はずれの野原であらかじめ積んである薪木の山に火をつけ、それの燃え尽きるのを見て、村に戻り、子供たちや若者たちは公民館――もとの小学校――でヴェックマン Weckman というパンをもらい、くじ引きであてた賞品を手にして家に帰るのである。

きくところでは昔は村一巡でなく戦没者慰霊碑の建っているところまでを往復しただけであったという。やはり祭りが盛大となるにつれて、また村が大きくなるにつれて——この村もボン、ケルンへの通勤者が多く住みついてきている——少しずつ変化しているようである。

聖マルティン祭は、村や町のそれぞれで必ずしもいっせいに一一月一一日に行なわれるとはかぎらない。しかし、もうひとつの調査予定地であるホーヴェラート村では一一日午後六時に行なわれるというので、クライナーと二人でまた見に行くことにした。

ホーヴェラートはヒルベラートより丘ひとつ向うのフォア・アイフェル南西部にある僻村である。ヒルベラートよりもっと農村的な相貌を呈しているが、専業農家はヒルベラートの方が多く、それにやはりボンやケルンへの通勤サラリーマンの家々も増えてきているようである。

ホーヴェラートも村は上と下とに分かれており、その境界線に居酒屋《ガストシュテッテ》ツム・アイフェル・ドーム Zum Eifel Dom がある。

午後六時とっぷり日が暮れて闇のとばりが下りると、子供たちが提灯を手に三々五々親たちとともに集ってくる。この村の聖マルティン祭はここで始まるのである。例によって赤マントを着て白馬に乗った聖マルティンが現われると、提灯行列が開始される。

最初に消防署の男二人がファッケルとよばれる松明《たいまつ》を手に先導し、村の司祭がそれにつづき、そのあとに子供たちの提灯行列が隊をなして歩いていく。行列の中ほどを楽隊がにぎやかに吹奏して歩く。最後列は村人たち、親たちである。下村の主道《ガッセ》Gasse（昔はこの道だけがガッセ＝道とよばれていた）を通り、つづいて上村の道《ガッセ》を通り、いったんもとの出発地点である居酒屋まで戻ると、今度は通勤サラリーマンたちの住まいがならぶ新しい住宅街の道を巡る。この通路は司祭が新来者と村人たちとの意志疎通をはかるために、とくに要請してできたものだという。ここにも都市化の進展に伴なって生じてくる問題のひとつが顔を出している。

行列はこのあと村はずれにある野原に向けて行進する。ここにはすでに若者たちによって薪木《たきぎ》が山のように積まれており、消防署の人たちが警戒するなかで火がつけられ、空高く炎が燃え上がる。人々の顔がいっせいに赤々と照らし出される。行進の幕切れにふさわしい壮観である。若者たちがつぎつぎにうず高く積まれた薪木の中にいろいろな物を何か大声で叫びながら投げ入れる。一種の悪魔祓いの行事といえよう。この火たき行事は、もともとは聖ヨハネの日に行なわれるもので、最近出版されたヨーロッパ民族絵図によれば古代ローマ時代に地中海地方から二つの経路でヨーロッパに入ってきたらしい。したがって、この方が聖マルティン祭の風習よりは古いものであるが、アイフェル地方でこの二つが結びついたのは比較的最近のことらしい。

火たき行事がおわると、人々はふたたび村に戻り、昔学校であったという消防署の前で子供たちはヴェックマンの味つけパンをもらって帰っていく。古老の話では昔は前日の、いわゆる宵闇行事として子供たちの物もらいの風習があったという。しかし、学校や幼稚園ができて子供たちはそこでの催しに集まるようになり、また新来のサラリーマンたちの子は、あまりこうした行事に加わらないので次第にすたれていったとのことである。

また彼らの言うところでは、昔は聖マルティン祭には提灯行列はなく、木の棒にワラをまいて火をつけ、そのファッケルを手に山の中を歩き廻り、木々や地面をたたいたりしたという。これはやはり一種の予祝行事という性格を示すものであろう。

なお、ホーヴェラートでは祭日には上村と下村とで別々に祭壇を設けて祝ったということである。

これは村が一種の双分制をとっていることを表わしているといってよく、祭壇を別に設けることは、その空間がたんに生活空間であるだけでなく聖なる象徴空間でもあることを榜示するものである。その象徴空間の意味するところがどのような内容を孕んでいるかは、まだいまの調査段階では不分明であるが、調査の過程で――ヒルベラートもまた、上村と下村とに二分されている――少しなりとも解明してみたく思っている。おそらくやがて来る村の「謝肉祭《カーニヴァル》」が、それをいっそうはっきりと示してくれることであろう。

4 ヒルベラート村の概観

私とクライナーは一九八四年一一月二七日、ヒルベラート村の区長 Ortsvorsteher アクサー氏からの招待で午後ヒルベラート村に出かけた。ドイツの晩秋は、午後四時頃になると、もう薄闇である。まして当日は朝から曇っていたから、アウトバーンを出て国道に入ったら、すっかり暗くなっていた。アクサーさんは当年六〇歳、区長を三期もつとめているベテランである。村で唯一の企業である製材工場を経営しており、祖父は車大工 Wagener であったというから、代々大工職人《ツィンマーマン》であったのであろう。到着すると、すでに用意されていた応接間に案内され、カフェーと奥さん手作りのケーキを御馳走になる。農村といってもボンから車で四～五〇分のところにあるから、ティロールの山村やバイエルンの純農村のイメージからはほど遠い、ひらけた都市近郊農村であり、いかにも農家らしい建物が家並みの中に混在していなければ、ちょっと見には農村とは思えないであろう。アクサーさんの家もなかなか立派である。ストーヴで暖かな室内で私たちはアクサーさんからいろいろと村の現況について話をうかがった。

ヒルベラート村は一九六九年以降ラインバッハ市に合併され、区長も市議会で選任される。給与は月一〇〇マルクである。区長の仕事は公文書類の認許、村自治体の代表としての役割、村の公共事業の運営、とくに最近は老人福祉が重要な仕事になってきたという。五、六月頃に老人たちと日帰りの遠足を行ない、帰ってから村の教会でミサを共にする。また、秋には一〇月頃老人たちとカフェーを共にするときを持つ。彼らのための寄附を毎年村人から集めるのも、区長の新たな仕事のひとつである。戦前は週一回ニュースを村内に流すとともに、村中央にある居酒屋《ガストシュテツテ》の前に立ってニュースを読みあげ、そのあとでそこにある掲示板にそれを掲示したという。いまはラインバッハ市から公報が毎月配布されるので、この習慣は廃れてしまった。

戦前はすべてカトリックであり、現在も大部分はそうであるが、ボン、ケルンの近郊農村化するにつれて通勤サラリーマンが住み着くようになり、自然、プロテスタントもふえてきた。これらの新住民は大別して地域的にアイドブッシュとアン・デア・ブルクの二グループに分かたれている。多く国家公務員、教師、医者、会社員といった職業に就いており、アクサーさんによれば、彼らが村に住むことになれば自動的にどこかの隣組に入らねばならないので(現在村には九つの隣組がある)、区長として彼らに村のこうしたしきたりをその都度説明するのが自分のひとつの義務でもあるという。彼の話から私たちは近郊農村の一般的傾向ともいうべき、こうした新旧住民の混在に伴なって生じる村人の生活共同態《レーベンス・ゲマインシャフト》面における裂け目と統合に区長がいろいろ苦労しているのを感じることができた。たとえば、一九八二年のカーニヴァルに新住民から王子と王姫が選ばれたのも、そうした配慮の現われであろう。

ヒルベラート村では人口四八九人、うち専業農家は六軒、フランツ・レーネン（ヘーエンホーフHöhenhofという屋号をもっている）、エドアルト・サムペルス、ヨーゼフ・ヒュッレン、ヴィルヘルム・レーネン、ヨハン・キュステン、ヨハン・キュントペンであり、酪農をも営み、乳牛はほぼ六〇％を占めている。土地の七〇％は牧草地で、残り三〇％の畑に麦・ジャガ芋・砂糖大根、ハーフェルゲルステ（ビール用）を作っている。兼業農家は三軒、アロイス・ヴィンネン（建設会社へ出稼ぎ）、ペーター・クレーフス（年金生活）、ヨハン・ミュラー（雑貨屋）である。その他の職業は、次のごとくである。昔から在るものとして食料品店（ヨハン・ミューラー）、肉屋（ヴィリィ・ヌスバウム）、ツア・アルテン・ミューレという居酒屋（カルル・ユブシュ）、車大工（区長の息子が営業）。なお、数年前までミュラーという人が別の食料品店を営業していたが、生活の乱れから倒産してしまった。また、レーネンという人が鍛冶屋を営業していたが、一九六九年に亡くなり、息子は医学を勉強していたところ、メッケンハイムに住む時計屋の娘と結婚してそこで時計屋になってしまったために廃れてしまった。ヴィンネンという人が洋服店を営業していたが、これも本人の死亡とともに廃業となった。このように、ヒルベラート村の職業構成は、戦後かなり激しく変貌していることが分かる。

小学校は一年から八年まで一学級で一人の教師が教えていたが、戦後四、五年生が増えたので、新たに一学級増設し教師も一人増えた。しかし、ラインバッハ市に合併したため、小学《グルント・シューレ》校はメルツバッハにスクールバスで通うことになり、中《ハウプト・シューレ》・高《ギムナジウム》校はラインバッハに行き、かくてヒルベラート村の小学校は閉鎖されて、その校舎は現在公民館として体育クラブの人たちや消防署、若者組の人たちによって利用されている。公民館の使用料は一・日一〇〇マルク、他村の人の場合は一五〇マルクである。郵便局も四、五年前まであったが、いまはなくなり、その代り毎日郵便バスが午前一〇時半、定期的に来るようになった。銀行もラインバッハのライフファイゼン銀行が利用されており、アクサーさんは目下村にその支店を設置するよう奔走中とのことである。

村にはスーパーマーケットがなく、ラインバッハかオイスキルヘンの近くにあるシュトッツハイムで、だいたい月一回まとめて買物する。パン屋は一軒あったのが倒産して、爾来週二回ミュンスターアイフェルのアイヒェルシャイト Eicherscheit から売りに来るのを買っているという。八百屋もラインバッハから週二回やって来る。衣料品や靴その他の雑貨は、ラインバッハに行く場合が多い。新聞は毎朝配達され、Bonner Rundschau, General Anzeiger をとっている。

ところで、村には前にふれた体育クラブ（一九八二年設立）、若者組（第一次大戦以前から存在しているが、戦後は青年が村に少なくなって、不活発）、消防団（団長にエヴァルト・ツィンマーマンがなってから活発となり、村の年中行事すべてを管掌している）のほかに結社として興味深いものに狩猟仲間組 Jagtgenossenschaft がある。これはヒルベラート村に耕地と山林を所有している村人すべてが加入している組織であり、組長は選挙で三人選ばれ、現在はフランツ・レーネン、カスパル・ヨーゼフ・ヒュッレン、エドアート・サムペルスである。会計は女性でルイーゼ・ボーデンバッハという人が勤めている。この狩猟地は一般に貸し出され、その狩猟権は年二万マルクである。現在はケルンに住んでいるパウル・ミュッラーという、フッチェン・ロイター会社の重役をしている人が借りており、毎年秋に狩猟をしている。イノシシ、レー、キツネ、ウサギ、キジといった獲物がとれるという。なお、この二万マルク以外にイノシシの被害もこの狩猟権者《ヤークト・ヘル》 Jagtherr が負担することになっている。このヤークト・ヘルの支払う二万マルクは、村の狩猟仲間組成員全員に、彼らの有する土地の大小に応じて配分される。この狩猟地はもとは村の共有地であったことが、おそらくはこのような慣行の生じた原因であろう。この点は今後さらに立ち入って検討を加えたく思っている。区長のアクサーさんは面白いエピソードを話してくれた。ヒルベラートがラインバッハ市に合併されたため、法的にはこの狩猟地も市有となったわけであるが、一〇年ほど前から市はこの狩猟地に市の道路をいくつも通しており、したがって、その道路の面積分だけこの支払われる借地料から市も配分される権利があると主張して、その面積を計算して配分額を要求し、その分だけ取得するに至ったので、村の狩猟仲間組メンバーは全員大変これを怒っているのだという。

村には現在教会の敷地内に墓地があり、さらに村の共同墓地が別にある。村墓地は昔からカレンボルン Kalenborn にあり、そこは現在ラインラント・アイフェル州に属しているが、教区は変らず、したがって、今も村墓地となっている。しかし、戦後人口が増大して狭くなったため、一〇年前に Kalenborn 村は自らの墓地を作って少し事態は改善されるに至った。村人の墓は三〇年間使用でき、その使用料は六〇〇マルクである。使用権は更新できるが、それをしないときは別の人に使用権が移る。この点はさらに立ち入って検討しなければならないが、もし、墓の使用権が絶えず同一の家族によって更新されていくことが慣習となっていれば、形式的には契約であるが、事実上は世襲同然であり、日本の家墓と同じことになろう。日本のような形での祖先崇拝（家の先祖に対する）は存在しないと一般には言われているが、万霊節の光景をみた人は知っているとおり、亡くなった身内に対する敬慕の念は日本に劣らず厚いものがあり、墓参も熱心であるから、それが世襲的な家族墓であれば、事実上は祖先祭祀と変らなくなってくるのではなかろうか。先述したごとく、戦後プロテスタントの人も住むようになったので、その葬式にはラインバッハからプロテスタント教会の牧師が来て、村のカトリック教会で葬式をおこなっている。これも戦後のきわだった傾向となったエキュメニカルな運動の一結果であろうか。

ヒルベラート村を調査するうえでひとつの重要なテーマは隣組 Nachbarschaft の存在である。隣組は九つあり、その分布は昔からきまっていて、今日も変わっていない。新しく村の住民となると、これに入ることが義務づけられている点については先述した。区長は新住民が入るたびに隣組のリストを新しく作って村人全員にくばることにしているという。隣組には別に組長は存在しない。その主な役割は日本と同じく冠婚葬祭のときの相互扶助である。結婚のときはその家の飾りつけを行ない、葬式のときには墓掘りをする。それを隣組のメンバー以外にたのむときには、その人に隣組から一二〇マルク支払う。昔は人が亡くなると、隣組のなかから七人の女性が選ばれ、村の中にある十字架道標 Wegkreuz を回って歩き、その前で三日間 SiebenfuBällebeten（ひざをまげて祈る）を七回くりかえす。そして、ひとつの十字架道標から次のそれに行くあいだロザリオの祈りをする。しかし、現在はそれは行なわれなくなり、代って隣組全員が葬式の前夜、教会に集まって祈禱するようになった。

最後に、アクサーさんの話で興味深かったのは、村でおこなわれる行列に次の三つがあるが、その場合ヒルベラート村の村組が二分組織 Dualorganisation であることが浮上する事態である。ひとつは Fronleichnam（聖体行列）であり、このときには四カ所の十字架道標を回る。そのうちひとつは無名戦死者碑であり、これは上村《オーバース・ドルフ》の人たちが祭壇を作り飾りつけをする。また Kalenborn の近くのは、カレンボルンの人が作り、エイドブッシュ Eidbusch のは、トーテンフェルト Totenfeld の人たちが祭壇を作る。第二は、Dreifaltigkeitssonntag で、これは小キルメスでもあるが、このときには祭壇は一カ所、その飾りつけは上村の人たちが作る。第三は Mariahimmelfahrt（マリア昇天節）で、このときには下村《ウンタース・ドルフ》の人たちが祭壇を作ることになっている。このように祭礼行列に際して、二分組織がくっきりと浮彫りされることは、これが村の象徴空間と関連していることを示唆しているように思われ、日本の村落における類似の現象と比較するとき、問題はいっそう興味深さを増してくるように思われる。

5　ヒルベラート村の年中行事

ヒルベラート村の一年は、やはり一一月一一日の聖マルティン祭とともにはじまる。聖マルティンに紛する人が馬に乗って現われるスタイルを取ったのは、この村では第一次大戦以後のことであり、音楽隊も昔はなく、子供たちがカブラをくりぬいて提灯を作り、それを持って歌をうたいながら戦没者慰霊碑の建っているところまで行って帰っただけであったという。古老の話ではこの日娘たちを追いかけて顔に墨《すみ》を塗りたくるのが一番楽しかったそうである。馬上の聖マルティンにはじめてなったのはジョン・キュスター John Küster さんで、小学校の先生の御指名の結果やらされることになり、赤いマントと帽子を神父から借りたという。ちなみにラインバッハ市に聖マルティンがはじめて登場したのは一九〇三年のことであったというから、それほど古いものではなさそうである。そのあとアドヴェントの週に入るが、そのとき主婦はモミの木の枝で輪を作って机上におくとともに、戸口の扉にも張りつける。一二月六日は聖ニコラウス祭で、聖ニコラウスはハンス・ムッフ Hans Muff という恐ろしい黒衣の男と一緒に村の家々を訪れる。子供たちはムッフを恐れ、昔はムッフに連れてゆかれないように机に自分の足を縛りつけたほどであったという。そして、聖ニコラウスは子供たちにヴェックマン Weckman というパイプを持った男の形のパンとリンゴをくれる風習であった。昔は何組もの聖ニコラウスが村の家々を廻って歩いたというが、今日では村の公民館に子供たちを集めてそこに聖ニコラウスが現われるように単純化されてしまった。一二月二五日のクリスマスは敗戦まで朝四時にミサがあり、クリスマス・キンドが家にプレゼントを持って帰った。家ではクリスマス・ツリーを銀色のタマやスペクラチラス（人形の菓子）で飾り、夜九時と一〇時にミサが行なわれる。一日に三度のミサは、その日が年に何回もないほど重要な行事の日であることを意味している。二五日は家で主婦はライン地方独特の料理であるサウアブラーテン Sauerbraten とダンゴ Klösse を作って祝った。また、当日作る菓子はフラーデンといい、本当の豆の粉でコーヒーをつくった。二六日も二五日と同じで、午後は客を招くか、また親類の家々をまわったりしたという。この両日子供たちは親類や隣組を廻って、クリスマスの歌 Weihnachtsbaumsingen を歌い、菓子や果物をもらった。二一日からいわゆる「一二夜」Zwelfnächte がはじまるが、その日の天気を見て次年度の毎月の天気を占ったという。三一日のシルベスター・アーベントには夜八時頃に村の若者たちが居酒屋《ガストシュテッテ》に集まり、トランプ遊びをやって、皆が持ち寄ったお正月の菓子 Neujahreskränze（紐を編んだ形の菓子）を賭ける。それからあとはダンスの時間となる。午後一二時になると、教会の鐘が鳴り始める。第一次大戦までは山で爆竹をならせたが、人が死亡する事故があって、とり止めになった。

一月一日、子供たちは、自分たちの名付け親（男の方はパティ Pate、女の方はイェット Jöd）宅を訪問して元旦のお祝いの挨拶をし、正月用の菓子 Neujahreskranz をもらう。一月六日は三王祭 Dreikönigenstag。子供たちは Christbaumsingen を歌いながら村の家々を廻りお菓子をもらった。二〇年ほど前から村の教会の神父ハビッツ Habitz が Sternsingen を導入し、その後は教会のメスディーナー（教会のミサに仕える子供）が家々を廻る習慣に変わってしまった。それまで飾ってあったクリスマス・ツリーはこの日にとり片づけ、ストーヴで燃やしてしまう。二月二日リヒト・メッセ Lichtmeße。この日教会に飾ってあったクリスマス飾りを片づける。この日はまた下男・下女たちが一年の契約期間を更新、延長してもらうか、あるいは解約されてしまうか決める日である。この人たちはヒッレスハイム、ダウン、アーデナウ、ミュンスター・アイフェルの家畜市場に行って再契約をすることが習わしとなっている。当日は休日ではないが、しかし、多くの人はこの日ホルツハイム Holzheim まで巡礼に行き、そこの教会で自分たちの家畜の運勢を祈る。

二月は謝肉祭《カーニヴァル》の季節である。村ではファステルエーヴェント Fastelövend という。昔はこの日若者組の連中が隣村を廻って酒を飲み交した。敗戦後は行列 Zug をするようになり、村人は居酒屋に集まって大いにさわぐ。今年（一九八五）は二月一四日（木）が女性のカーニヴァル Weiberfastnacht で、村中の女性は居酒屋に集まり、カフェと菓子で時をすごし、夜八時以後は男性も加わって舞踏会が開かれる。二月一五日（金）はカーニヴァル・ジッツンク Karnealsitzung で、村の公民館で夜八時から大祝会が行なわれ、村人はそのために一月一三日夜一一時から居酒屋に集まって入場券の前売りを始め、村内で三〇〇枚の切符が一週間で売り切れたということである。私もこの夜招待され、家に帰ったのは、朝四時だった。この集会については別に記すことにしたい。二月一七日（土）は子供のカーニヴァルで、夜は仮装舞踏会が行なわれる。昔はこの日仮面仮装者 Horken が出現した。二月一八日（月）はバラの月曜日 Rasenmontag で、仮装行列が村をねり歩く。しかし、ヒルベラート村のカーニヴァルは祭りの形式としては、ごく最近のことであり、今年はケルンの形式を採り入れて王子《プリンツ》と王姫《プリンツエセン》に代えて王子《プリンツ》とユンクフラウと農民《バウアー》の三人を主人公とするなど、まだ風習としては流動的である。二月二〇日（水）は灰の水曜日《アッシエン・ミットヴォッホ》とよばれ、休日ではないが、皆朝教会に行って、額に灰でもって十字架《クロイツ》を書いてもらう。こうして、四旬節の復活祭前の忌みに入る。

復活祭《オースター》が近づくにつれていくつかの祝祭が行なわれる。まず最初にあるのが、パルムの日曜日《ソンターグ》 Palmsonntag（イエスをパルムを持って迎えた故事にちなむ）。この日教会でミサが二つ催され、Hochamt 前の教会に皆が集まり、特別の木の枝で潔めてもらい、それを家に持ち帰り、十字架の後に飾る。午後三時になると、レーマー・ファールト Römerfahrt といって、村中の十字架を古来の順番によって神父を先頭に行列をなして廻り、ロザリオが唱えられた。

その一週間後の緑の木曜日《グリューン・ドンネルスターク》には、ミサがすんでから教会の鐘がローマまで飛んで行くといわれていて、このあと土曜日まで教会の鐘はならない。その代わり村の男たちが朝六時半、昼一一時、夜六時、二つの道具、ひとつはクラッパー Klapper、ひとつはラッチェ Ratsche というのを使ってガラガラ音を立てて村を廻る。この日村人は必ず緑色のもの——多くはホーレン草——を食べなければならない。なお、この一週間は暦ではカルヴォッヘ Karwoche という。その金曜日はカル・フライタークといって、キリストの亡くなった日とされ、午後三時には村人はすべて五分休むことになっている。プロテスタントにとっては一番重要視される日である。昔はこの日は忌み日で何も食べなかった。今はニシンとじゃがいもをつぶして揚げたライベクーヘン Leibekuchen を食べる。また、神父とキュスター Küster（世話人）は、村を廻って食物をもらって歩く。カルの土曜日 Karsamstag には、戦前は復活の行事が行なわれたが、戦後ローマ法王庁の命で、すべての行事は復活祭当日に集中されてしまった。昔はオースター・フォイア Osterfeuer といって教会の前で火をたいた。そのとき燃やすのはカルの日曜日に家ごとに十字架の後に飾っておいた木の枝を集めてやったという。村人はその火をローソクにともして家に持って帰り、竈《かまど》の火をそれでつけるしきたりであった。このローソクは一年間大切に保存し、雷などがなると、このローソクをともして雷よけにしたという。こうした催しのあとで村は復活祭を迎える。

復活祭 Oster。この日から昇天節《プフィングステン》まで毎日曜ミサのあと神父は教会の墓地にて祝禱 Segnen をする。当日ミサは三度行なわれる。三度目のミサをレヴィテン・アムト Levitenamt といい、三人の神父が一緒に行なった。このミサは四〇時間にわたって交代しつつ営まれる。オースター・ハーゼから卵を五ないし七個もらい、家に持って帰って隠したりした。また、名付け親の家に行って卵をもらった。卵は昔はタマネギをきざんで色をつけたという。子供たちはこの卵でティッペン Tippen という遊びをした。それは卵を手で握り、交互にたたきあって、割れた卵を持っている方が負けで、その卵を取り上げられた。当時は一〇時にカフェ、一二時に昼食、四時にカフェ(豆粉でする)、夜ワルメス・エッセン(焼肉、スープ、サラダ、じゃがいも、プリン、カフェとフラーデンの円いケーキ)が一般的である。食事のときには神父が各家を廻って祝禱する。これは月・火・水三日間にわたって行なわれるが、どの神父がどの村を廻るかは毎年異なっている。神父が来ると、各家では台所でパン、卵、肉のびん詰めを出して祝禱してもらった。

白い日曜日《ヴァイサー・ソンターク》 Weißersonntag。これは復活祭のあとに来る最初の日曜日。この日は子供の初聖体日である。家の扉に飾りつけをし、名付け親から洋服をもらう(これが名付け親からもらう最後のプレゼントであり、以後名付け親との関係は消滅する)。このあとは五月一日のマイ・バウムとなるが、その前日四月三〇日の夜、若者たちは白樺の木を切り出し、村に立てる。また、同時に自分の恋人の家の前にも立てる。村に立てる樹は三〇メートルもあり、村の共有林から切ってくる。これは若者組の権利となっている。これは九月初旬の大《グロース》キルメスまで立てておき、その日に舞踏会が催され、この木は切られて競売に付される。

フローン・ライヒナム Fronleichnam。六月末の木曜日。村に四ケ所祭壇を作る。それはヒルベラート村の上村《オーバース・ドルフ》と下村《ウンタース・ドルフ》 カーレンボルン、トーテンフェルトの人たちがそれぞれ受けもつことになっている。当日は村人全員で行列をなし、神父が先頭に立って聖体を持ち、若者たちはヒムメルHimmelという傘を持って、各祭壇を廻って歩く。

七月の第二日曜日には、ドナトゥスDonatusという聖人を祝っているミュンスターアイフェルのドナトゥス教会まで巡礼行をし、雷よけのお祈りをしてくる。この巡礼行は、中世のペストが大流行したときに始まり、これを毎年やらないと、またペストが流行する約束ごとになっているという。

八月一五日はマリア昇天《ヒムメルスターク》日である。上村《オーバース・ドルフ》の戦没者慰霊塔前に祭壇を作り、上村の人たちだけが集まってミサをあげる。それの前に神父は村人が持ってきた薬草を潔める祝禱を行なうが、これはあとで家畜に食べさせる。一種の厄病よけのまじないでもある。

九月の最初の日曜日から水曜日までは大キルメスが行なわれる。その日曜日夜一二時、村中で大さわぎしてキルメスの精を目覚めさせる。このキルメスの精はツァッハホイスZachheusという人形で形どられ、村の居酒屋の煙突の上にとりつけておく。また、当日は若者たちがこの祭りのために各家で作ったサウアーブラーテンを盗んで歩く。その週の火曜日午後、ハーネン・クェッペンHahnen-köppenといって雄鶏《おんどり》の首切り行事が行なわれる。雄鶏を籠に入れ、居酒屋の前にさかさまにして吊しておく。若者が逆立ちして眼かくしをして籠に近づき、籠から出ている雄鶏の首を切る。この若者がハーネン・ケーニヒ（鶏《わとり》の王）になる。

彼はそれになると、皆に酒をごちそうしなければならない。一輪車の競技がそのあとにある。若者たちはその後で行列をなして神父、先生、区長の家の前で音楽を奏し、旗振り Fähndelschwenken をする。水曜日の夜ツァッハホイス（人形）の葬式を行なう。このときは皆別れを惜しんで涙を流すという。その場所はツァッハホイス・クール Zachheuskuhl という特定の地である。

キルメスの月曜日、教会で死者のためのミサがある。昔は若者組が、今は消防隊が戦没者慰霊塔の前で花輪を捧げ、墓参りをし、そのあとで親類一同が家に集まってすごす。

九月の最後の日曜日、もしくは一〇月の最初の日曜日にはミヒェルスベルク Michelsberg という山まで約三時間の巡礼行が行なわれる。その目的が本来何であったかは不明であるが、現在は平和のための祈願が行なわれる。小キルメス Kleinkirmes は三位一体の日曜日に催される。これは一日だけで、その日には戦没者慰霊塔に行列して行く。一一月一日は万聖節《アルレ・ハイリゲン》 Alleheiligen には朝七時、八時、一〇時と三度のミサがあり、アイニク・ゲベート Einiggebet といって、とくに長い祈りが捧げられる。そして、一一月二日の万霊節《アルレ・ゼーレン》 Alleseelen となる。村人すべてが墓参りをして、故人の霊をとむらう。いわば、日本のお盆であり、こうして、村の年中行事がおわり、一一月一一日聖マルティン祭とともに、村は新たな年迎えの行事に入っていくわけである。

ヒルベラート村の人たちに聞くと、出産は皆自分の家ですると答える。この「自分の家」というのは、文化人類学でいう新処婚《ネオローカルマリエッジ》なのであるが、よく聞くと多くは嫁入り先での出産なのである。つまりこの村はほとんど父処婚《パトリローカルマリエッジ》なのだが、彼らの意識では夫婦とも結婚とともに自分たちの家を持っていると思っているからである。だから、いくら聞いても婚家で出産したとは言わない。この辺の事情はもう少し古い世代にあたってみる必要があるようだ。産婆はいつも隣り村のベルク、字ヘーゼリンゲンから来ていたが、今は出産自体はもっぱら病院なので事情が変わってしまった。昔は出生三日後に教会で洗礼を受けた。それで母親は一緒について行けなかった。今は母親が一緒に行くかたちになり、したがって、洗礼も少しおくれて受けるようになってきている。洗礼のとき夫側と妻側とからそれぞれ一人洗礼親（名付け親）が選ばれる。夫側のをペッチェンPätschen（一般にパテPate)、妻側のをイェトJöt（一般にイェドJöd）とよんでいる。男の子にはペッチェンの、女の子にはイェトの名前をつける。この名付け親との擬制親子関係は初聖体《エルステ・コムニオン》Erste Kommunionまでつづく。毎年正月と復活祭のときには名付け親の家に行き、祝福され、贈物をもらう（正月にはノイヤーレス・クランツ、復活祭には卵）。洗礼が終わると、夫の家で親類が集まりカフェを飲む。集まるのは双方の祖父母、両親、両親の兄弟姉妹、ならびに神父である。教会の洗礼式にはその年初聖体を受ける子供たちは皆参加する。

初聖体は一一歳か一二歳のときであり、したがって今は小学校三年生のときである。その日は白い日曜日《ヴァイサー・ソンターク》Weißersonntagといい、古来復活祭の次の日曜日とされている。日本の村では祭日は決まっていて動かせないが、この初聖体の場合、前神父が自分の系累の初聖体に出席したくて、村のそれを勝手に変えたことがあるらしい。つまり神父の都合で何ほどかは動かせられるような祭日なのであろう。この日名付け親から男の子は紺色、女の子は白色の洋服をもらう。それとともに名付け親との関係は断たれることになる。しかし、その後の祝祭日があるときにこの擬制的な親子関係が完全に消滅し去るのか否か、もう少しケーススタディ的に調べてみる必要があるように思った。当日家族は玄関にエゾ松とフィヒテの枝を編んで巻きつけ、白いバラをつける。また、入口の左右を門松で飾り、これにも白バラをつける。

村では四年ごとにフィルムンク Firmung が行なわれる。この司式は普通の神父はできず、ここはケルンの司教管区なのでわざわざケルンの司教が来て行なう。一九五八年にはケルンの大司教が来たということである。祭日は一定せず、だいたいは五月、プフィングステンの頃である。この式の参加者は九・一〇歳から一五・六歳までの青年男女で、神父がパテ Pate を決めていたが、現在は青年たちの方で選んでくるようになった。パテからの贈物は別になく、名付け親の場合ほど特別の関係は生じないようである。当日の午後家族とパテが集ってお祝いする。

卒業式 Schulentlassung。ヒルベラート村では学級一クラスだけだったので、皆が集まり、先生が詩を読んだり、生徒が暗誦した詩を皆の前で述べたりした。小学校を卒業すると若者組に入るが、とくに決まった日に加入するということはなく、その一年をつうじていつでもよかった。しかし、加入するときには、若者頭《プレシデント》 President と書記《シュリフトシュテラー》 Schriftsteller のところに行って、若者組の名簿に名前を記入しなければならず、それがすむと、はじめて若者組の行事に参加することが認められた。

若者組 Junggeselle。この村では結婚すると自動的に若者組を抜けることになっている。したがって、未婚の場合はいつまで経っても若者組のメンバーである。若者頭は選挙で選ばれるが、任期は不定である。若者組は教会の行事に対して業務を負っている。すなわち、教会の行列があるときは聖体の上に傘をかかげる。また、教会で結婚があると、若者組に対し花婿からギリシュ Gilisch（〃飲ませる〃意味）としてビール一箱が贈られる。ただし、これを受けとるのは花嫁の住んでいた村の若者組であって、彼らは宜しくと挨拶に来た花婿をさんざんからかい、これでお前さんもこれから苦労するだろうよと言って、牛の首枷《ヨッホ》 Joch を花婿の首にかける。現在はポルト・アーベント Portabend といって、花婿・花嫁は自分たちの知人に挨拶して廻ったあと、嫁の実家もしくは村のホールを借りて花婿は飲みもの代、花嫁は食べもの代を提供して騒ぐ。ほとんど結婚の披露宴と同じくらい費用がかかるという。そのとき割れ物は幸福をもたらすというので、わざわざ古い焼き物などを持ってきて割る風習がある。区長のアクサーの娘さんのときは一三〇人くらいよんだという。彼が今でも腹を立てているのは、そのとき隣り村の人たちが古煉瓦をトラックで運んできて家の前に捨てていったことである。きっと捨て場所に困って持ってきたのだろうとのこと。昔の若者組にギリシュをあげるという風習は、今ではこのポルト・アーベントのなかに組み込まれている。花婿・花嫁双方の村の若者組がよばれることになっている。教会の結婚式は必ず花嫁の側の教会で行なわれる。もちろん、例外はあって、両方の親が反対した場合などにはマリア・ラーフ Maria Raach という巡礼者の教会に行くこともあるという。式後花嫁の実家で祝会が催される。客が多いときは村の居酒屋《ガスト・シュテッテ》が使われる。その扉には緑のクランツが飾られる（Grünehochzeit という）。同様のことは金婚式のときにも行なわれる。このときは村の隣組がすべてを執りしきり、村からもお祝いがある。ただし、銀婚式は個人でやるとのこと。この祝会のときの座順は決まっており、婿・嫁が中央、両親が次、もしまだ健在ならば名付け親ペッチェンとイェトが次、若者組は下座に坐る。彼らは、その代り大いに悪戯《いたずら》をする。例えばストーヴの上に乳母車を飾ったり、新郎・新婦のベッドを汚したり、ベッドの足を切ったりする。

アウフゲボート Aufgebot。これは「誰それは誰々と結婚したいというが、これに異議のある者は申し出られたし」という張り紙を教会の扉に張ることをいう。若者組の人たちはそのあとで嫁になる人の家に行って、その前で大声でお祝いの歌を歌い、ビールとシュナップス（焼酎）をもらう。村では結婚することはハーベン Haben（持つ）とクリーゲン Kriegen（もらう）の問題だと言っている。というのは、この村の相続は均分相続なので、七人も八人も子供がいると、たとえ家《うち》は大きくとも子の取り分は少なくなり、最低限自分のと同じくらいの財産（多くは土地）を有している家《うち》と結婚しないとなかなか独立できないからである。こうして、結婚は同時に計算の問題でもある。しかも、結婚がうまくいって、やっと独立できても、自分の息子たちのときに、また同じ問題が生じ、永遠に繰返されることになる。事実一九世紀の戸籍をみると、子供の多い家庭が目立つから、結婚問題は社会的に深刻だったに相違ない。アクサーさんは自分の例を話してくれた。彼は奥さんをアイフェルの奥地からもらったのだが、彼が農民でなく大工だったので向うの両親に反対され、結局ミュンスター・アイフェルの教会で妻の妹、自分の姉、名付け親三人の附添いで挙式した。こうした挙式を Stille Hochzeit（簡略な結婚）というそうである。これに対し妻の姉は両親の許しがあったから三日間に八〇人の客を集めて盛大な結婚式を開くことができた。親の許しがある場合とそうでない場合とではこんなに違うのだと彼は言ったが、これは日本の場合でも同じであろう。興味深いのは、村に「嫁をもらうならベルガバッハの向うでさがすな」という伝承があることである。ベルガバッハとはベルクの小川を言い、そこが村境であるから、嫁は村の中でさがせという意味であり、事実昔はほとんど村内婚であったという。したがって、族外婚規制がないかぎり、イトコ婚が多くなるのは当然であり、それがひとつの共通する悩みであったという。この点はいずれ戸籍の分析をつうじて何ほどか明らかとなるであろう。

葬式。このときに一番大きな役割を演じるのは隣組 Nachbarschaft である。彼らは棺を運び、墓を掘り、また埋める仕事いっさいを引き受ける。いまは墓掘りと埋めはラインバッハから人を頼んでやってもらうことが多くなったが、その費用一二〇マルクは隣組が持つことになっている。人が亡くなると、その寝棺は三日間その家に安置する。昔は三日間毎晩身内・隣組・友人たちが集まってロザリオの祈りをしたが、今は葬式の前の晩だけにするようになった。昔はこの間に村から七人の娘を集め、村の七ケ所の十字架《クロイツ》を廻って、いわゆる七日の祈りを膝を折りまげてする。シーベン・フスェレ・べーテン Siebenfußfällebeten という。これはキリストが死ぬとき身体に七つの傷を負った故事にちなんでおり、霊が安らかに天国に行くことを祈るものである。今はもう行なわれていない。葬式当日には家に身内以外に神父と葬式参加の人たちが集まり、墓まで行く。いまは墓にチャペルができたので、家に寝棺をおかず、すぐチャペルに運んでしまうようになり、葬式もそこから出るかたちになった。しかし、昔風の老人や死者があまりにも親しい関係にあったりすると、すぐチャペルに運ぶのを嫌がる場合もあるという。もっともなことである。

ライヒェン・シュマウス Leichenschmaus。葬式が終わったあと参会者一同のする食事のこと。亡くなった人の家もしくは客の多いときは居酒屋を借りて行なわれる。食事といっても、カフェ、菓子、ハム・ソーセージ等である。必ず招かれるのは隣組の中で棺をかついだ人たちである。それから七人の男の子(六歳から一四歳)。これは葬式に際し棺の前後に七本のローソクを持って附添う役をする子供たちである。そのときローソクをにぎるのに使った白い布とローソクの残りを貰うが、これは昔は大変なプレゼントだったという。

墓地 Friedhof。個人が教会から三〇年契約で買う。この墓の管理と経営は村の Kirchenvorstand がやっている。他の村々はラインバッハ市の方で管理していて、村でやっているのはヒルベラートだけだということである。ヒルベラートの墓地は教会墓地と村の共同墓地と二つあるが、いずれもこの団体 Kirchenvorstand が管理している。その運営規則は、しかし、ラインバッハ市のそれとまったく同じである。墓は個人墓で、夫婦で入ろうとする場合には少し幅広いのを買わねばならない。もしその家の誰かが早く死ぬと、そこに埋めることになるから、本人は別のところを買う必要が生じる。そういうことがなく本人も長生きすると、三〇年の契約をさらに延長・更新の再契約が可能である。しかし、このような個人墓形式で、その家の人たちの誰かと契約更新がない場合、まったく別の人がその墓と契約して入ることもあり、何十年か経つと、その墓が誰の墓だか分からなくなってくる。常識で考えても、ひとつの墓を多数の人たちが使うことになるから、家を同じくしない人が介在すれば、当然誰の墓なのか識別が困難となるだろうということは明らかである。アクサーさんは面白い話をしてくれた。亡くなった自分の親のために墓をひとつ買ったところ、父の友人たちにからかわれた、さぞ親父《おやじ》さん居心地が悪かろう、きっと、最後の審判の日に復活したら喧嘩をおっぱじめるのではないか、と。何故かと聞いたら、その墓は以前彼の父と生前とても仲の悪かった人のものだったからだという話だった。これは二つの意味を含んでいるように思われる。ひとつは同一の墓を同一の家で絶えず再契約していくという風習がない場合には、家の祖先墓というイメージが生じないから、数世代のうちにまったく系譜意識は混沌としてくるであろうということである。その場合には日本の家墓とはまったく異なった形態となる。極限的な事態を考えれば、日本の村で家墓が出来てくる以前の、しばしば近畿地方の古い村の共同墓地でただ五輪塔が立っているだけのそれと似たような状況が現出されることであろう。いまひとつは、アクサーさんは知らなかったにしても、村人はそこに誰が入っていたかをやはりよく知っているということである。だから、常識的には混沌現象が生じても一向おかしくないにしても、村の生活事実としては、やはり誰それの墓、誰の家《うち》の墓という意識は存在していて、そこにおのずから識別する尺度みたいなものが機能していると見ることができる。ヒルベラート村の墓地構造は、このような両面指向性《アムビヴアレンツ》がみられる点が特徴的であり、ヨーロッパでどの範囲まで、どの程度までそうした墓地構造がみられるか、事実に即して検討を加えることは、これからの課題といえるであろう。

二　ヒルベラート村の家族構成——比較家族史の視角から

小序

私は一九八五年以降、断続的にヴィーン大学時代の学友ヨーゼフ・クライナー（現ボン大学教授）と二人でボン—ケルン市近郊の農村であるヒルベラート村の調査を行なっている。この村はボンから車で約三〇分、ライン河西岸のいわゆるアイフェル地方とよばれるなかでもフォア・アイフェルと言われている地域の近郊農村である。戸数一三九、内七一戸は新住者であり、その半数近くは戦後東ドイツから逃れてきた人々であり、カトリックの村であったヒルベラートは、今はプロテスタントとの混住村落（二重構成）となって、やや宗教的・行政的に複雑さを増した。[☆1] しかし、区長のアクサー氏は行政にはきわめて熱心で、東ドイツからの人々を受け入れたとき、各家々を廻って歩き、彼らを従来から存在した隣組 Nachbarschaftsgemeinschaft の組織に組み入れることに成功した。こうして、村は現在九つの隣組が存在しており、村人の冠婚葬祭の担い手となっている。[☆2] それは戦前の日本農村における隣組を彷彿たらしめるほどに、日常的によく機能している。村の中央には教会および墓地、司祭館、消防署、公民館、小学校があり、村から国道に通じる昔からの出入口二つの道端には、道祖神と似た道標もしくは祠があり、カトリックの祭礼のときは、そこに祭壇が設けられる。それからみて

も、村を悪霊・異人から守る機能を果たしているといってよいであろう。[☆3]

専業農家は今では七戸に減り、大部分は二種兼業農家、それも近くの町ラインバッハやボン、ケルン等に家人が職場を有する通勤農家である。

このように、ヒルベラート村は今日のドイツでは（そして、おそらく日本でも）ごく普通にみられる近郊農村のひとつである。もちろんドイツも日本と同じく地域性があり、大きく東部と西部で異なっている。とくにニーダーザクセンから東にかけてはユンカー大地主層が勢力を有していたため、彼らの大農場経営とともに村落の景観を著しく異ならしめている。南部のバイエルンは中規模自営農民の多い純農村が一般的な農業地帯であり、オーストリアと言葉も習俗も似ている。最近は、しかし、ハイテク産業立地となって、昔日とは面目を一新しつつある。西南ドイツもスイス、フランスと隣接し、現在フランスに属しているアルザス地方も含めて一九世紀にはシュトラスブルク―ハイデルベルク―フライブルクの西南ドイツ文化圏を形成した。農業・工業・商業がモザイク状に絡みあって数多くの小地域市場圏を形成している独特の景観が展開している地域である。ライン左岸のノルト・ライン地方はナポレオンに征せられた歴史を有し、また一八一五年以降はプロイセン領でもあった。ルール炭鉱地帯を中心にドイツ工業化が進展した先進地域である。アイフェル地方は、いわばそうした工業化の後背地を形成していた。ライン地方は日本より半世紀近く早く工業化過程に入ったが、その展開行程は後発国として日本と雁行しており、農村の相貌がその間どうであったかを日本の場合と比較しつつ、その特徴点をみるのには相対的によい条件をそなえているように思われた。ただ、実態調査をするうえに必要な資料をそろえるのは、意外にむずかしかった。日本の戸籍（徳川時代なら宗門改め帳や検地帳）といった便利なものはなく、住民の人口史はブリュールの文書館、現在人口の登録（住民票）はラインバッハの市役所、いわゆる家族構成をみていくうえで必要な婚姻登録、出生・死亡登録などの史料はヒルベラートの村の教会司祭が所蔵していた。さらに法律で最近一九〇〇年以降の記録は非公開となっている。こうした経緯で、現在私の手元にはブリュール文書館で入手した人口史料のみがある。これは当局と交渉して学術調査であるということで、やっと入手した一八一五年から一九四五年までの一三〇年間にわたる住民統計史料なのである。それによると、この一三〇年間においてヒルベラート村で生死した総人数は、一、〇六七人である。いま一世代を三〇年とみて整序すると、一三〇年はほぼ四世代であり、それで総人数を割ると、一世代ほぼ二六七名、一世帯五人とすれば約五〇戸、昔は死亡乳幼児が多かったとして、一世帯八人とすると、三〇余戸となる。したがって、だいたいのところヒルベラート村は、近現代でみれば四〇戸前後の農村であったとみてよいであろう。本稿では、この住民の人口統計史料にもとづいて、どれほどの事柄が見えてくるかについて検討を試みてみようと思う。ただし、その整理は現在もなお進行中であり、ここではその中間報告として、一種のケース・スタディというかたちで気づいた問題点を、覚え書きふうに記しておくことにしたい。したがって、何らかの結論の提示でもなく、また、統計数字を駆使した網羅的な総括では更になく、現在人口の社会学的に厳密な実態調査では、もとよりない。というのは、この住民統計は、すべて個人単位で集計されており、これからひとつの家族を復元し構成していくこと自体、さまざまな問題を孕んでいるからである。つぎにそうした点を若干のケース毎に分析し、気づいた問題を検討していくことにする。すべての家族構成を復元し、現時点における村の構造を分析する作業は、まだ先のことである。

一　家族のヨーロッパ的パターン

比較家族史研究は学問の分野では最近脚光をあびつつある領域である。それが注目されるに至ったひとつの契機は、ペーター・ラスレット、リチャード・ウォル編 Hauschold and family in past time, Cambridge, 1972 の刊行であった。それによれば、レニングラード（現サンクト・ペテルスブルク）とトリエステを結ぶ線の西側では、男性およびとくに女性の婚姻年齢がかなり高いことが特徴的であり、二〇代半ばから後半が多い。それに対してこの境界線から東側では男女ともに早婚で一〇代が多く、その低い婚姻年齢は非ヨーロッパ地域のそれと比べられるという。オーストリアで中欧の比較家族史研究を精力的に進めているミヒャエル・ミッテラウアーは、この境界線より西側の、アルプス以北地域にみられる婚姻年齢が高いという特徴をひとつの尺度にして「ヨーロッパ的婚姻パターン」を類型化した。このパターンには、それ以外にいくつかの特徴が附加されているので、簡単に要約してみよう。[☆4]

（1）この「ヨーロッパ的婚姻パターン」に対応する家族形態は、従来通説視されてきたいわゆる大家族でも直系家族でもなく、夫婦と子供たちの二世代核家族である。家父長制的な直系家族は、経済事情、一子相続法、軍事的条件等と絡みあって、南フランス、オーストリアなどに比較的多く見られるにすぎない。

（2）中・西欧では多世代複合家族は、隠居が存在する場合である。興味深いのは東・南欧の複合大家族では年長者でもある家長の権威が支配するが、中・西欧では家長は年老いた父ではなく、家屋敷を継承した息子であり、ミッテラウアーは家族における父の権威が老年になって放棄される事例は、比較家族史的にみて中・西欧文化圏の特徴であると見ている。ただし、私見では日本の場合、大間知篤三の開拓的業績が示しているように、いわゆる隠居制家族がしばしばみられる日本列島の南西部(伊豆諸島を含めて)では、同様の事態がみられるので、ミッテラウアーのこの指摘は、なお再考を要するように思われる。

(3)中・西欧と対比的に、東・南欧にみられる典型的な複合的大家族であるザドルウガでは、父・子・兄弟・オジ・甥・男系従兄弟等の父系親族の共住が一般的であり、父系以外の親族は原則としては含まない家父長制大家族である。この地域ではスラヴァ祭とよばれるキリスト教化した祖先祭祀が存在し、各家族では一人の守護聖人を祀るが、この聖人は実は家の先祖のキリスト教的表現なのである。この祭祀ではチトウラ(男系の死亡した祖先の名簿)を読みあげ、スラヴァのローソクをともす。この家聖人の祭祀は男系で継承され、養子の場合は養父の家聖人の祭祀を継承する。そして、この家聖人祭祀を共にする者は相互に同じ親族であるとみなされるのである。ミッテラウアーは祖先崇拝と早婚・多子の現象との間に、家の永続観念を媒介に一定の因果連関があるとみて、「ヨーロッパ的婚姻パターン」は、キリスト教によって祖先崇拝の慣習が中・西欧では中世初期以降いち早く征圧されたために可能になったと考えている。

(4)したがって、「ヨーロッパ的婚姻パターン」が支配的な地域では、新居・新世帯の設立が通例であり、彼らが父方居住する場合には、その結婚以前に父の家屋敷を相続することが、すでに慣習化されていたとみられる。逆に祖先祭祀が支配的な地域では、家長の権威は終生にわたって存続し、その下での父方居住は多世代複合大家族を形成する可能性がきわめて高いということになる。

（5）婚姻年齢が高いということは、青年期がきわめて長期にわたることを意味し、新郎・新婦が生まれたときには、両親もしくはその一方がすでに死亡している場合も多い事情とも関連するであろうが、そのパートナーを選択するにあたって若者の自主性が働く余地の生じ易い点が留意されよう。当時若者がいち早く親元を離れ、他家へ奉公に出る慣習が一般的であったという事情も加算されてよい。

（6）青年期が長期間にわたるということは、性的成熟と結婚するまでの期間が長いことを意味しており、それは婚外出生子の多いことと相関している（サルツブルグでは一九一〇年になっても、約四分の一がそうである）。これはまた、農村では労働力需要が強かった事情とも関わっている。そうした需要が相対的に弱い都市手工業では婚外出産は厳しく拒否されたことと対比されよう。

（7）ミッテラウアーは、ヨーロッパの家族では若者が男女を問わず早くから他家へ奉公に出ることが、もうひとつの特徴であるとみている。農村における奉公の起源は、中世のグルントヘルの荘園と農民家族との間の労働関係（賦役等）、また農民相互の相互扶助（Bittarbeit）にある。ミッテラウアーは、新世帯形成にかかる高いコストを、若い男女は奉公によって稼ごうとしたことが、早期奉公の慣習を支える動機であり、結果的に婚姻年齢の高いこと、晩婚化を生ずることになったひとつの理由であると考えている。

（8）ミッテラウアーの指摘で興味深いのは、配偶者の死亡もしくは離婚による再婚率の高いこと、その結果生じる「異母、異夫の兄弟姉妹がひとつ家に共住する」ことが、ヨーロッパの家族にみられる特徴のひとつであるとする点である。これは残った配偶者が家産を継承できる慣習とも関わってくると思われる。

ミッテラウアーの提起した問題は、もっと多岐にわたっているが、本稿で検討したく思っている問題については、さしあたってこれで十分である。私の有する資料では、前述した理由により、ミッテラウアーの提起した問題の多くは検討できそうにないので、比較的可能と思われる「ヨーロッパ的婚姻パターン」という、索出的な尺度についてだけ、それも一般的な結論を目指してというよりは、事例研究《ケーススタディ》というかたちで検討を試みることにしたい。もとより暫定的性格の覚え書きであることは、言うまでもない。

二　ヒルベラート村・家族の事例研究

（1）図表1　村名が家名になっている家が四軒ある。妻はいずれも村内からである。婚姻年齢は、婚姻の年月が不明なので算出できない。ここで考えねばならぬことは、第一例のヨハン家で子供がいずれも未婚と記載されている点である。彼らが成人する年代は、ドイツでは第二帝制の最盛期でラインランデは工業化へスパートをかけた時代であり、彼らの多くは村を出て都市の労働者となって、そのまま村には戻らなかったため、戸籍上は未婚のまま終わったかたちになったのではなかろうか。大いにあり得ることのように思われる。他の図表で未婚とあるのも、ほぼ同じに考えてよいであろう。

（2）図表2　カレンボルン家は、戸籍面で六代前まで遡及でき、一世代三〇年として一八〇年、つまり今から二〇〇年ほどの家系が判明している事例である。そのうち三代目のフーベルト〔1〕、五代目ハインリッヒ〔1〕は婚姻年月がわかっている。婚姻年齢はそれぞれ夫二八歳、妻三一歳、夫二四歳、妻三二歳と、いずれも妻は姉女房で、夫婦の年齢差は三歳、八歳である。なお、カレンボルン家はこの二例ともに村内のクノット家からの婚入であることが注目される。長男のヘルマンは妻をシュミッツ家から得ているが、子供の世代で家系が絶え、四男（？）のヨーゼフ〔1〕がクライン家から妻を得て、おそらく現在にまで至っていると思われる。死産した子の名前を次に生まれた子につけているところは、親の気持ちが反映しているといえよう。

図表1　ヒルベラート家

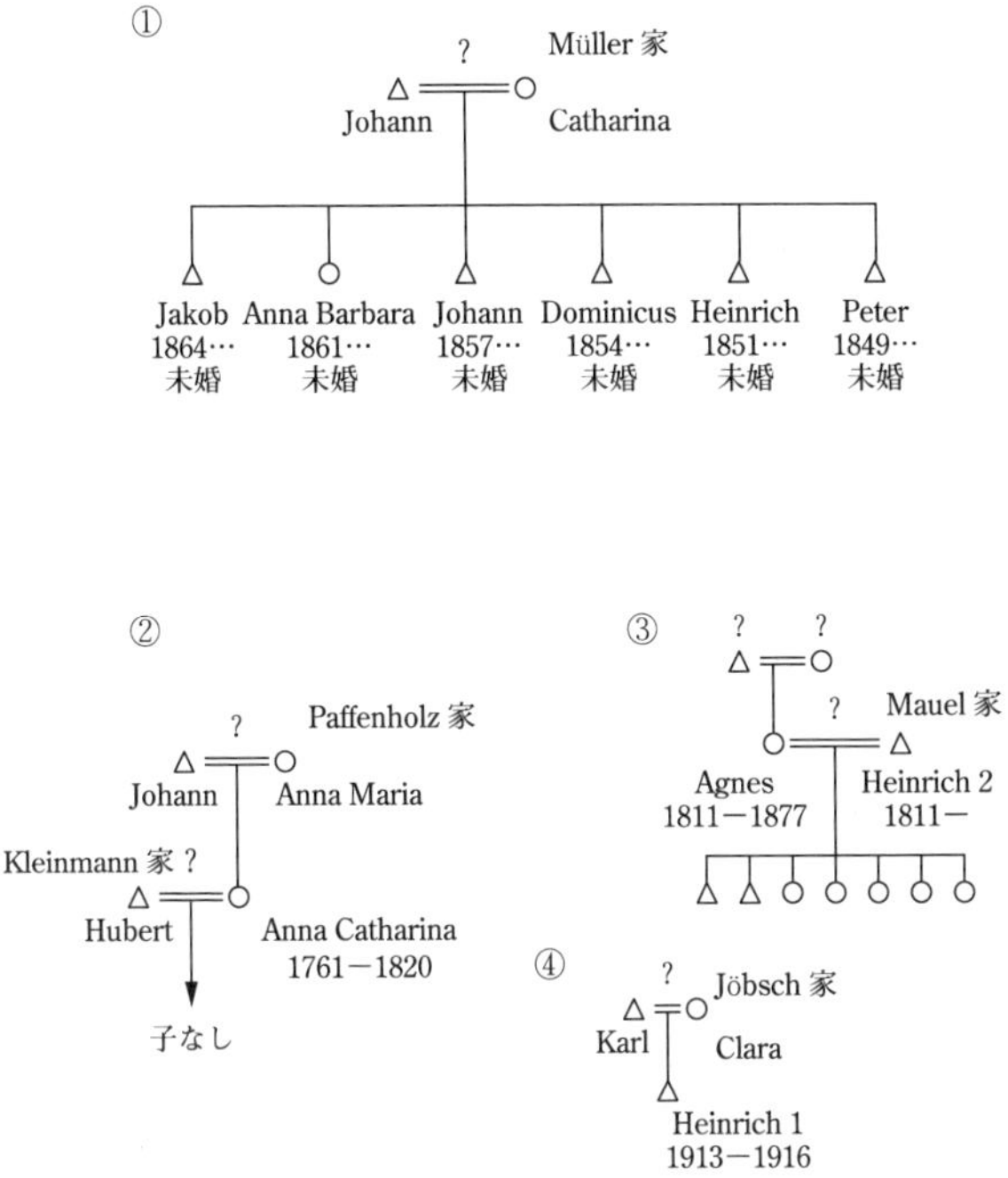

（3）図表3　クノット家は三軒、そのうち①と②は、六代前、五代前まで家系が辿れる旧家である。第二事例は、再婚のケースである。第一事例では長女が前出カレンボルン家のフーベルトに婚出し、次女のマリアは三六歳でシュミッツ家に嫁いでいる。三女アンナは二八歳でマウアー家

図表2　カレンボルン家

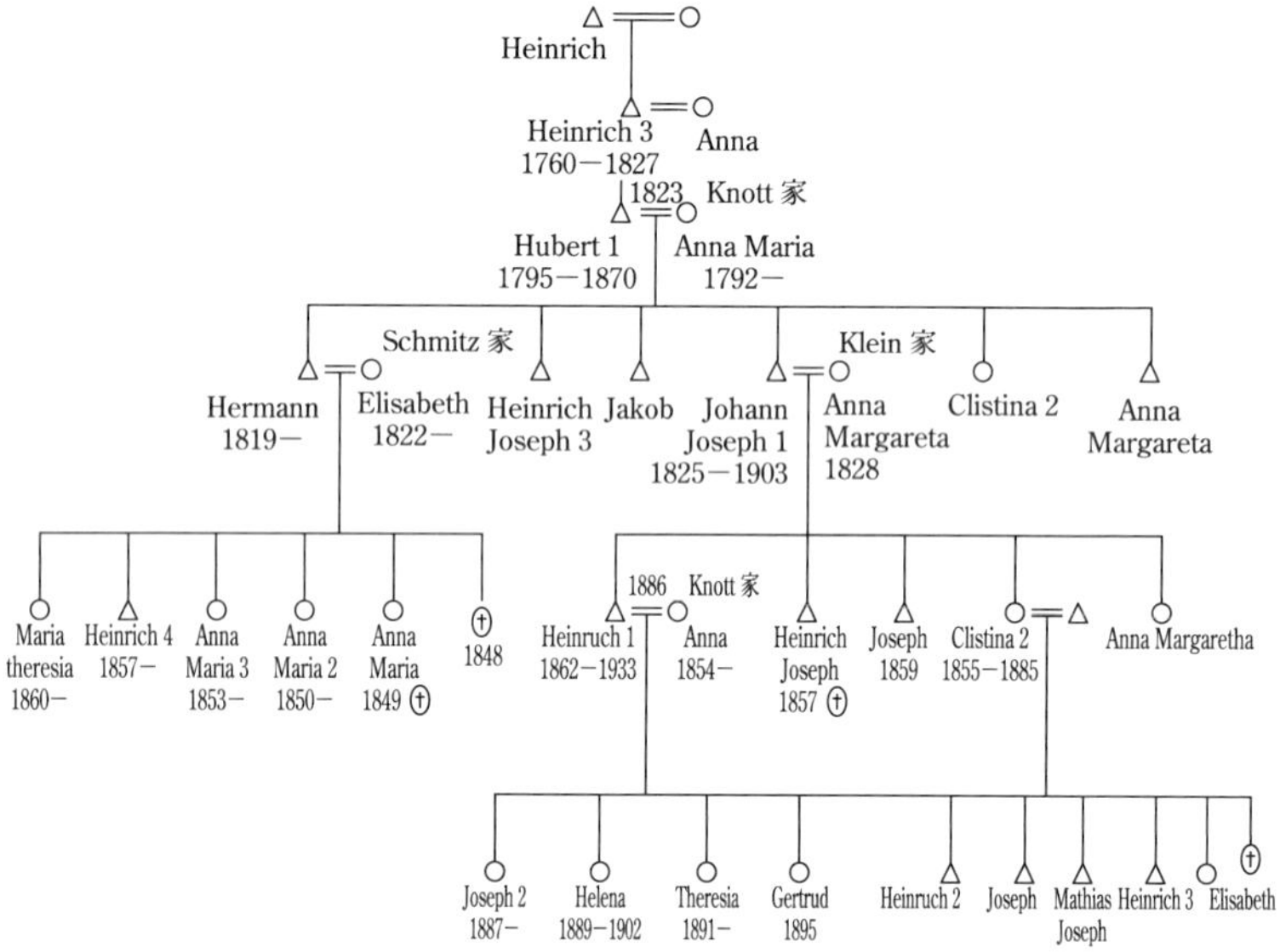

へ婚出。家業はアントンが継ぐが、彼はゴイアー家から妻を得てのち、死亡か離婚か不明だが、シュナイダー家の女性と再婚している。なお、祖母もシュナイダー家からきている。初婚のとき夫三四歳、妻一八歳で、再婚までは七年、長男ハインリヒは、別のクノット家からのヴェロニカと結婚しているが、ヴェロニカの名は、この二事例のなかでは見当たらなかった。夫は三〇歳、妻は二二歳である。その子ミヒャエルと妻アンナの婚姻年齢は二八歳、同年である。再婚後の三女アンナは前出カレンボルン家へ婚出。カレンボルン家とは二世代にわたって婚戚関係にあることになる。

（4）図表4 ②のクノット家も六代前まで遡れる家系である。二代目のヤコブは再婚している。二代目、三代目とつづけて妻は他村からきている。ただ、トー

図表3　クノット家

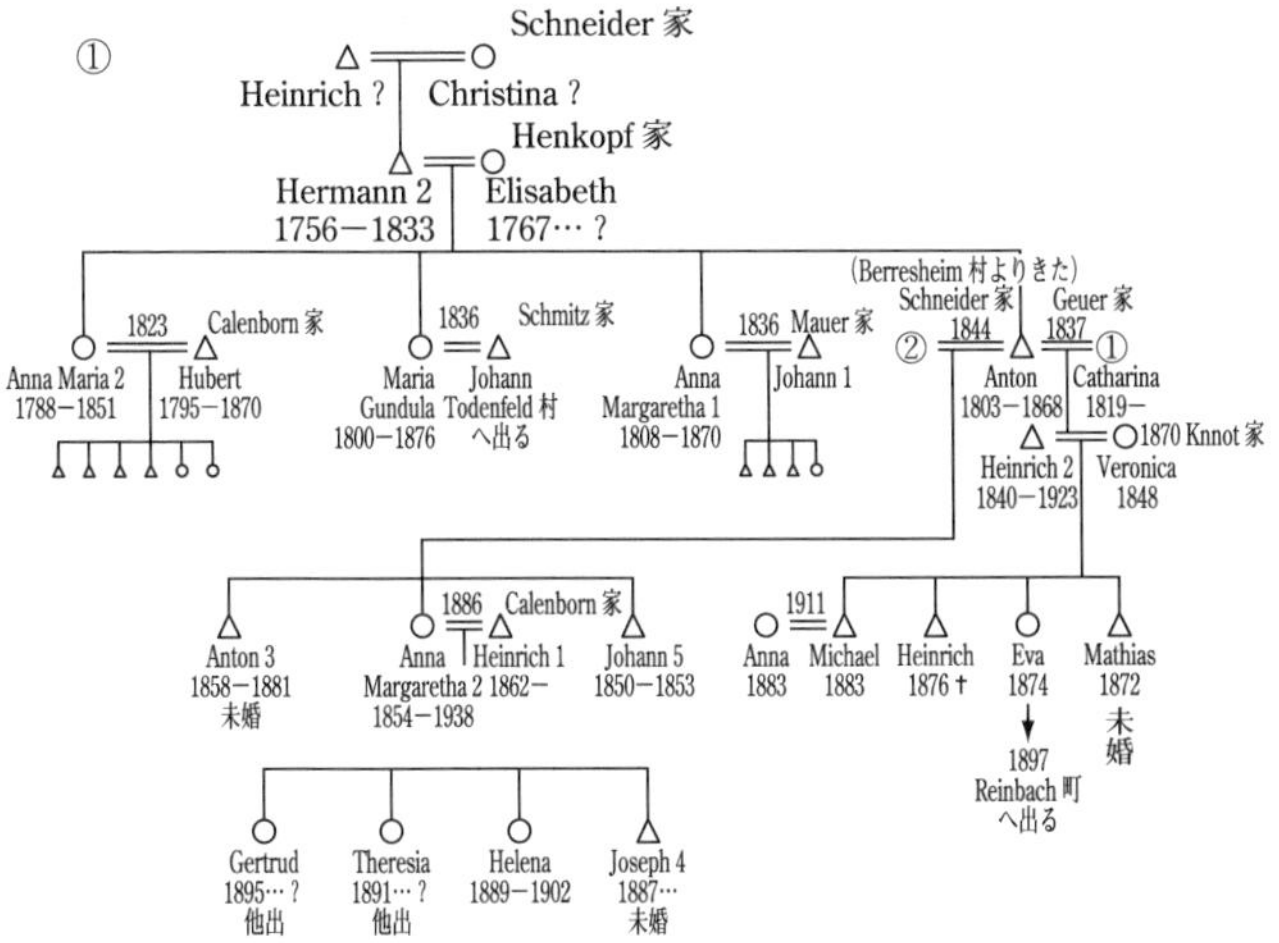

デンフェルト村とは現在も関係が密で、ヒルベラート村の共同墓地もそこにある。五代目ヨハン〔2〕の次女マルガレータはマールベルク家に嫁いでいる。婚姻年齢は夫二四歳、妻二八歳、姉女房で夫婦の年齢差は四歳、末女アグネスは三〇歳で結婚、夫は三四歳。この②のクノット家は、六代目で他村に出てしまい、男子はいずれも早逝、したがって、ヒルベラート村での家系は絶える。どうして残さなかったかの事由は不明。こうしたケースは他の事例でもみられ、戦前日本の家の永続性指向と対比して検討すべき点のひとつである。

(5) 図表5　レーネン家の①は、ボールシャイト村から来て三一歳でヒュレン家のアンナと結婚し、二子を得るが、死亡か離婚か事由不明のままミュラー家のマルガレータと再婚し、三子を得る。初婚の子ヨーゼフはラインバッハの町マイ家から妻を得て一男一女をもうける。夫二六歳、妻二一歳。子は未婚で終わっている。③のレーネン

図表4　クノット家

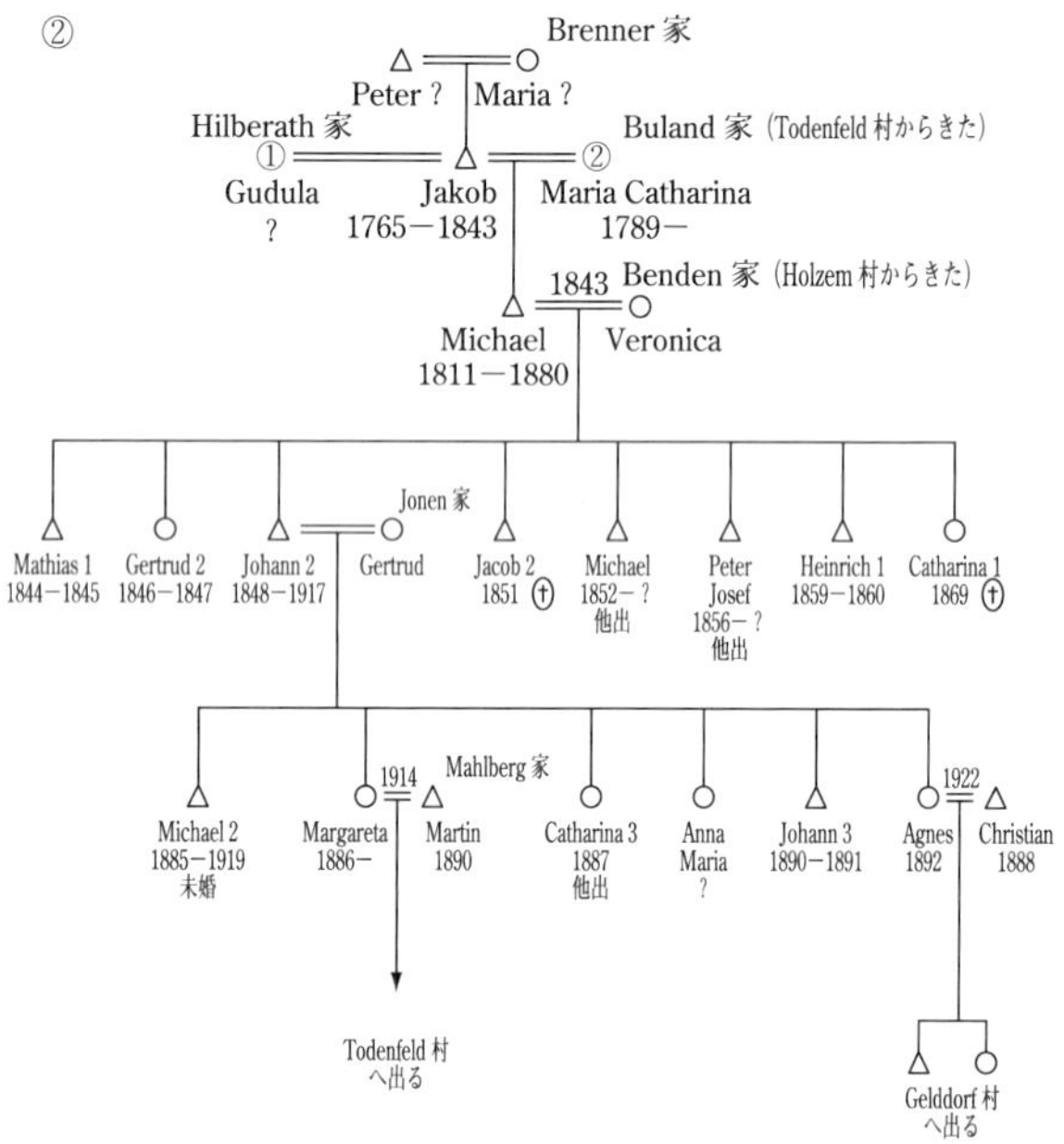

家は四男のヴィルヘルムがクノット家のヴェロニカと結婚するが、その名はクノット家の三事例からは見つからなかった。この第三事例では一〇人の多子家庭ながら、いずれも未婚なのが注目される。他出のまま戻らなかったか、その間に戦争で消息不明のまま終わったのか、気になるところである。

（6）図表6　アクサ家は現区長の出ている家系である。しかし、①の事例は、現在は残っていない。したがって、②の事例で未婚（一九四五年までの期間で）となっているケースのあとを改めて辿ってみるほかはない。

（7）図表7　デクロッペ家は多子家庭の典型であるが、未婚の多さでも止目される。また二代目ペーターは、再々婚の例である。未婚の理由は、前出に述べたことが参考となろう。

（8）図表8　ゴイアー家はクノット家と関係が深い。三代目のマティアス〔2〕は、二六歳で三八歳の、一二歳年上のアンナと結婚するが子はなく、長女はパッフェンホルツ家に婚出、長男（?）のマティアス〔1〕および次女マリアの消息は戸籍上不明である。②の場合、ハインリッヒの長女は一八歳でクノット家のアントン〔1〕と結婚、アントンは三四歳。夫婦の年齢差は一六歳である。

図表5　レーネン家

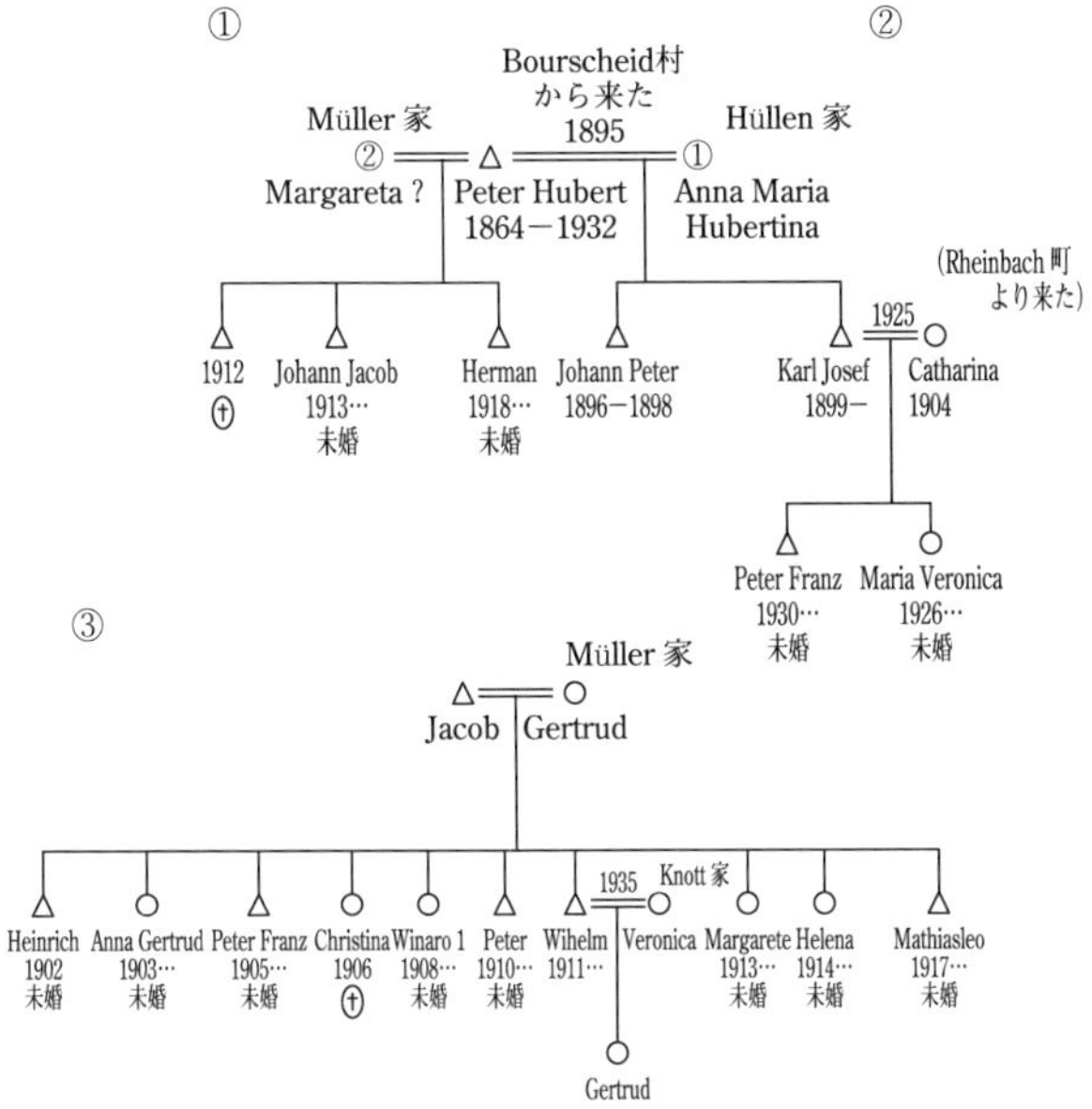

（9）図表9　ゴイアー家は第二世代のヨハンおよび第三世代のカタリーナがクノット家と婚姻関係を結んでいる。マルガレータ〔2〕が結婚した年齢は、三三歳である。ヨハンの子マティアスは、ベルク村の女性と結婚しているが、そのとき夫二六歳、妻三三歳、七歳年上の姉女房である。なお、ヨハンの娘アンナは、ハインリッヒの娘マルガレータ〔2〕と従姉妹同士であるが、いずれもパッフェンホルツ家の①と②に嫁いでおり、この二つのパッフェンホルツ家が相互にどういう親族関係にあるかが判明すれば、この事例も興味深いものとなる。ハインリッヒは再婚しているが、その夫婦年齢差は二

図表6　アクサ家

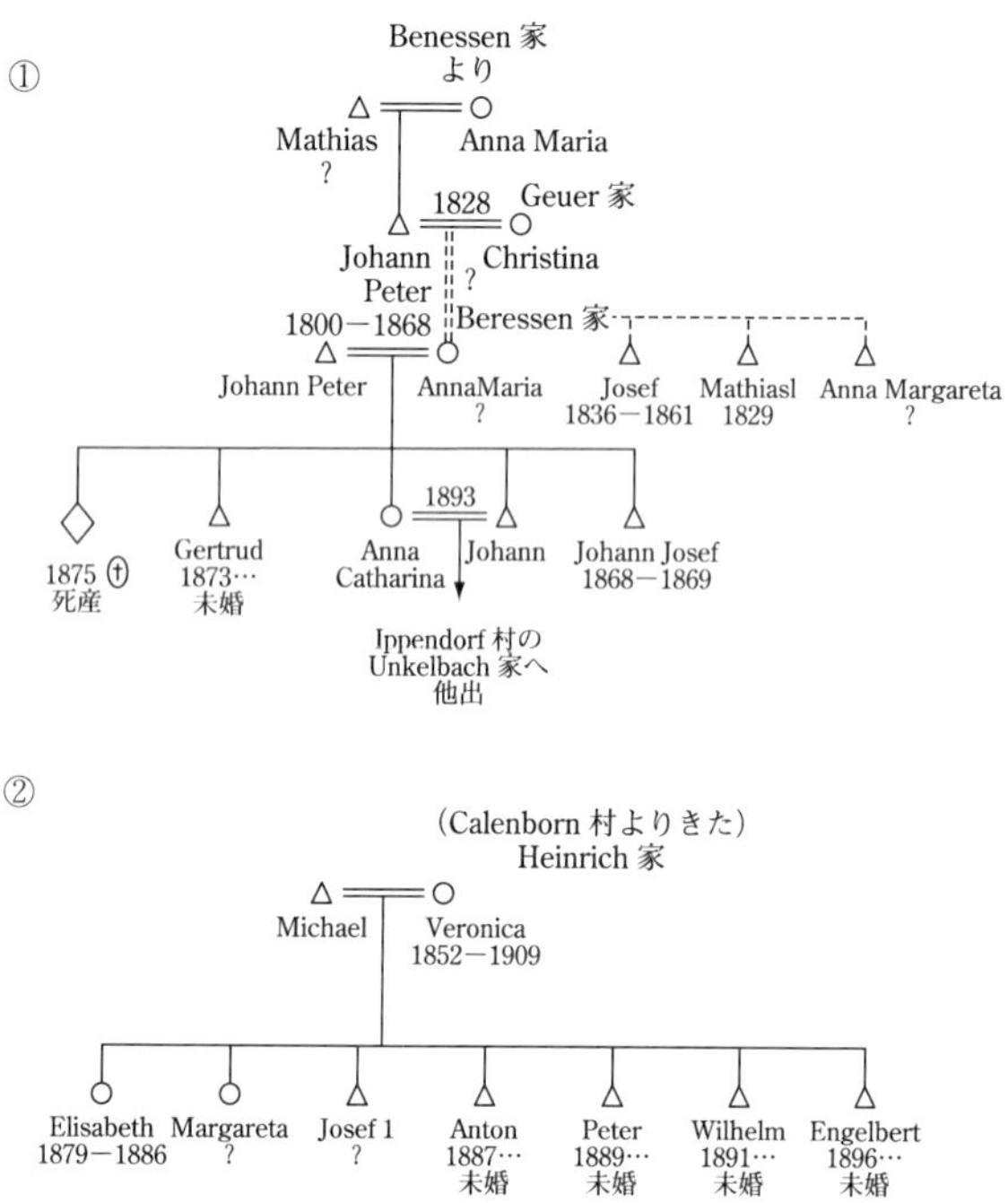

一歳である。

(10) 図表10 ①のパッフェンホルツ家は、四代でこの村での家系が絶えている例である。

(11) 図表11 ②のパッフェンホルツ家のミヒャエルは、前出ゴイアー家のアンナと再婚している。夫婦の年齢差は一六歳。娘のマリアはケスリング家へ二五歳で婚出している。息子のマティアス〔1〕はニップ家のゲルトルートと二三歳で結婚している。その後エリザベートの世代で不明のまま途切れている。

(12) 図表12 ③の事例では、ヨハンは妻アンナより一一歳年上である。娘が嫁いだミュラー家、ヨーネン家との関係は、不明である。

図表7　デクロウペ家

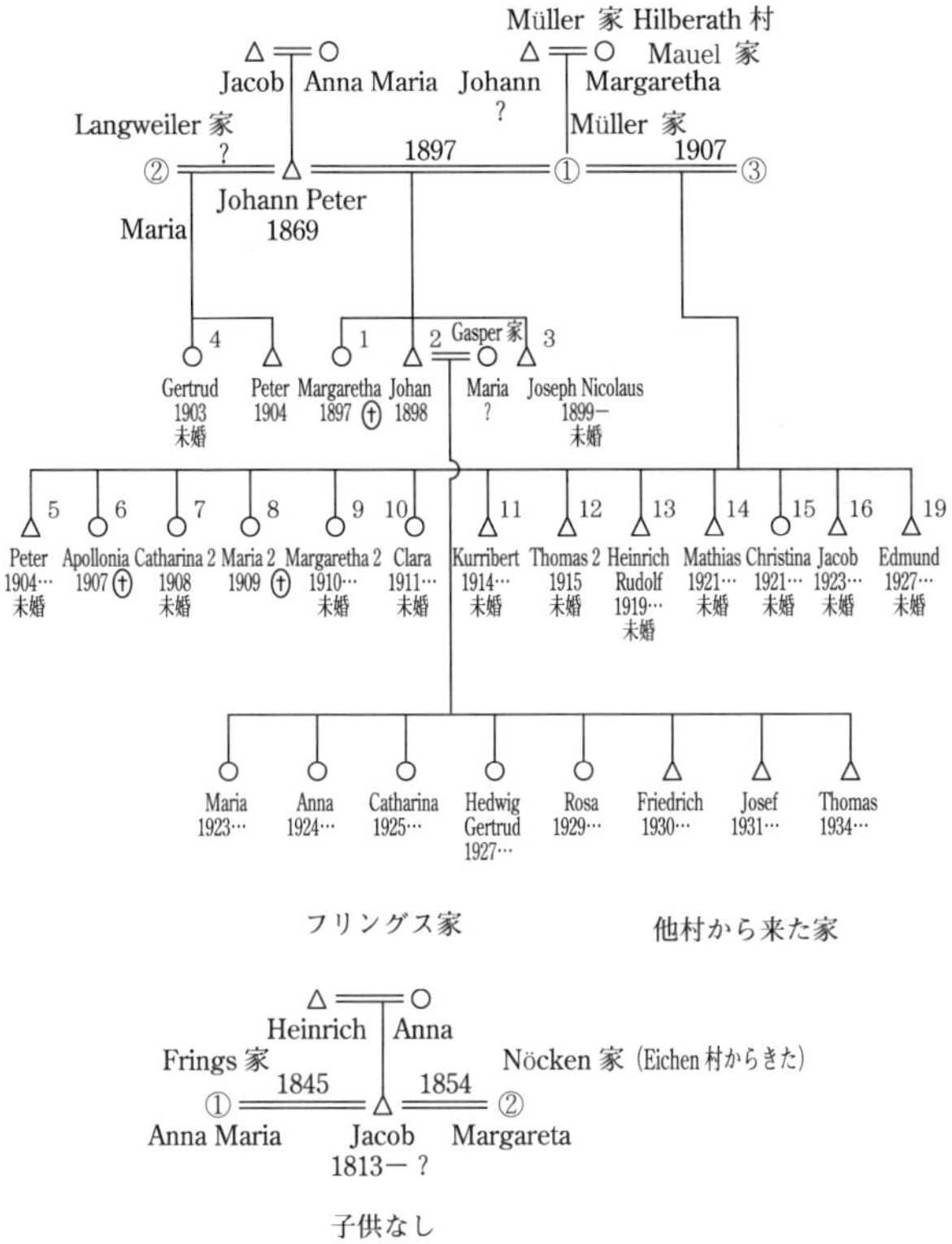

三　小括

ヒルベラート村の人口統計で本稿のなかで一八世紀末葉から二〇世紀前半までの期間を通じて夫婦を核とする家族世帯の復元できた数は、五九軒である。[☆5] 子の人数の規模でいえば、一七人が一戸、一〇人が一戸、八人が二戸、七人が四戸、六人が六戸、五人が五戸、四人が八戸、三人が六戸、二人が五戸、一人が一〇戸、〇人が一一戸（内、結婚後他村へ出たため、戸籍上〇と記載があった家が六戸）、計五九戸と

図表8　ゴイアー家

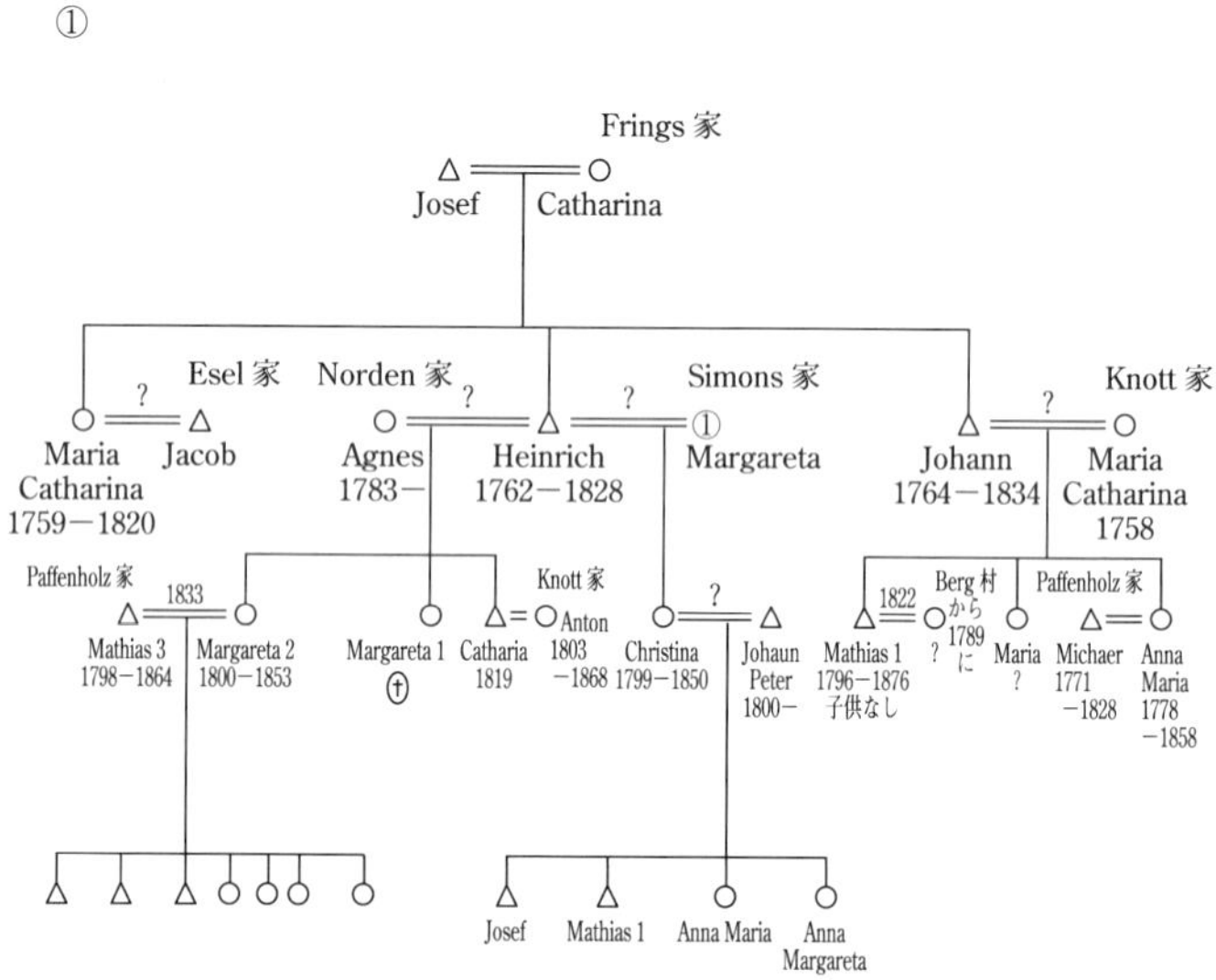

なる。そのなかで死産児は二六名、一歳児は一六名、二歳児が二名、三歳児が七名、七歳児一名、八歳児二名、計五二名。そのうち死産児、一歳児の合計は四二名、実に八八%を占めている。しかも、そのほとんどは一九世紀後半から二〇世紀前半にかけての一世紀におけるものである。これは五人以上の多子家庭が三二%以上の高率にのぼることと無関係ではあるまい。一九世紀に入ってからの二人以下の少子家庭は一割に満たないことは、ミッテラウアーが言っているような少子家庭が「ヨーロッパ的婚姻パターン」の一特徴といっていることに対して、若干の疑義を提示するものである。[☆6]もとより、それはケース・スタディのレベルでのことにすぎないものではあるが、氷山の一角ということもあり得るであろう。

つぎに婚姻年齢が判明している事例でみ

てみると、男性の場合は、三四歳が三名、三一歳、三二歳が各一名、二八歳が二名、二六歳が三名、二四歳が二名、二三歳が一名であるのに対して、女性の場合は、三八歳、三六歳が各一名、三三歳が三名、三一歳、三〇歳が各一名、二八歳が三名、二二歳、二一歳が各一名、一八歳が二名である。いま婚姻年齢の比較的に高いとみてよい二八歳という年齢をとってみると、女性の七割以上がそれに入ってしまう。男性の場合は五割である。この点では、この地方は、あるいはヒルベラート村は、明らかに「ヨーロッパ的婚姻パターン」に属するものであると見ることができる。また、妻が年上のいわゆる姉女房は五例あり、その場合の夫婦の年齢差は、一二歳が一名、八歳、七歳、四歳、三歳が各一名である。再婚数は六、再々婚一で、判明している婚姻数五九からすれば、決して多いとはいえない。この事例でみていくと、妻を亡くして再婚した時の夫婦の年齢差でわかっているのは二例、そのひとつは二一歳、他は一六歳で

図表9　ゴイアー家

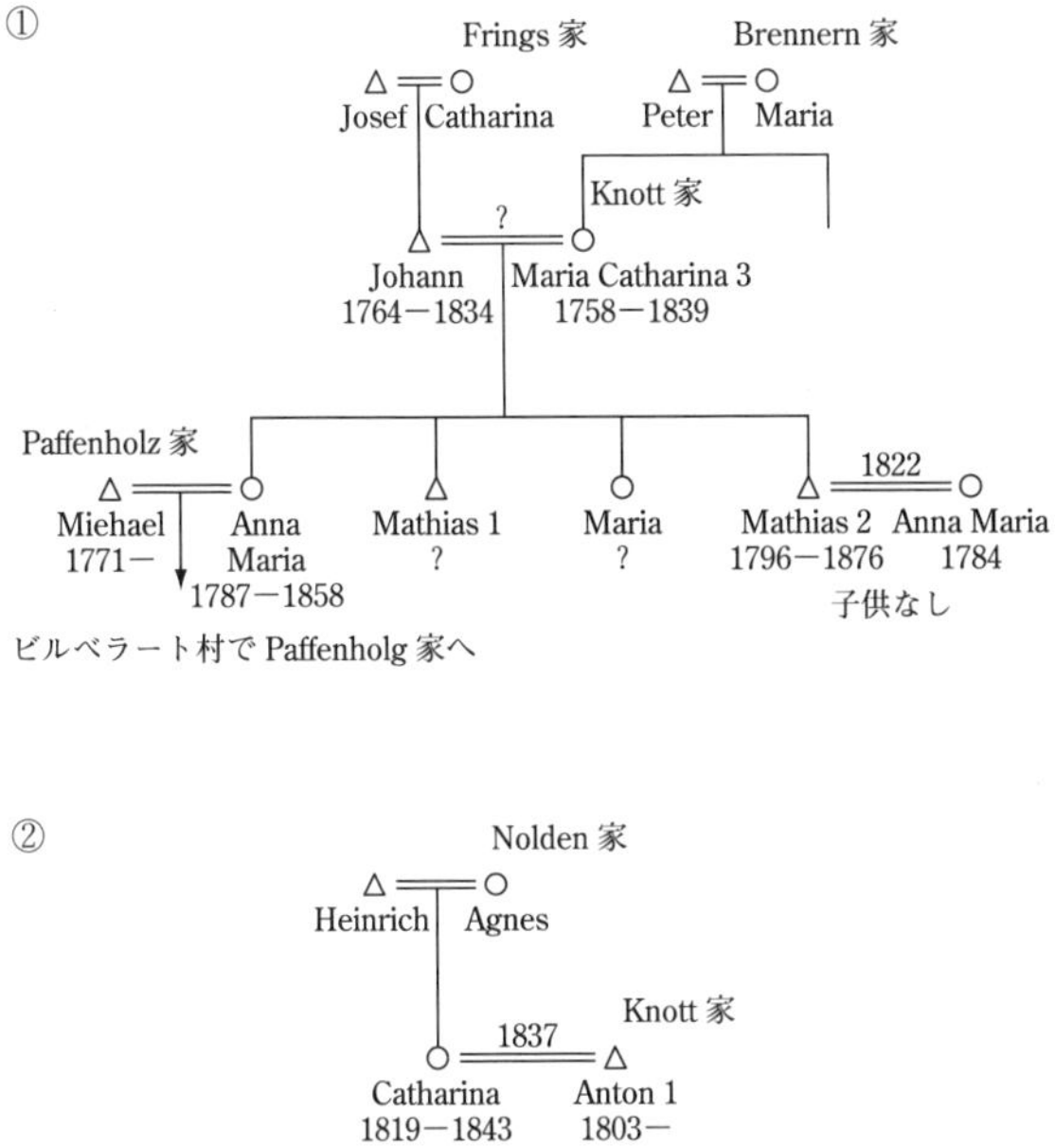

図表10　パッフェンホルツ家

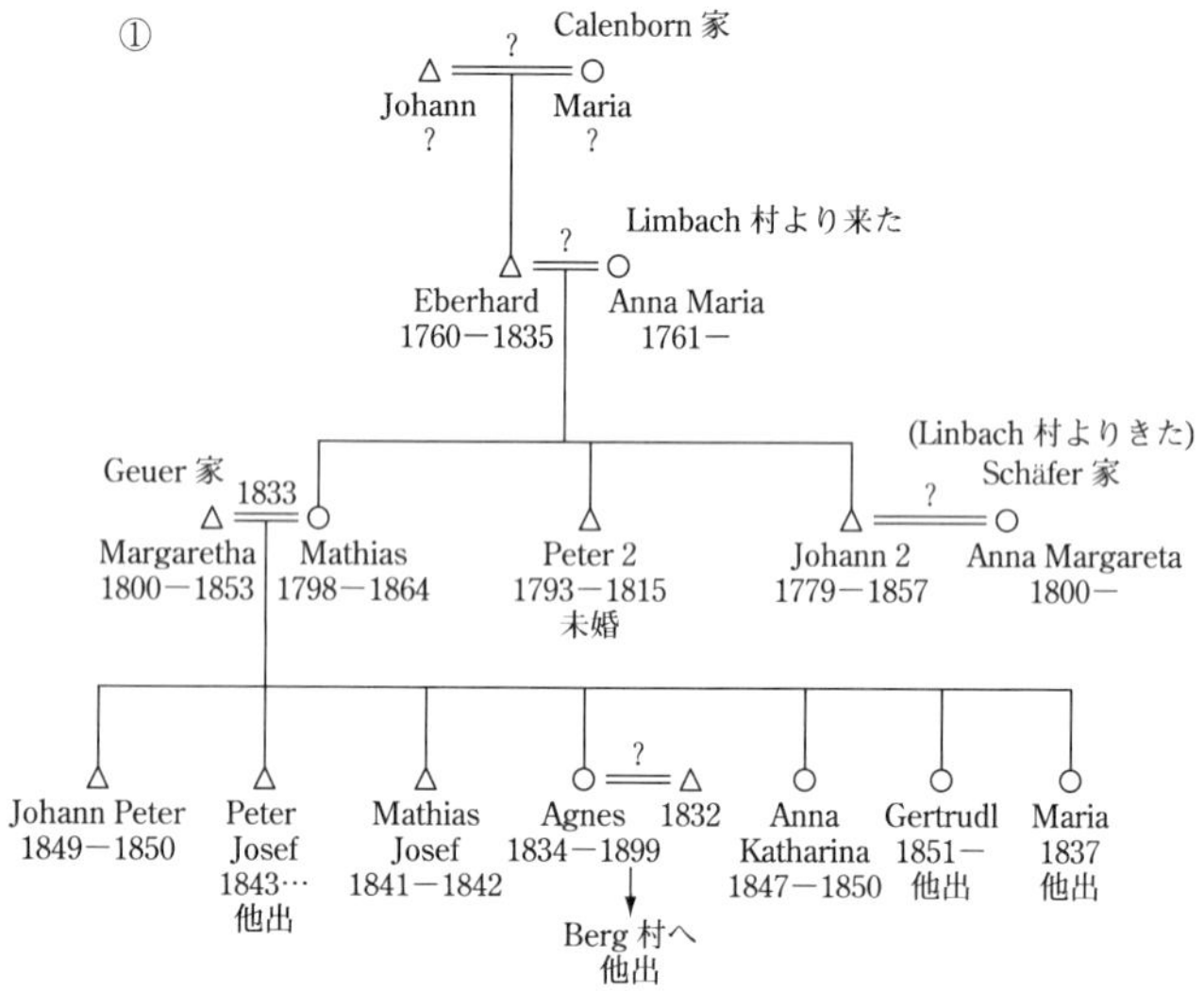

あった。初婚の男性が年上での最高の年齢差は一六歳の一例である。

　ところで、再婚家庭をみると、クノット家（図表3）のアントンは初婚の子ハインリッヒの他に、再婚の子が三人いて、一〇歳から一八歳までの年齢差がある。ハインリッヒが結婚したのは一八七〇年、三〇歳のときであり、異母弟妹とその間は共に生活していたことになる。レーネン家（図表5）のフーベルトの初婚の子ヨーゼフは一九二五年、二六歳で結婚するまで異母弟二人と一〇年前後共住していた。デクロウペ家（図表7）のペーターは再々婚の例であるが、初婚の子二人、再婚の子二人、再婚の子一人、それに再々婚の子一〇人と、異母兄弟姉妹が多子家庭を形成していたことになる。初婚の子ヨハンの第一子が一九二三年生まれであるから、それ以前に結婚したとみれば、その共同生活は十数年にわた

図表11　パッフェンホルツ家

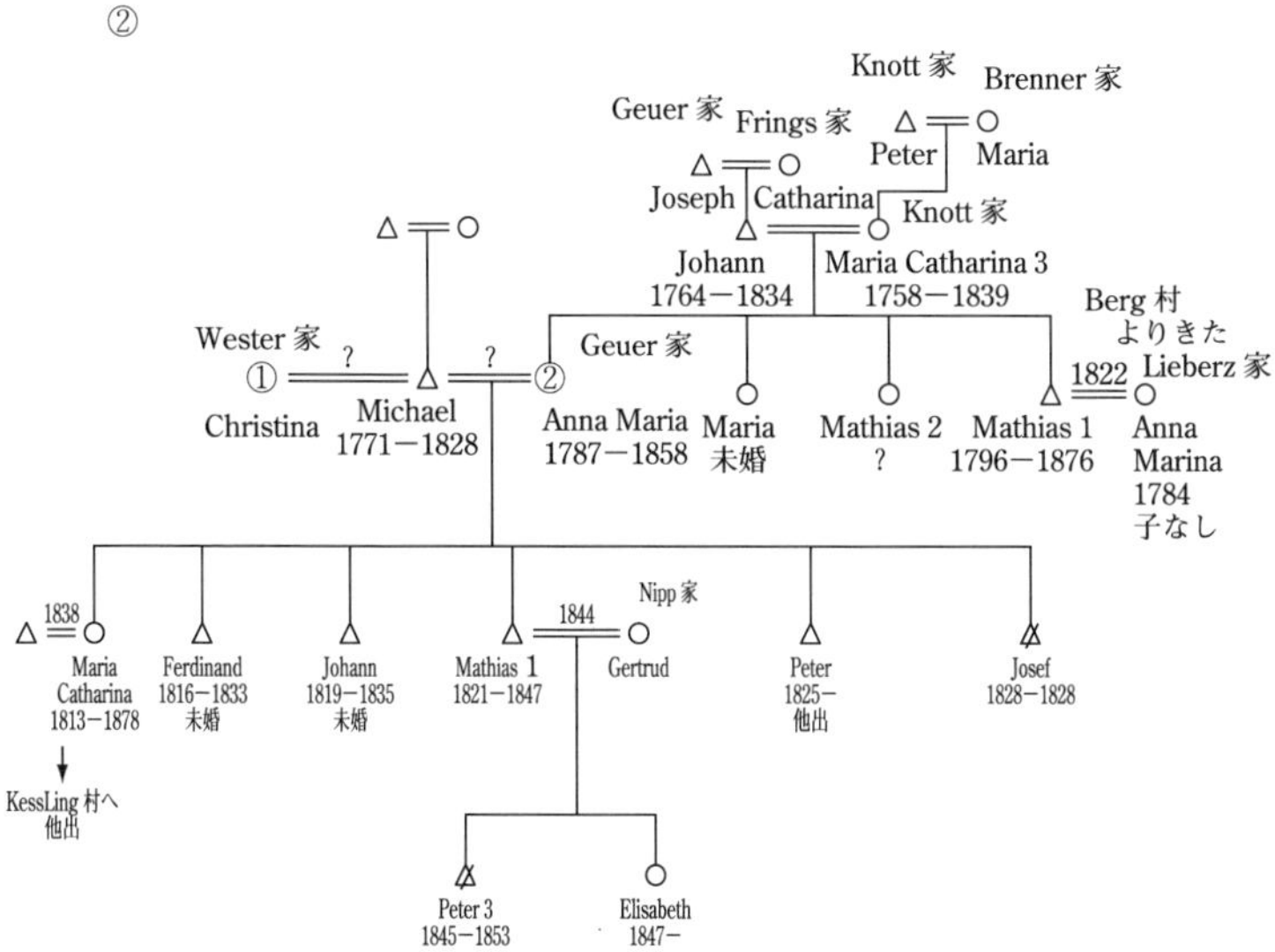

るわけである。ゴイアー家（図表9）のハインリッヒの初婚の子は一七九九年生まれであるが、再婚の子マルガレータは一八〇〇年生まれである。その間にハインリッヒは再婚したことになろう。その短期間なことは、最初の妻が子を生んですぐ死亡したか、離婚の可能性を推測させるものがある。ただ、当時カトリックは離婚に厳しかったことを考えると、前者を考えた方が妥当かもしれない。パッフェンホルツ家（図表11）のミヒャエルは初婚の子がないので、複雑な家庭を構成していない。以上縷々再婚家庭の事例を検討したのは、ミッテラウアーが、「ヨーロッパ的婚姻パターン」では再婚率が高く、異父母兄弟姉妹の家庭が多くなり、夫婦・親子の人格的な結合を家族概念の中核とみなしてきた従来の家族社会学におけるように、家族結合の紐帯としての親子の純粋な情愛を中心に考え

図表12　パッフェンホルツ家

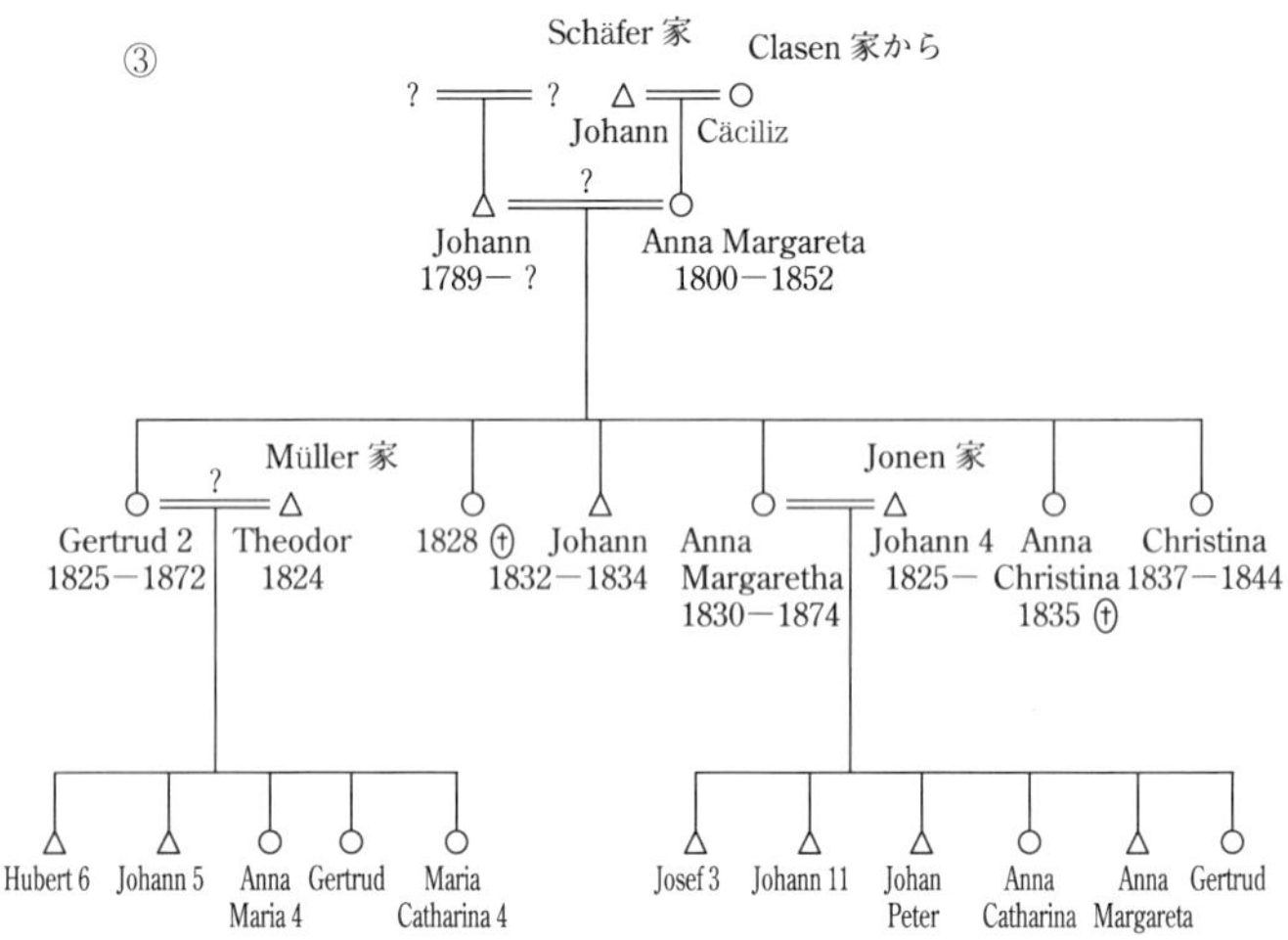

るのは、家族概念を構成するうえで問題があると見ているからである。その点、再婚家庭で異母兄弟が未婚で終わっているのは、少しく気になるところである。しかし、本稿でも最も留目しなければならないのは、前にも触れたように、この未婚および他出の多いことである。時代からみても一九世紀のドイツは工業化の進展する時代であり、とくにラインランデは、そうである。

図表で未婚とあるケースが意外に多いが、これはブリュールの住民登録簿文書館に保存されているヒルベラート村に関する資料が、その登録を記入した時点――それが何時かは、残念ながらこの資料では特定できない――で本人が結婚適齢の年齢に達しておりながら、まだ結婚していない場合である。[☆7] だから、この人々はその後になって結婚しているかもしれない。この資料は前述したごとく、一九四五年までの分が収められているので、最終的にはそこで一線が引かれることになる。ただ言えることは、未婚とあるのは、その記入時点では本人が少なくともヒルベラート村に現住しているということである。だから、例えば図表7のデクロウペ家をみると、第三世代の長男ニコラウスは一八九九年生まれであるが、第四世代の甥トーマスは一九三四年生まれとあるから、少なくとも彼が生まれた時点では、なおニコラウスは未婚であって、三五歳となっても、まだ独身で兄のヨハンの家にとどまっていることになる。再婚による異母妹のゲルトルートも同じく、この時点では三一歳の独身の叔母として、その家に同居しているわけである。同じくペーターも三〇歳で同居しているし、再々婚による一〇名の異母弟妹もそうである。それに異母甥姪八名が加わる大家族となる。きわめて複雑な家族構成を、それは示しているといえよう。なお、第四世代の人々が未婚と記入されていないのは、おそらく登録記入の時点では、まだ結婚適齢の年齢に達していなかったためであろう。そうでなければ、第四世代の長女マリアは一九四五年の時点では二二歳になっているからである。一九三四年の時点では、彼女はまだ一一歳である。何の記載もなく、出生年だけが記入されているケースは、すべてそう考えてよいであろう。それに対して、村外への他出というケースも結構多く、一三例あり、他出先が記入されているのは、そのなかで六例ある。それはいずれも近隣の村ないし町である。そして、ほとんどが一九世紀後半以降である。ということは、記入のない他出は、多分ラインランデの工業地帯に労働者として出て、そのまま戻ってこなかったものである。

そのほか子供がなくて少なくとも戸籍面では家系が断絶しているのが八例であり、図表6のアクサ家、図表11のパッフェンホルツ家は娘一人だけが残ったかたちなので、婿養子をとらぬかぎり断絶の危機を迎えることになる。つまり五九戸のうち一〇戸は家系が絶えたわけであり、その家の保有地はどうなったのだろうかという問題が浮かび上がってくる。オーストリアのブルゲンラント州にあるネ

婚姻ネットワーク

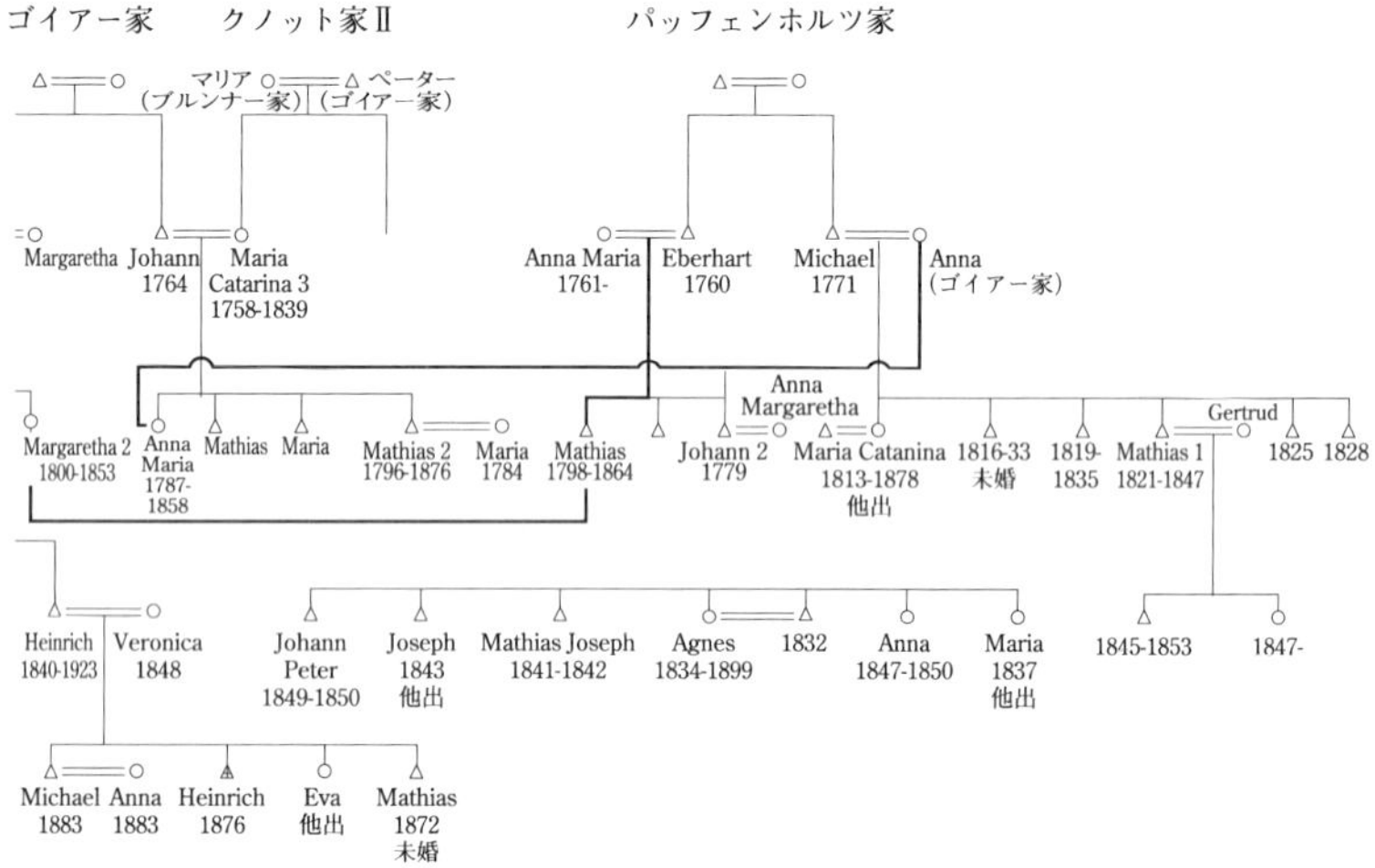

ッケンマルクト村を一九七〇年に調査したとき、そこにはハウスグリュンデHausgründe（家に附属している土地）があり、新開地と異なり本来売買を許さぬ土地が存在していた。かりにその土地が他人に渡らざるを得ない事情が生じたときも、第一次的には親族内部で、次いで村落共同体成員の間で譲渡が行なわれ、赤の他人には土地が渡らぬシステムなのであった。[☆8] しかし、ヒルベラート村には、そうした種類の土地の有無は聞いていない。したがって、この保有地がどうなるかは、今後の調査に俟たなければならない問題である。ということは、ラインランデに属するヒルベラート村の内的構造が、意外に流動的な特徴を帯びていたという事実に直面することになる。もし、そうであるとすれば、日本の近世以降の村落と対比するとき、この一八世

図表13　ヒルベラート村の

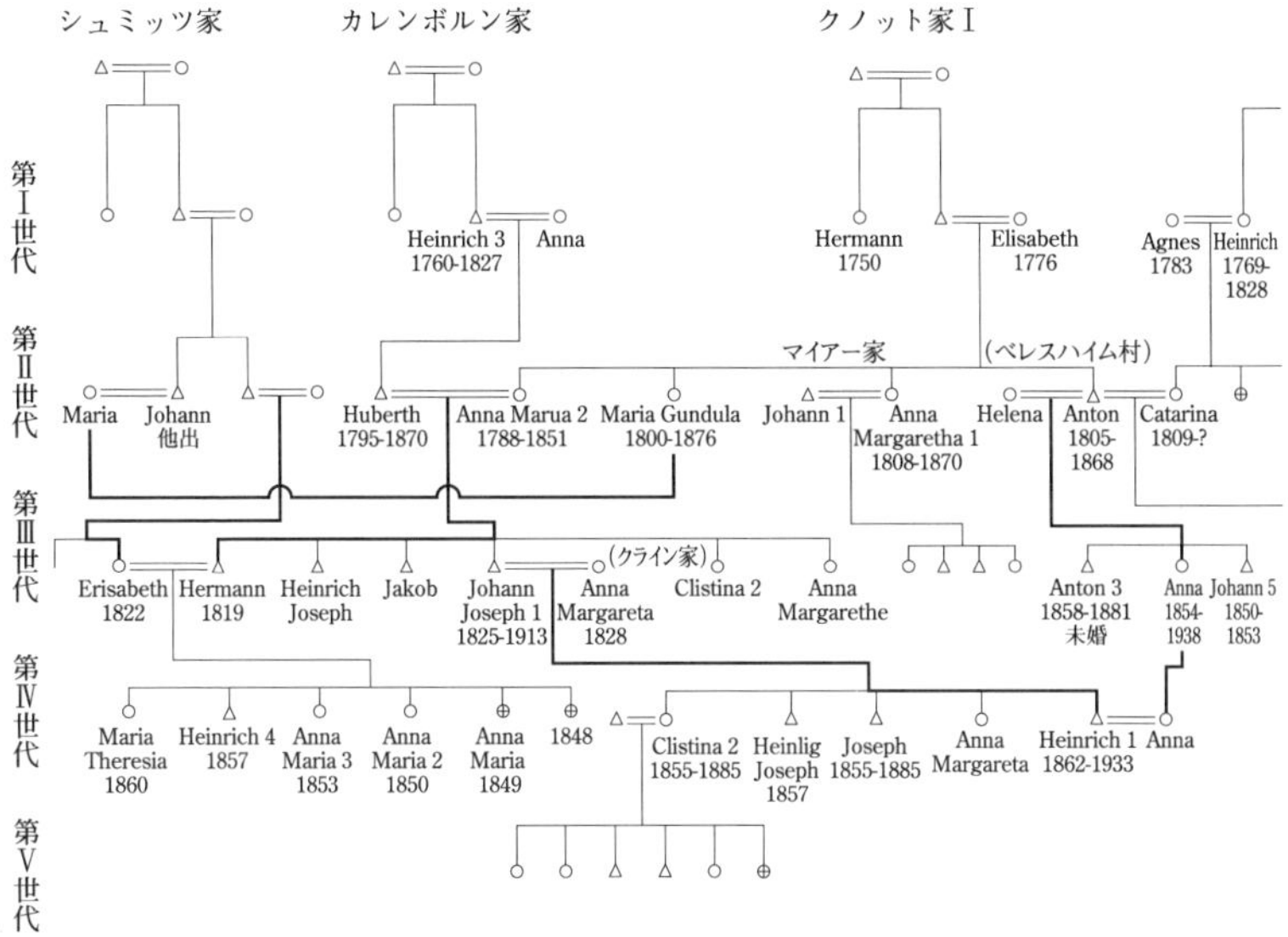

紀葉以降のヒルベラート村の流動性を内包する共同体構成をどのように理解すべきであろうか。

前述までは個々の家族メンバーについての分析であって、婚姻を通しての各家族間の親類関係がどうなっているかという横断面については検討を加えてこなかったので、ここではその点を補足しておきたい。

図表一三はそのために作成されたものであるが、太字の黒線は通婚関係を示している。その婚姻ネットワークをみると、各家族は相互の父方もしくは母方の親戚になっており、クノット家1とカレンボルン家、シュミッツ家は第二世代と第四世代で婚姻を通じて親族関係を更新していることが注目されよう。この視点をさらに拡充させると、ヒルベラート村のみならず、広くヨーロッパの村々にお

ける親族関係が何世代を経て通婚により、その疎縁となった親族関係をふたたび新たに更新するという構造を内在させている可能性を問うことにもならないであろうか。

〔注〕

☆1　ブリュールの住民登録簿文書館 Personenstandsarchiv für Rheinland の保有するヒルベラート村の人口は、一八六〇年で二四六人、その一〇〇年後の一九六六年で三〇〇人である。そのなかでカトリックは二五八人、プロテスタントは四二人。このプロテスタントの人々は、第二次大戦後東ドイツから来住した人口である。

なお、ついでに言えば、一八一五年プロイセンに属するようになったときにヒルベラート村の人口は一八五人であった。一八三一年には二一一人で戸数は四八戸。一八四三年には二二八人で戸数は五一戸。その人口は一〇〇年間をとってみれば、一八五人、四〇戸前後から三〇〇人、一三九戸に増加したことになる。しかし、新住者の戸数をのぞいてみれば、二五八人、六八戸となり、決して大きく増加したとは言えない。

☆2　隣組は九組あるが、そのうち五組は古くからのもので、四組が新しくできた隣組である。その内訳は、Ⅰ組一二戸、Ⅱ組一二戸、Ⅲ組一五戸、Ⅳ組一六戸、Ⅴ組一三戸、新しいⅥ組一六戸、Ⅶ組二一戸、Ⅷ組一六戸、Ⅸ組一八戸であり、新しくできた隣組は戸数も多く、そのほとんどはラインバッハ、ボン、ケルンなどの近くの都市に通勤する公務員、サラリーマンである。

☆3　村の地図を参照されたい。中央に教会および教会附属墓地があり、村の古くからある道の出入口三ケ所に道祖神にあたるマリア像の道標が立っている。もうひとつは祠《ほこら》があり、現在は戦没者の慰霊塔が立っている。そこは聖地でもあった。聖なる泉もある。道標に至る道は神道であり、八月の祭礼マリア昇天祭には、神父と楽隊を中心とする行列が行進する。そこでは祭壇が設けられて礼拝がいとなまれるのである。それは村の守護を祈ることでもあった。

☆4　以下の要約は、最近邦訳が出た『ヨーロッパ家族社会史』（M・ミッテラウアー、R・ジーダー共著、若尾祐司・典子訳、名古屋大学出版会、一九九三年）および『歴史人類学の家族研究』（M・ミッテラウアー著、若屋祐司他訳、新曜社、一九九四年）による。とくに後者の「補論ヨーロッパ家族史の特色」は、大いに参考になった。くわしくは、両著を見られたい。

☆5　ここではこの一七八〇年代から一九四五年までの一世紀半を通しての家族人口史を扱っており、各世代毎に横断面をとらえてみる作業は時間と紙数の関係で断念されている。したがって、厳密にいえば歴史的分析とは言えないであろう。

☆6　しかし、ここでは出生児のすべてについてであって、もし、労働可能人口に限ってみれば、ミッテラウアーの仮説は妥当性を帯びる可能性が十分にあることは認めておかねばなるまい。

☆7　この未婚、他出、無記入という区別を無視できないのは、ブリュール文書館の他村の例であるが、老母の死亡届を数ヶ月遅らせた村人が厳罰に処せられたケースがあるからである。プロイセンの官憲は、この住民人口の登録についてきわめて厳しかったことの良き証左であるといえよう。したがって、これらの記載は、それなりの意味があったと考えて見ていくのが妥当である。

☆8　拙著『共同体の史的構造論』(増補版、有斐閣、一九九四年)所収のオーストリア農村調査に関する論稿を参照されたい。

「戦後啓蒙」範疇の措定——結に代えて

問題提起

今年の比較研で「戦後啓蒙」に関する共同研究をやらないか、という話に私も乗ったわけですが、今日はそれに乗った理由がどこにあるのかを話そうと思います。わざわざ『「戦後啓蒙」範疇』というふうに、「範疇」とつけた意味もそこに込められております。「戦後啓蒙」という言葉自体はすでに杉山光信氏やその他いろいろな人々が使用しており、それほど目新しい言葉ではありません。ただそれを、藤田五郎氏の『「豪農」範疇』ではありませんが、論理的に内的矛盾のない概念構成である「範疇」として措定できるかどうかを考えてみようというのが今日の報告の趣旨です。

ところで、都築勉氏が一九九五年に出した『戦後日本の知識人』という本はなかなかの好著です。この方は政治思想史の松本三之介さんのお弟子さんらしいのですが、一九五二年生まれの専修大学の助教授です。戦後世代の、その次の世代ですね。副題に「丸山真男とその時代」となっていますように、政治思想史中心に論が展開されています。全体としての論旨は、戦後の日本の知識人、いわゆる戦後に活躍した進歩的知識人、のちに進歩的文化人という言い方に変りますが、この人たちの思想と行動を分析しながら、それの軌跡を一九七〇年の大学紛争までフォローしています。最終的には一九六〇年代以降、それ以前のもう少し隠微なかたちでの進行を入れると一九五五年以降、しだいに「戦後啓蒙」範疇――ここでは私の言い方にしたがって範疇という語を付けておきます――は亀裂が生じて、都築氏は「緩やかな連帯」と呼んでいますが、その連帯が崩れていく。そのプロセスは安保を境にして顕在化し、最終的には一九七〇年の大学紛争によって、この範疇は破産する。つまり範疇と現実との落差があまりにもはなはだしくなったということです。したがって「戦後啓蒙」範疇は過ぎ去った思想ということになり、もはや再現不可能なわけです。しかし全体としては、「戦後啓蒙」を担った知識人層に対する評価は好意的で、一定の歴史的意義を認めております。

それに対して、その一年前の一九九四年に出た、稲垣武氏の『悪魔祓いの戦後史』という本があります。これは山本七平賞を受賞したものですが、この方は朝日新聞の記者で一九三四年生まれですから、いわゆる戦後世代です。この本は表題が示すとおり、進歩的文化人の言論と責任を問う、まさに今日一般的にテレビ等のマスコミに登場する文化人が発言しているような言動を踏まえた評論です。しかし、彼は「歴史の後知恵からする進歩的文化人らの過去の言説に対する批判だけではない」と言っています。そういう思考様式が日本人のものの考え方の陥りやすい欠点を具現しているから書いたというわけです。まあしかし徹底した論難の書です。

このように非常に対照的な二冊の著書が一九九四年、九五年相次いで出版されたということの持つ意味が問われて然るべきでしょう。どちらも実証的な、文献に即した研究というスタイルを採っている点で共通していますが、都築氏の著書は一九七〇年までが対象になっているのに対して、稲垣氏の著書は一九七〇年から今日に至るまでが対象となっていて、全体的に時代的なずれがある点、それから都築氏が好意的に評価するのに対して、稲垣氏は悪意的（?!）だという点で異なっています。しかし両者とも進歩的文化人に対する眼は厳しいものがあります。

ところで、私自身の「戦後啓蒙」範疇に対する評価は都築氏や稲垣氏の評価とはまさに逆になります。今なおその範疇は意義を持っている。風化し、解体し、過去のものになるという範疇ではないと考えていますので、なぜそうなのかをこれから述べてみたいわけです。

「戦後啓蒙」範疇の解体過程についての思想史的検討

まず皆さんもすでによくご存知でしょうが、「戦後啓蒙」範疇の解体過程を追体験してみるところから始めようと思います。「もはや戦後ではない」という有名な言葉が流行りましたが、これの出典は一九五六年七月の『経済白書――日本経済の成長と近代化』です。そこには「いまや経済の回復による浮揚力は、ほぼ使い尽くされた。なるほど貧乏な日本のことゆえ、世界の他の国々に比べれば、消費や投資の潜在需要はまだ高いかもしれない。しかし戦後の一時期に比べれば、その欲望の熾烈さは明らかに減少した。もはや戦後ではない。我々は今や異なった時代に当面しようとしている。回復を通じての成長は終わった。今後の成長は近代化によって支えられる。そして近代化の進歩も速やかにしてかつ安定的な経済の成長によって初めて可能となるのである」と書かれています。

ところがこの「もはや戦後ではない」という言葉は、それ以前に、『文芸春秋』の一九五六年二月号で中野好夫氏がこれを表題にして論文を書いているのです。たぶん『経済白書』はそれを換骨奪胎して借用したのかもしれませんが、中野氏の場合は、同じ言葉でも使い方は少し異なっておりました。

「戦後的発想、つまり戦争中の敵対関係の後をまだとどめるようなものの考え方から脱却することが必要である」という主張です。その一例は日本人の対ソ観が日ソ間の国交回復を遅らしめていることで、「日本はつまりいい意味で小国になったという厳しい事実の上に腰を据えるべきだ」と言うのです。したがって『経済白書』と中野氏の考え方は正反対で、中野氏は小国であるという事実を踏まえた展望を求め、『経済白書』はやがて経済大国になるべきだという方向で書いているわけです。

これが一九五六年です。ちょうどその背景には一九五五年から始まっている神武景気があります。そして一九五六年二月には有名なソ連の第二〇回党大会があり、フルシチョフ報告がなされ、スターリン批判が全世界に衝撃を与えました。それに中ソ論争が勃発しますし、日本共産党も方針転換をするという激動の時代でした。その時代を背景にして少し考えてみますと、『思想』の一九五五年六月号に、加藤周一氏が三年間のヨーロッパ滞在を終えて帰国し、有名な「日本文化の雑種性」という論文を発表します。加藤氏は次のような表現を使っています。帰国して日本の姿を見た印象なのですが、「海にせまる山、水際の松林、……古く美しい日本。これは西ヨーロッパとはまったく違う世界である」。それから「玄海灘から関門海峡に入って見える北九州の工業地帯、いわゆる近代的な日本。これは東南アジアとはまったく違う世界である」というのがもうひとつの印象です。神戸に上陸した時の印象もまったく同じだそうです。「神戸はマルセーユとも違うシンガポールとも違っている。シンガポールの西洋式文物は西洋人のためにたんにマルセーユと同じ寸法でできているが、神戸では日本人の寸法に合わせている。西洋文明がそういう仕方でアジアに根を下ろしているところは、おそらく日本以外にないであろうと思われる」。こういう加藤氏の認識が、なぜ日本以外にはないのかというところから日本文化の雑種性につながってくるのです。

それに対して、『中央公論』の一九五七年二月号に「文明の生態史観」を梅棹忠夫氏が発表します。これも当時非常に評判になった論文ですが、この論文は今日でもなお比較文明学会等では使われています。これは世界を第一地域と第二地域に分けて、第一地域は高度文明の世界、第二期はそうでない世界として、日本は第一地域に含められてしまっている。まあ、先進国に入っているということです。このような区分をした背景には、梅棹氏の比較文明論があります。彼によると、文化はひとつの要素的な概念で組み立てられる。建築を例にとると、個々の材料が吉野杉に基づくか、あるいはアメリカ杉によるか、というようなことを吟味するのは系譜論の立場になります。これらは明らかに大塚史学を念頭に置いた発想ですが、それに対して、その建築が住宅か学校かということを問うのは機能論の立場であって、梅棹氏はこの立場に立つと言います。これは文化のデザインの問題を扱っているのであり、生活主体とその担い手である共同体の性格様式を機能的に扱いたいということです。すなわち、建っている住宅や学校が日本的なスタイルであることが問題なのであって、それらがどういう材料で組み立てられているかではない、というわけです。これだけの住宅や学校が実際に建てられるということは、それだけ西ヨーロッパの技術が日本で育っているからで、日本は近代化のひとつの実現のパターンをもっているというとらえ方です。先に取り上げた加藤氏の日本文化雑種論では、なお近代化という点ではヨーロッパからの逸脱がみられるととらえられており、この点で両者の意見は異なっています。

もうひとつ注目すべきものは、『思想』の一九五六年一一月号に松下圭一氏が初めて発表した大衆社会論、「大衆国家の成立とその問題性」です。以後、これは大変ポピュラーになって流通するわけですが、今日の報告との関連でそれが持っている意義を考えてみます。松下氏は戦後の日本近代化論は一段階論だったと言います。しかし、大衆社会状況が現出した今日の日本は一段階論ではとらえきれず、近代から現代へという二段階論でとらえなければならないと批判します。この考え方はかなり受け入れられまして、戦後に浸透した近代化論は括弧付き、あるいはやや減価された形になりました。

この意見と並びまして、同時期にもうひとつ、加藤秀俊氏の「中間文化論」が『中央公論』一九五七年三月号に載ります。松下氏は一九二九年生まれ、加藤氏は一九三〇年生まれですから、二人は同時代人です。加藤氏は「かつての日本文化が真ん中のくびれたひょうたん型の知的構造を持っていたのに対して、現在の文化は真ん中の膨らんだちょうちん型になりつつある」という評価をして、この真ん中の膨らんだところが中間文化で、それを担っているのが新中間層だととらえて中間文化論を展開し、高級文化と大衆文化の中間に焦点をあてました。

松下氏の発想も加藤氏の発想も、根底には一九五〇年に出たリースマンの『孤独な群集』が下敷きになっていることは明らかで、いわゆるリースマンの他人志向型と内部志向型がキー・ワードとして使われています。松下氏や加藤氏がこれらの論文を発表した年代には、私が言うところの「戦後啓蒙」範疇をになった知識人層はだいたい四〇歳代後半になっていますが、一九五〇年から一九六〇年の間に明らかにひとつの転機が現われてきます。加藤周一、梅棹、松下、加藤秀俊の各氏のほかに、文学のほうで言えば、石原慎太郎氏の「太陽の季節」が一九五五年、江藤淳氏の「夏目漱石」が一九五六年、開高健氏の「裸の王様」が一九五七年、大江健三郎氏の「飼育」が一九五八年と、戦後作家群の代表作がその時代に発表されています。

こういうなかで、江藤淳氏の「戦後知識人の破産」という文章が『文芸春秋』一九六〇年一月号に載ります。ここに書かれていることは安保の評価にもつながるわけで、そこでは「戦後の民主化が集約されている日本国憲法のルールの枠内で国民各自の生活利益の追求がいわば自明の権利として正当化されるといったことが一般化した時代」だということになります。この「国民各自の生活利益の追求がいわば自明の権利」となる、という表現が、その後の団塊世代の精神構造を表現するわけです。そして、こういう人たちの世代を「団塊の世代」と呼んだのは堺屋太一氏であって、進歩的文化人に対比させるならば、いわゆる保守的文化人がここで誕生します。この保守的潮流に棹差した形で進歩的文化人を断罪したのが、先ほどあげました稲垣氏の『悪魔祓いの戦後史』です。

稲垣氏はこの本の「後書き」で『世界』の寄稿者を取り上げて、「このての党派性をむき出しにした知的不誠実を絵に描いたような雑誌や常連寄稿者であった進歩的文化人らが、ソ連崩壊とともに歴史の紙屑箱に捨て去られる運命となったのは、自業自得であろう。この論稿の目的は彼ら悪魔の祭司たちを魔女の大なべにお引きとり願うところにあったのだ」というふうに述べております。

問題は、今お話してきたことが現状の思想潮流だと見立てたうえで、それでは「戦後啓蒙」範疇は悪魔祓いされてしまったか、あるいは風化し、解体し、破産して、ついには復活しないような思想であるのか、ということになります。私はそうではないと考えているので、その理由をこれから述べてみたいと思います。

「戦後啓蒙」範疇の構成要素

私はこの問題を考える手がかりに、内田義彦氏の「市民社会青年」概念を取り上げて見ていこうと思います。なぜそうなのかは、後の説明のなかで触れていきます。まず第一に、「戦後啓蒙」範疇を担った知識人という場合に、この知識人とは何か。インテリと知識人とは同じかという点について、都築氏はうまいことを言っています。つまり、インテリは知識人の知識の利用者、消費者であると言っています。もう少し言えば、知識人は知識の生産に携わっているわけだけれども、知識の生産というものは「世界認識の新たな枠組みを提供しうる能力、あるいはそれを有しているか否か」が範疇の尺度になる、と。まずこの知識人が「戦後啓蒙」範疇の構成要素になります。もうひとつは知的共同体の存在です。これは専門を越えた知識人の集まる場です。つまり、啓蒙という現象は、歴史上、世界いたる所で見られるわけですが、たとえばスコットランド啓蒙の場合でも、それを担った知識人層はランケニュアン・クラブに集まった人たちであったり、アバディーン哲学クラブに集まった人たちであったり、その他の当時のカフェー・クラブに集まって日なが夜長に議論していた人たちでした。フランスの場合、それに類するのがサロンであって、マダム・ポンパドールのサロンでは、あのケネー等がその一員でした。ドイツでは、マックス・ヴェーバーの有名なハイデルベルク・クライス、ミュンヘンのシュテハン・ゲオルク・クライス等が頭に浮かびます。そういうものがないと、啓蒙というものの範疇構成は難しいのです。これが第二点です。日本でいえば戦後すぐに結成された「青年文化会議」が、その好例といえましょう。それから第三番目は、戦時体制という特殊な環境の存在です。第一と第二の点は普遍的な構成要素ですが、この第三点は日本的な構成要素です。もちろんヨーロッパでも考えられる場合がありますが、のちに述べるように、日本の場合には少し独特な意味でこれを持ち出したわけです。簡単に触れておけば、ひとつ目に、戦前の日本の知識人層の中核を占めるエリート層は、いずれも大学――とくに帝国大学――がその独占的な供給源であったという歴史的な事情です。また二つ目に、「戦後啓蒙」を担った人たちはいずれも戦時体制下の、言論の封殺されたなかで蓄積した研究を踏まえて戦後活躍したという事情があります。こうしたことの持つ意味は先ほども言いましたようにのちに述べるとして、とにかく以上の三つが内田義彦氏の「市民社会青年」概念の形成・成立をもたらしたと考えられます。

内田氏の「知識青年の諸類型」という論文は非常に有名で、いろいろな人が利用しますので、皆さんもよくご存知かと思いますが、少し紹介しておきます。Aは明治初年の動乱から自由民権を経て明治二〇年のナショナリズムにいたる時代にモーラル・バックボーンを形成した人々で、内田氏はこれを「政治青年」と名付けます。その例として徳富蘇峰、徳富蘆花、山路愛山をあげています。Bはそれ以後、日清戦後前後に物心がつき、日露戦争前後の軍国主義の雰囲気のなかで自我の覚醒を与えられた者で、これを「文学青年」と名付けています。例は特にあげていませんが、私は島崎藤村、田山花袋、柳田国男、河上肇、永井荷風といった人たちが入ると思います。Cは大正中期の社会的動乱に思想的影響を受けたもので、これは「社会青年」です。白樺派等々の教養派もここに入れていいわけです。山田盛太郎、向坂逸郎、櫛田民蔵、大内兵衛、山川均、猪俣津南雄、あるいは新人会のメンバーがここに入ることになるでしょう。いわゆるオールド・リベラリストはこの範疇ですね。Dは講座派理論の圧倒的影響を受けながら、政治的窒息の時代にそれぞれの専門領域で独自な知的活動を開始したもので、これが内田氏の言うところの「市民社会青年」です。そこで内田氏はこの世代に独自な研究テーマを提示していますが、それは武谷三男の技術論、大河内一男の生産力論、大塚久雄の比較経済史学、高島善哉の経済学史、丸山眞男の日本政治思想史研究、さらに野間宏、木下順二らの文芸作品等です。

問題は内田氏が「市民社会青年」と名付けているものを、私がなぜ「戦後啓蒙」範疇の担い手としての知識人というふうに限定して使おうとするかという点です。先ほど話しましたような、「講座派理論の圧倒的影響を受けながら、政治的窒息の時代にそれぞれの専門領域で独自な知的活動を開始したもの」という内田氏の指摘に、私はこだわるわけです。と言いますのは、先刻ご承知でしょうが、一口に言えば、講座派の理論は日本資本主義——日本の資本主義ではありません——の構造的特殊性の認識と、世界史の類型的な把握という両面を、認識の枠組みとして持っていた点に特徴があると思います。内田氏はこの両方を「歴史を輪切りにして、その年輪を調べるような方法」だと言っています。「市民社会青年」の世代は、講座派の、近代日本の歴史的な発展は特殊な構造的なものだという認識を共通に持っている世代だ、と限定してみたのです。ということで、日本における資本主義の発展を一般的な近代化の路線上にあると考える労農派的なさまざまな知識人層はこの範疇からは捨象されることになります。

しかし、それでは「社会青年」とどこが違うのか。このことを次に考えてみます。内田氏が「政治的窒息の時代」と呼んだのは、一九三〇年代のさまざまな思想史上の事件でもあったわけです。たとえば、一九三三年には滝川事件がおこり、一九三五年には美濃部亮吉氏の天皇機関説事件、一九三六年には講座派のコモ・アカデミー事件、一九三七年には矢内原忠雄事件、一九三八年には大内兵衛氏等の労農派の教授グループがみんな捕まりますし、引き続いて河合栄治郎事件と平賀粛学が始まります。大東亜戦争にいたるまでの「暗い谷間の時代」と呼ばれている時代が、同時に、彼らが学問的生産に携わった時代にもなるわけです。内田氏は「政治的窒息の時代にそれぞれの専門領域で独自な知的活動を開始した」という意味を次のようにとらえています。「問題の設定の仕方は極めて政治的だけれども、その政治的な問題が学問的な問題として、学問のコミュニケーションという次元であらためて設定し直される。そして設定された問題は、高度に学問的な作業によって遂行される。学問の世界はしたがって、政治の世界に対してある意味では、切断されることによって連なっているような関係を彼らのなかでは持つことになる。そしてその結果、彼らの学問を貫く生々しい政治的関心と、あまりにも強い自己限定が共存するという知の構造が生まれてくる」。後の、マックス・ヴェーバー生誕百年の報告の際に、内田氏はこれを「ヴェーバー的問題状況の存在」と呼び、そしてそれが故に日本の近代社会科学の生誕期でもありえたのだととらえました。

私は、ここで内田氏が「市民社会青年」の担い手としてあげた五人を取り上げたいのです。おそらくこの五人を取り上げることは皆さん異論はないと思います。もちろんこの五人に尽きるのかという異論はあると思いますが、それはまた後で大いに討論していただければよいでしょう。しかし、私はまず大塚久雄、川島武宜、丸山眞男という社会科学関係の三人をとりあげることで理念型にもとづく範疇構成は十分だと考えています。まず「戦後啓蒙」範疇構成要素として最初に来るのは大塚久雄氏ですが、それには敗戦直後に書かれた論文が重要になります。ひとつは『近代化の人間的基礎』で、もうひとつは『近代化の歴史的起点』です。これらはのちに筑摩書房から出版された『近代化の人間的基礎』に収録されていますが、実はこの本の「後書き」に触れられているように、私はこの本の出版の際にお手伝いをしたのですが、私としては第一部「近代化の人間的基礎」と第二部「近代化とは何か」のうちの第二部は「近化代の歴史的起点」のなかに含まれている論文を収録したかったのです。歴史的な文献としてはそうでないといけないと言ったのですが、大塚先生はそのなかの論文のいくつかはもう既に他に使われていると言われまして、結局それは完全な復刻にはなりませんでした。

代わりにいくつかの別な論文が補充された形になりました。私はそういう点で少し残念な思いをしましたが、しかしこの本が出版されることによって当時の大塚さんの考え方が残ることになりました。『近代化の人間的基礎』、『近代化の歴史的起点』のすべてに共通しているものに、生活態度としての禁欲的合理主義と呼ばれているエートスの問題があります。大塚さんの一番の特徴は、これが世俗化された形態の近代的個人主義というところでおさえられたものではなくて、それに先立つものは何かという、その源泉でおさえているところにあると思うのです。そしてそれを可能にしたのは大塚さんの経済史研究であって、ひとつは前期的資本範疇の業績、もうひとつは「農村の織元と都市の織元」という有名な論文になります。この両方によって、近代資本主義の社会的、歴史的系譜というものを明確につかみ出したのであって、それがパラダイムとして大塚史学のもつ独創性だと思います。

大塚論についてはすでに数多くの、さまざまな立場からの評価が行なわれており、ここでは多くは触れないでおきますが、ひとつ二つ注意しておきたいことがあります。ひとつはこの『近代化の人間的基礎』はほとんどが一九四六年に書かれている点です。「近代的人間類型の創出」は一九四六年四月一一日、「生産力における東洋と西洋」は五月、続いて「資本主義発達史の基礎視点」「経済再建期の経済史の問題」は六月、そして七月には「いわゆる封建的の科学的反省」、八月になると歴研に「生産力と人間類型」、九月には『世界』に「魔術からの解放」が載ります。ですから、一九四六年の一年間に、大塚先生の戦後の啓蒙活動のほとんどの重要な論文が出し尽くされている。一九四七年の後半には入院されてしまいますから、わずか一年ちょっとという活動の短さに比べて、その影響があれほどまでに大きかったということは驚異的なことだと言えます。

次に、先ほど言いましたように、大塚さんは世俗化された形態における近代というものではなく、それの源泉に目をむけて、そこから歴史的な近代を再構成しようとしたわけですが、そのことのもつプラス・マイナスがあると思います。第一に、大塚さんが禁欲的合理主義に立つ自由に対立させるのはヴェーラント型のエゴイズム、利己主義に立つ自由でした。これは歴史的痕跡をとどめた概念構成ですが、ところが大塚さんによると、一方でそれは確かに歴史的な痕跡をとどめている形ですが、他方ではこれは人間の本質論にかかわる認識でもあるわけです。人間の自由ということについて書かれていますが、その自由にも二つある。人間の本能、感性的な欲求をその欲求に即して解放させる自由と、逆にそれを禁欲することによって実現される自由と両方あるのだとしています。この後の方は人間の本質論に関わる、超歴史的なテーマでもある。この両方が大塚さんの自由論、あるいは近代的人間類型論のなかに組み込まれているという点は、今日の時点でもう一度考えてみる必要があると思います。

大塚さんが出された前期的資本の範疇の射程は意外に広かった。それは川島武宜氏の『所有権法の理論』にはっきりと出てきますし、丸山眞男氏の『日本政治思想史研究』のなかの前期的ナショナリズムという表現にも出てくるくらいの射程を持っていました。川島さんの『所有権法の理論』も戦争中に筆を執ったものですが、「一切の経済外的強制が消滅して始めて物材の所有者の意志の自由が実現されるのである」と書いてあります。それに続けて、「この自由は現実的には彼らの経済的不自由を意味するとはいえ、この自由こそが近代的労働者の主体的精神の現実的基礎なのである」。やはり川島さんも、主体的精神というところにひとつの力点を置かれていることに注目する必要があります。それから、丸山眞男さんは戦争中の一九四三年に書いた「福沢における秩序と人間」という論文で、「国家を個人の内面的自由に媒介せしめたこと、福沢諭吉という一個の人間が日本思想史に出現したことの意味は、かかってここにあるとすら言える」とし、国家との関わりで個人の内面的自由を強調します。これは丸山さんの生涯にわたって拠り所となったキー・ワードでもあります。このように見てきますと、大塚、丸山、川島の三人はいずれも講座派の圧倒的影響を受けながら、それに加えて人間の主体性と言いますか、人間の精神的要因というものに大きな関心を払い、この内面的自由を自らの研究のなかに方法ないし視角として組み込んでいる点で共通しているのです。この点が「社会青年」と「市民社会青年」とを範疇的に区別する要素ではないかと考えます。

その点は内田氏が取り上げている野間宏氏の「暗い絵」でも同じです。これも一九三九年に執筆されて、一九四六年の季刊『黄蜂』に三回連載されたものですが、主人公の深見進介という男が当時の急進的学生運動家であった永杉英作の下宿で何人かの学生と会う。その時に同席した学生たちはいずれも捕まって獄死するわけですが、彼だけは免れる。このことの持つ意味、すなわち政治活動と自分自身の作家として生きたい願望との距離に悩む。いわば自我というものはその場合にどういうふうな自我なのだろうかという悩みです。それがとことん追求されています。木下順二氏の「風浪」も一九四七年に書かれており、これも横井小楠の実学党、儒教中心の学校党、敬神党、アメリカ人の洋学党等々、佐山健次がそのどれにも属していないことから来る孤独感、孤立感といったものが、そこでくり返し問われています。野間氏にしても木下氏にしても、自我あるいは個我の確立をめぐっての闘いが問われています。そういう点では社会科学の三人と同様に、人間の内面性という問題が関心の前面にあることで共通しています。『旧約聖書』列王記上第一九章九〜一八節のなかでエリアが迫害に次ぐ迫害を受けて荒野に逃れ、絶望のなかに立つとき、沈黙の声が彼に語りかける。アマー・レ・ハー（あなたにとって、あなたとは、何なのか）と。この問いこそが、ここに挙げた五人に共通した根源的な問いであったのです。

それから知的共同体。そこで私は青年文化会議、未来の会、『潮流』を取り上げます。青年文化会議については、『戦中と戦後の間』に収められている、丸山さんが戦後発表した最初の論文である「近代的思惟」の〔後記〕で触れています。そこでは「それ〔青年文化会議（報告書）〕が三〇歳そこそこの、多かれ少なかれ被害者意識と世代論的発想とを共有した知識人の結集」であった、と回顧しています。このように、青年文化会議は専門的な枠組みを取り払って各自が自由に議論できた、日本では珍しい会合でした。

『潮流』のほうは私たちの世代には非常に馴染み深い雑誌ですが、一九四五年一二月に創刊されたものです。この雑誌が興味深い点は、ひとつは先ほど挙げた、大塚さんの「いわゆる『封建的』の科学的反省」が載ったことで、もうひとつは、丸山氏や内田氏によって、「日本ファシズムとその抵抗線」が一九四八年一月号に企画シリーズとして出たことです。これは私たちに強い影響を与えました。そこで内田氏は「戦時経済学の矛盾的展開と経済理論」というのを書かれ、大河内一男さんと大塚さんの生産力論はいわば日本ファシズムに対する戦時的な体制下における良心的な知識人の抵抗続、橋頭堡になったという、有名な定式化を行ないました。丸山さんは「軍国主義の精神形態」をここに寄稿しています。そういった評価をめぐり、逆に当時の、共産党を含めた左翼知識人から激しく叩かれました。つまりそれは生産関係的視点を欠落させた生産力論的偏向というわけです。しかしまだ学生だった私たちは内田氏の考え方に共鳴し当時でも支持しました。

また未来の会というものもありまして、これを土台に未來社ができたのですが、会自体は『未来』という会報を二号出しただけで頓挫しました。この会報に演劇合評として「火山灰地」が取り上げられています。つまり、「火山灰地」は社会科学者と文学者との両方からアプローチできる内容を持っており、内田氏などは繰り返してこれを問題にしています。あの主人公の技術者が持つエートスは生産力論的見地から分析するに値するということを繰り返し述べています。まあそういうわけで、このような知的共同体も「戦後啓蒙」範疇の構成要素として考える必要があると思います。

こうした自我の覚醒、個の確立、独立と自由といったエートス(「倫理の実践的構造」)の発想の根本に、大塚、丸山、川島三人のいずれにも共通しているものがマックス・ヴェーバーの「プロテスタンティズムの倫理と資本主義の精神」への大きな関心です。三人とも共通して近代的自我の形成にあたっての手がかりとしてこの論文を念頭においています。当時すでに近代主義という言葉が流布しており、この三人はいずれも「近代主義者」というレッテルを貼られたわけですが、日高六郎氏によると、この「近代主義者」は他称であって、「市民社会青年」についてはそう呼ばれること、あるいは呼ぶことを拒まなかったので、これは自称だとして区別し、「近代主義者」であることと市民社会青年であることを明確に分けました。したがって「市民社会青年」は講座派の影響、戦時体制、さらに文学関係の作家たちとの交流を経て、そこから出てきた範疇が「近代」で、内田氏の言葉によれば、これを「市民社会青年」は超歴史的カテゴリーとして考えた。だから彼らを「近代主義者」と呼ぶのは注意深くみれば決して当たらないわけではありませんが、その「近代」は西洋近代に向かって近づこうとする、あるいはそれを賛美するという、ヨーロッパ中心主義的な近代とはまったく違っていたのです。むしろ彼らはそういう点ではコスモポリタンというよりはナショナリストであって、日本という国をふまえて「近代」に対して問題関心を持っていた。それゆえに彼らの言う「近代」という範疇は、何もヨーロッパだけに求められなければならないという内的必然性は有していない。それを構成する要因は、アジアでもどこでもいいということになります。そうであるならば、竹内好や武田泰淳が「市民社会青年」の範疇に入ることも間違ってはいないということになってきます。

こういうふうに見てきた場合に、なぜ大河内一男氏と清水幾太郎氏がそこに入らないのかということが次に問題になります。これはなかなか難しい問題で、たぶん異論があるところではないかと思います。大河内さんは確かに戦時中から大塚さんとかなり近い考え方にあったことはわかりますが、清水幾太郎と大河内一男というふうに取り上げてみますと、非常に共通している点があります。それはどちらも科学的合理主義というもので近代を考えている。そしてどちらも、大塚、丸山、川島の各氏のように近代を端緒範疇において、あるいはそれを源流のなかでとらえようとするものではありません。この二人においては近代は現代の歴史的な現実に重ね合わされて捉えられております。大河内先生は『ドイツ社会政策思想史』がそうであるように、ドイツ近代をナチスの出てくる二〇世紀前半のワイマール時代まで踏まえたとらえ方をします。清水氏もまた大衆社会というものに一方の関心をおろしている点で、すでにポスト・モダンではありませんが、「戦後啓蒙」範疇からははみ出る地平に以前から立っているので、私はそこからはずすことにしました。その意味で両氏は「戦後啓蒙」範疇のグレンツ・ファルにある存在です。

最後に、丸山さんが定義した「悔恨共同体」についてですが、これは共通項として範疇構成のひとつの柱になります。丸山さんはそれについて『後衛の位置から』で次のように言っています。「戦争直後の知識人に共通して流れていた感情は、それぞれの立場における、またそれぞれの領域における自己批判です。いったい知識人としてのこれまでのあり方はあれで良かったのだろうか。何か過去の根本的な反省にたった新しい出直しが必要なのではないか、という共通の感情が焦土の上に広がりました。私は妙な言葉ですが、仮にこれを悔恨共同体の形成と名付けるのです」と。

そういった「悔恨共同体」の上に立って、「戦後啓蒙」という形で範疇構成する場合に、この啓蒙の自己認識ということがあります。丸山さんはこれを、「啓蒙思想においては、最も重要であり、最も光彩を発揮するのは、その置かれた歴史的現実に対する仮借なき批判の内容それ自体であり、批判の方法的根拠はほとんど問題にならない。啓蒙思想はそういう点ではしばしば無反省で、かえってそれの克服の対象にあるアンシャン・レジームの哲学のほうが精緻な場合がある」と言っています。「福沢の場合は、そういう点で同じような目に見られているけれども、深くそれを批判の底に流れる思惟方法に注意を向ける必要がある」。啓蒙というのはもちろん人間の理性が能動的役割を持っていることを重視する思想ですが、「福沢の場合は、価値判断の相対性の強調が人間精神の主体的能動性の尊重とコロラリーをなしているところに特徴がある」。そういった点で、丸山さんは啓蒙思想をとらえています。啓蒙の自己認識といいますか、そういう観点で、それをもうひとつ掘り下げて、そのバックグラウンドまで入ってみる。そうすると、この認識は先ほど述べました戦時体制という問題のなかで蓄積された研究成果であったということの特徴が浮かび上がってきます。つまり、この三人はいずれも留学のチャンスを戦争で奪われて、戦後になって川島さんと丸山さんは行くことになり、大塚さんは結局は留学できずに学会で一度行っただけということになりました。そういう意味で、戦時下の、情報が一時的にまったく遮断された鎖国状態のなかでの社会科学の研究なのですが、これは近代日本の知性と学問のあり方というものに深刻な反省を加えて、近代西洋文明とは何かという問いを自らに発することになります。西洋近代文明という異質の他者との対話が、その表面ではなく原点にまで遡って問われるようになるわけです。西洋文明を総体としてとらえて、それを内面化しようとした点で、これまでの研究と違ってきているというのが、内田氏のとらえ方でもあるかと思います。私はこれをレーヴィットの言っていることと重ね合せて考えたいのです。レーヴィットは「即時的に他なるものを対自的に学ぶこと」と言っていますが、アンジッヒに異質の他者であるものをフュールジッヒに研究する。そういったパターンを示したのが「戦後啓蒙」範疇を担った、先ほどの三人の学者であったととらえたいと思います。

「戦後啓蒙」範疇の措定

今お話したことをもとにすれば、日本の「戦後啓蒙」範疇の措定ということは改めて言うこともないかと思いますが、範疇を構成する最初の柱である普遍的範疇としての「近代」を指向する普遍的知性は、当然、自由主義やその他ばかりでなく、マルクス主義もそこでは相対化されてきます。それから、二つ目の柱として河上肇の表現である「日本独特の国家主義」との対決は、彼らの戦争経験のひとつとして根底に流れています。それは一方では理論的な講座派の影響になり、他方では「近代」へのコミットメントということになります。そうして三つ目の「悔恨共同体」。この三つの柱でもって、私は「戦後啓蒙」範疇を措定したいのです。

「戦後啓蒙」範疇の反措定——皇国史観

さて最後になりますが、私がこの「戦後啓蒙」範疇を取り上げたいと思ったのは、実は田中卓氏の『皇国史観との対決』を読んだからなのです。田中氏は皇学館大学の元学長で、平泉澄氏の直弟子です。日本の上代史の研究が専門でして、すでに著作集も出されており、そういう点では学者としても優れた研究業績を挙げられていますが、立場は平泉史学、皇国史観です。それを今日まで一貫して鮮明に出しており、その旗を一度も降ろしたことがありません。この本は戦後のマルクス主義歴史学、代表としての永原慶二氏をやり玉にあげていますが、それだけではなくて、文部省の教科書編纂委員に対してもむしろ批判的です。戦時中の皇国史観については、学問の名に値しないと非常に批判されています。これは平泉史学と無縁の思想であるとし、平泉史学は戦時の国粋主義的なものによってたてられた歴史観ではないというわけです。だから田中氏は大変ユニークな方と言えますが、戦時中に流行した皇国賛美史観ではなく、皇国護持史観なのです。若い人たちにはまったく異質かもしれませんが、私たちの世代にとっては、こういう史観は馴染み深い思想なわけです。東大の資料編纂所もこの考え方に基いて昭和四年に作られました。「皇国美化史観に立つ人々が敗戦という激変に遭遇してたちまち立場を豹変し、あるいは黙して語らず、あるいは顧みて他を言う態度をとったのに対して、皇国護持史観に立つ平泉学派は、戦後、逆境苦難に喘ぎながらも毫も二の足を踏まず一貫した思想を堅持する才《ママ》となって現われてきている」のだと、自分の立場を述べています。

そこで私がなぜこの田中氏の本を読んで今日のような報告をしたいと思い立ったかといいますと、今紹介した部分は序論なのですが、その後に問題を五つ出されています。第一は建国記念の日と二月一一日、第二に教育勅語を仰ぐ、第三に国旗日の丸と国家君が代、第四に元号法の制定、そして第五に教科書問題解決のために、です。私はこれらを読んで一驚したのですが、建国記念の日についての提言、教育勅語復活の提言、日の丸がなぜ国旗にされたかの一見実証的と思われる意見、元号に関する小委員会への提言等々、田中氏のいろいろな提言はほとんど実現しているわけです。これは私は非常に注目すべきことだと思いました。彼は非常に純粋に自分の思想に忠実に述べていているわけで、その点は一点の疑いもないのですが、彼の提言が現実に歴史のなかで実現してきている事実がむしろ問題であって、戦時中に一世を風靡した皇国史観が戦後の「平和憲法」下にすっかり忘れ去られているうちに彼のこのような思想がやがて私たちの眼前に黒雲のように出てくる。いま大方の論者が時流に乗って「戦後啓蒙」範疇を風化、解体したと言ってしまったとき、いかなる思想がその時に果たして田中氏と正面から対決できるのか、ということです。

田中氏は『皇国史観との対決』というのは実は奇妙な題で、これは皇国史観と唯物史観との対決だと読んでほしいと言っています。しかし今の時点で考えると、少なくとも「悪魔祓い」の知識人ではありませんが、皇国史観と対決するような唯物史観の思想がどれだけ強いでしょうか。まさにこの皇国史観と対決しなければならない唯物史観の立場の人がどれだけいるのか、を考えさせられました。そうすると、事情は戦前の時代とあまり変わってこなくなる。「暗い谷間」の時代にマルクス主義者は次々と捕まってしまうか、沈黙を余儀なくされてしまう。後に残るのはリベラルな、自由主義的な立場である。これが皇国史観と対決したわけですが、それも河合栄治郎事件で消えていく。今のところで見ると、私の友人も含めて、マルクス主義の立場の人で正面から対決する人は何人いるのだろうか、と思ったのです。そうすると戦前同様に、マルクス主義の陣営が退潮して、後に残ったものは右を見ても左を見ても田中氏と同じように首尾一貫した思想の持ち主はあまりいない。とするならば、結局のところ今でもその点で皇国史観と純粋に首尾一貫して対決できる思想は「戦後啓蒙」範疇（と、その担い手）しかないのではないか。丸山氏の「超国家主義の論理と心理」は、まさしくこの文脈でいえば、田中氏の皇国史観と真向から対決するかたちで、自らの思想的立場を鮮明に公示した論文であったとみることができる。「吾ここに立つ」というアマー・レ・ハーの深みから――丸山氏は「戦後民主主義の虚妄に賭ける」と言った――リベラルな立場を死守するようなことを言っていいのではないか。そのためにはどういうふうな考えを自分が持っているのかを自己反省する必要があるのではないでしょうか。そして、最後にこれまでに述べてきた事由から、あえて言えば、私は自らが「戦後啓蒙」の子であることを恥とせずと自覚する者の一人であります。

あとがき

私はいま本書の題名を眺めながら、考えあぐんでいる。少し大上段にふりかざしすぎているのではないだろうか、と。しかし、ではそれ以外にもっと適当な題名を見出せたろうか。本書に収録した論稿のほとんどは、以前おりにふれて発表してきたものであり、あらかじめ本書の題名に応じる意図でもって書かれたものではない。もちろん収録にあたっては、できるだけ文体その他統一できるものは、そのように訂正あるいは加筆をおこなってはみたものの、内容の面で重複するところのあるのは避けがたかった。その点はあらかじめ読者のかたがたに御海容を乞うほかはない。しかし、全体としてみると、私の考えと意図は、やはり本書の題名に向けられていたというのが、本当のところである。何故そうだったのだろうか。

一九四五年敗戦の歳《とし》に復学して上京した私は、本郷の基督教青年会寄宿舎で、そこに戦後の生活事情から寄宿しておられた三人の優れた先生がたにめぐり遇う幸運に浴することができた。そして、三階の森有正先生にはパスカルを通して西欧の思想に流れる思索の深さと伝統の厚みを、二階の木下順二先生（当時は舎監でもあった）からはドラマトロギーを、それも当時『夕鶴』の演出に打ち込んでおられた木下さんのドラマを作る視線に、また一階におられた大塚久雄先生にはマックス・ヴェーバーの「プロテスタンティズムの倫理と資本主義の精神」の輪読から西欧近代を見る眼を、それぞれに学びとる機会を得たのであった。時代の思想環境も大きく働いた。私だけではなかったと思うが、祖国日本の今後の行方への思いが西欧近代への理解の欲求と激しく重なり合って、私の魂をゆさぶり、生活の方向を定めていった。私が生を享《う》けた此《こ》の日本という「くに」は、いったい何であろうか。何という「くに」なのだろう。何処《いずこ》から来たり何処に行くのであろうか。素朴なこの疑問は、研究生活に入り、細かな専門分野にこだわるなかで、心の深部でずっとくすぶりつづけてきたように思われる。本書はその意味では、これまでに数多く書き散らしてきた論稿のなかから、二〇歳の当時からくすぶってきた私の素朴な疑問に何らかのかたちでふれているテーマをえらんで収録したものであると言ってよいかもしれない。もとより題名そのものは、ここに収録した論稿のテーマをはるかに超えている。羊頭をかかげて狗肉を売るのそしりは甘んじて受けるほかはない。ただ、そうだとしても、私なりの応《こた》えを何ほどかは提起していると思える所以を、つぎに若干述べておきたい。

本書は大きく前篇と後篇に分かれており、前篇は「私の日本経済論」、後篇は「私の比較共同体論」と題され、分析の視角は、前篇では主として経済、後篇ではもっぱら宗教と民俗に向けられている。そして、全体としては「日本共同体」Das Japantum《ダス・ヤーパントゥム》（私の造語）を経済と宗教の対極から照射するという構成をとっている。どうして、このような対極的な視角ないし方法をとることになったのか。それには、どうしても私の辿った研究生活の一過程を説明しなければならない。私は最初ヴェーバーの「倫理」論文に導かれながら、大塚先生の僚友であった松田智雄先生の御指導を得て、長野県北佐久郡蓼科山麓の用水村落群の実態調査に打ち込んでいた。そこで初めて戦前の日本資本主義を深部で支えてきた村落共同体の問題に突き当たったのだった。農地改革で半封建的な寄生地主制が解体し、戦前の体制を支えた諸要因は封建遺制として次第に消えてゆき、戦後の民主化は日本を欧米に伍する先進的な近代工業国に変貌したかに思えた。「もはや戦後ではない」「経済大国日本」の風潮が滲透し、ポスト近代が論壇をにぎわせるに至った。しかし、「戦後啓蒙」の思想的洗礼を受けて育った私には、この近代日本は何となくうさん臭かったが、それでもかほどまでの経済的な恢復力を予測できなかったというコムプレックスが、私の心を悩ましつづけてきたことは確かである。一九五八年オーストリア政府第一回留学生として中欧の典雅な古都ヴィーンに赴き、ヴィーン大学民族学研究所で歴史民族学を学び、初めて学生生活を通じてヨーロッパの生活文化に親しむ機会を得たことが、私の研究生活に大きな転機をもたらした。文献を通して学んだヨーロッパ近代像と日常のヨーロッパ民衆の生活文化との落差は大きかった。思想イメージの近代と生活イメージの近代との葛藤が私の心のなかに芽生えていった。しかし、よく考えてみると、それは日本でも同じことである。知識人の論じる日本近代のイメージと、一般民衆の生活文化の実態との落差は、つとに柳田国男などの諸先達が説いてきた民俗学が解明してきた分野であり、わざわざヨーロッパに来てそれに気づいた私などは、全く身の不明を恥じるばかりである。しかし、私は以後ヨーロッパの現実生活への関心を深めていくことになった。それは同時にまた日本の現実生活への関心と重なることにもなった。ヴィーン大学で机を並べた学友ヨーゼフ・クライナー（現ボン大学教授）との奄美・沖縄調査、さらには日本本土の宮座調査と原田敏明先生の宮座研究との出会いなどによって、私の共同体研究は大きく経済史的な共同体論から、宗教史的なそれへとシフトしていった。この対極的な視角は次元を異にするだけに、私のなかではなかなかひとつに統一されなかったのである。いま私はそれを「日本共同体」Das Japantum《ダス・ヤパントゥム》という名称で統一化しようと試みている。もとより未だそれが実現できたとは思っていない。しかし、日本という「くに」の形象化は、何人《なんぴと》であろうと、ヴェーバーがヨーロッパについて宗教社会学の構想でもって試みたように、日本人としてはやらなければならないひとつの課題であろうと、私は思っている。

あえて「私の」と限定した所以でもある。
たまたま私は朝日新聞二〇〇三年一一月六日紙上で、『懐徳堂』(岩波書店、一九九二)の名著で知られるテツオ・ナジタ氏の「思想史する」Doing Shisoshiについての記事を見た。ナジタ氏はそれを四つにまとめておられた。「①ハワイ生まれの日系2世として、父母の故郷・広島を訪ね、移民史と個人史を重ね合わせた『自分史と歴史』、②異文化のなかで日本の市民社会思想史を論じる意味、③ある思想家を同時代の他者の目を通して考えること、④ある問題を同時代の問題のなかに位置づけて考えること」、そして「思想史には避けねばならない二つの壁がある。……コスモポリタニズムと土着文化復興主義です」と述べておられた。私はそれを読んで全く同感した。①については、私も本書の「序」で何ほどかとりあげている。②は本書の「結」でふれているテーマでもある。③は、私が初めて「日本共同体《ダス・ヤーパントウム》」を意識した『日本の意識』(岩波書店、一九八二)が追求しているテーマであった。そして、④はまさに本書のテーマと重なっている。私の「日本共同体《ダス・ヤーパントウム》」論は、ナジタ氏の指摘されている「コスモポリタニズムと土着文化復興主義」のいずれにも与《くみ》するものではない。ただ、この往く道の先に何が見えてくるであろうか。今は、多くの先達(たとえば、鈴木大拙『日本的霊性』もそのひとつである)が求め歩いてきた道を、私もまた少しずつ歩いてゆくことになるであろうという思いである。

*

つぎに本書に収録した論稿の初出リストを載せておく。

私の同時代史　「評論」一三七号、日本経済評論社　二〇〇三年六月
ふたつの経済合理性　「図書」一九八一年七月号、岩波書店

生産力と人間類型　「図書」一九八一年八月号、岩波書店
「日本的経営」論管見　「図書」一九八一年九月号、岩波書店
「日本の近代化」論　セップ・リンハルト、井上章一編『日本人の労働と遊び・歴史と現状』一九九八年八月　国際日本文化研究センター
官僚制重商主義　住谷一彦・田村信一・小林純編著『ドイツ国民経済の史的研究』所収、一九八五年、御茶の水書房
日本農政学の系譜　「東京河上会会報」第七四号、二〇〇二年一月
間奏曲　東京国際大学最終講義、一九九八年一月、未発表
共同体祭祀——宮座——　ヨーゼフ・クライナー編『日本民族学の現在』所収、一九九六年、新曜社
日本共同体 Das Japantum　中村勝己編『マックス・ヴェーバーと日本』所収、一九九〇年、みすず書房
ラインランデの農村調査　「未来」一九八五年一月号、未來社
万聖節と万霊節　「未来」一九八五年二月号、未來社
ヒルベラート村の聖マルティン祭　「未来」一九八五年三月号、未來社
ヒルベラート村の概観　「未来」一九八五年四月号、未來社
ヒルベラート村の年中行事　「未来」一九八五年六月号、未來社

ヒルベラート・村人の一生　「未来」一九八五年七月号、未來社
ヒルベラート村の家族構成　「松山大学論集」第六巻第四号所収、一九九四年一〇月
「戦後啓蒙」範疇の措定
「比較思想史＝経済史研究会」（立教大学、代表住谷一彦、事務局小林純）での報告、未公表

おわりに、既発表の拙論の本書への収録を快く認めて下さった関係書肆の方々、ならびに現今の悪化した出版事情のもとで本書のような性格の書物の出版を快諾していただいたうえ、さらに校正その他細々した点にまで点検の労を取って下さった未來社の西谷能英社長ならびに事務的な面で御世話になった天野みかさんに心から感謝の意を表する次第である。

住谷一彦

平成一六年六月

●著者略歴

住谷一彦（すみや・かずひこ）

1925年、京都市に生まれる。松山中学、旧制松山高校を経て、1949年東京大学文学部心理学科卒業。名古屋大学法経学部助手、東京都立大学人文学部助手、1957年立教大学経済学部講師。1958〜60年ヴィーン大学民族研究所に留学。1965年立教大学経済学部教授。1969年文学博士。1969〜70年ケルン大学客員教授、1976年ヴィーン大学客員教授、1990年立教大学名誉教授、帝京大学教授、東京国際大学教授を経て現在に至る。

〔著書その他〕

『共同体の史的構造論』（有斐閣、1963年）

『リストとヴェーバー』（未來社、1969年）

『マックス・ヴェーバー』（NHKブックス、1970年）

『河上肇の思想』（未來社、1976年）

『南西諸島の神観念』（共著、未來社、1979年）

『日本の意識』（岩波書店、1982年）

『歴史民族学ノート』（未來社、1983年）

『近代経済人の歴史性と現代性』（日本基督教団出版局、1984年）

その他編書、訳書、論文多数。

日本を顧みて——私の同時代史

発行——二〇〇四年七月一五日　初版第一刷発行

定価——（本体三五〇〇円＋税）

著　者——住谷一彦

発行者——西谷能英

発行所——株式会社　未來社

〒112-0002　東京都文京区小石川三—七—二

振替　00170-3-87385

電話・代表　03-3814-5521

http://www.miraisha.co.jp/

Email: info@miraisha.co.jp

印刷——精興社

製本——富士製本

ISBN 4-624-32169-3 C0033

（消費税別）

住谷一彦・クライナー・ヨーゼフ著
南西諸島の神観念
従来の南島研究で定説化されてきた沖縄観を、神観念の徹底分析により覆す画期的労作。東西の俊秀学究の協力になる本書の分析はその後の沖縄学の基礎となったとされる。　四八〇〇円

住谷一彦著
歴史民族学ノート〔新装版〕
日本の民族＝文化の歴史民族学的研究成果に加え喜多野清一との対話、スラヴィクの寄稿も収録。共同体の比較研究、社会経済思想史研究に独自の分析枠を組み上げた著者の労作。　九〇〇〇円

住谷一彦著
河上肇研究
近代日本の代表的知識人の一人河上肇の思想像を内村鑑三・柳田国男との比較裡に考察。初期の思想形成の軌跡を追究しつつ、その思想・学問・人間像が現代に問いかける意義を探る。　三二〇〇円

住谷一彦著
リストとヴェーバー
〔ドイツ資本主義分析の思想体系研究〕ドイツの資本主義分析の二大思想家＝リストとヴェーバーの土地制度・歴史認識・植民・資本主義・世襲財産論等を論じた経済思想史的研究。　五八〇〇円

トーピッチュ著／住谷一彦訳
科学的思考と神話的思考
するどいイデオロギー批判者として50年代ヨーロッパの知識人に強烈な印象を与えた諸論文から6篇を収録。マルクス主義の神話的思考と科学的内容の分離とは何か。　二〇〇〇円

スラヴィク著／住谷一彦訳
日本文化の古層
「日本とゲルマンの祭祀秘密結社」「まれびと考」「日本語の成立における蝦夷語の役割」など6つの章と、著者スラヴィク教授の日本研究自伝を含む、新しい日本文化のルーツ論。　二〇〇〇円

ヒッグス著／住谷一彦訳
重農学派
重農学派の思想体系を、ケネーをはじめフランス・フィジオクラート等の理論、イギリス古典学派への影響から総体として把握し、独自の理論体系を構築した経済学史研究の入門書。　一〇〇〇円

マックス・ヴェーバー研究双書　住谷一彦監修

ユルゲン・コッカ著／住谷一彦・小林　純訳

ヴェーバー論争

ヴェーバーの学的関心・思考にみられる両義性（啓蒙主義的＝リベラル対現実政治的＝ナショナル）を統一的に肥える視角として合理化概念をおき、戦後西ドイツの研究史を概括。　一二〇〇円

テンブルック著／住谷一彦・山田正範訳

マックス・ヴェーバー方法論の生成

従来のヴェーバー方法論研究の基礎前提をなした『科学論文集』の体系に疑問をなげ、この通説を批判することを意図した本書は、初期ヴェーバーの評価を含め研究の再構成を迫る。　一八〇〇円

テンブルック著／住谷一彦・小林　純・山田正範訳

マックス・ヴェーバーの業績

『経済と社会』がヴェーバーの主著だとする通説を根底的に批判し、西洋的合理化過程の特性把握を叙述した「世界宗教の経済倫理」の諸論考こそそのライフワークだとする研究。　二五〇〇円

ヴォルフガング・シュルフター著／住谷一彦・樋口辰雄訳

価値自由と責任倫理

現代ヨーロッパのヴェーバー研究をモムゼンとともに二分するといわれるシュルフターの画期的な論文。初版と改訂版の異同対象表付。　一八〇〇円

（消費税別）